自殺と自傷

Relating to Self-Harm and Suicide : Psychoanalytic Perspectives on Practice, Theory and Prevention

精神分析的視点からの
治療・予防・ポストベンション

スティーブン・ブリッグズ, アレッサンドラ・レマ,
ウィリアム・クラウチ 編
高野 晶 訳

岩崎学術出版社

Relating to Self-harm and Suicide:
Psychoanalytic Perspectives on Practice, Theory and Prevention
Edited by Stephen Briggs, Alessandra Lemma and William Crouch
Copyright © 2008 Selection and editorial matter, Stephen Briggs, Alessandra Lemma
and William Crouch; individual chapters, the contributors
All Rights Reserved.
Authorised translation from the English language edition published by
Psychology Press imprint of Routledge,
a member of the Taylor & Francis Group.
Japanese translation rights arranged with Taylor & Francis Group
through Japan UNI Agency, Inc., Tokyo

私たちの同僚 Clare Doherty の思い出に

目　次

執筆者一覧………………………………………………………………… viii

緒　言……………………………………………………………………… xv
Peter Fonagy

序　文……………………………………………………………………… xx
Nicholas Temple

謝　辞……………………………………………………………………… xxii

序　章………………………………………………………………………… 1
Stephen Briggs, William Crouch, Alessandra Lemma

第Ⅰ部　理論の発展

第1章　精神分析と自殺：プロセスと類型学 …………………………15
Robert Hale

第2章　前自殺状態における父親転移 …………………………………30
Donald Campbell

第3章　自己の粉砕と自殺への落下 ……………………………………45
John T. Maltsberger

第4章　誰が何を，誰を殺しているのか？──自殺の内的な現象学に関す
る覚書 …………………………………………………………………54
David Bell

第5章　思春期の自殺への精神分析的アプローチ ……………………73
Robin Anderson

第6章 思春期の自殺企図後の治療で優先されること …………………… 87
François Ladame

第7章 心の痛み，痛みを作り出す構造，自殺志向性のからだ，そして
自殺 ……………………………………………………………… 97
Israel Orbach

第Ⅱ部 実 践

第8章 敵意と自殺：内と外からの攻撃性の体験 ………………… 115
Mark J. Goldblatt

第9章 生命への攻撃：若者の自殺志向性と自傷 ………………… 132
Jeanne Magagna

第10章 自殺志向性と女性（women）：執着とからだ（body）の使用 155
Benigna Gerisch

第11章 からだ（body）と心への暴力：自殺としての子殺し ………… 169
Carine Minne

第12章 ある分析における自殺志向性の思考 …………………… 182
Elmar Etzersdorfer

第Ⅲ部 実践，予防，ポストベンションにおける応用

第13章 病院における自殺予防について：実証的報告と精神力動的考察 197
Frank Matakas and Elisabeth Rohrbach

第14章 侵されずに心動かされていることについて：学生相談において
自殺志向性の考えをマネージすること ………………………… 210
Ann Heyno

第15章 老年期の自殺志向性 …………………………………… 224
Reinhard Lindner, Astrid Altenhöfer, Georg Fiedler and Paul Götze

第16章 皮膚の強靭化と皮膚の多孔性：不作為による自傷の問題についての取り組み ……………………………………………………… 236
Maggie Turp

第17章 心理的安全性：自殺の危険の予防に欠けている概念 ………… 250
Martin Seager

第18章 ポストベンション：自殺や自殺志向性の行動が家族，専門職そして組織に与える強い影響 ……………………………………… 267
Stephen Briggs

訳者あとがき………………………………………………………… 285

人名索引……………………………………………………………… 289

事項索引……………………………………………………………… 291

執筆者一覧

Robin Anderson は英国精神分析協会の成人・児童・思春期の訓練分析家である。タビストック・クリニックにおいては，2003年まで思春期部門のコンサルタント児童思春期精神科医，2000年まで同部門長だった。現在は個人精神分析プラクティスにて教育と臨床に専念している。児童・思春期・成人の精神分析および精神療法に関する多くの論文，分担執筆がある。『Facing It Out: Clinical Perspectives on Adolescent Disturbance』（Anna Dartington と共同編集）など2冊を編集している。彼は，早期の対象関係とそれらが後に，とりわけ思春期にどのように顕在化するかに特に関心を持っており，自殺志向性のある若年者とのワークに応用している。

David Bell は，タビストック・クリニックの精神療法コンサルタント精神科医であり，パーソナリティ症のアセスメントと治療のための専門家ユニット（Fitzjohn ユニット）の責任者である。英国精神分析協会のサイエンティフィック委員会委員長であり，訓練およびスーパービジョン分析家である。また，タビストック・クリニックの'精神分析的概念の発展'コースの責任者であり主要講師である。彼は幅広く，重症精神障害への精神分析的アプローチや Freud の学術業績，Klein と Bion の研究業績，精神分析と文化について講演，発表を行った。著作としては『Psychoanalysis and Culture: A Kleinian Perspective』（Tavistock Clinic Series, Tavistock/Duckworth 1998; reprinted Karnac 2005）編著，『Paranoia』（Icon Press 2002）などがある。

Stephen Briggs は，イースト・ロンドン大学／タビストック・クリニックのソーシャルワークリサーチセンターの教授及び責任者であり，タビストック・クリニックの思春期部門の副部長である。彼は1991年からタビストック思春期部門で臨床・教育・研究に携わっている。彼は，乳幼児，思春期，自殺に関して幅広く論じてきた。著書には『Growth and Risk in Infancy』（Jessica Kingsley 1997）と『Working with Adolescents: A Contemporary

Psychodynamic Approach』（Palgrave 2002）などがある。Journal of Social Work Practice の共同編者である。また，タビストック・アンド・ポートマン・NHS ファウンデーショントラスト主催により2006年にロンドンで行われた自殺志向性と精神分析に関する第2回国際大会の組織委員長であった。

Donald Campbell は，英国精神分析協会の会員，訓練分析家であり，元会長である。彼は30年以上ロンドンのポートマン・クリニックに勤め，院長でもあった。また，国際精神分析学会の元事務局長である。彼は，自殺，暴力，倒錯，児童の性虐待および思春期について発表している。

William Crouch は，タビストック・アンド・ポートマン・NHS ファウンデーショントラストの思春期部門の臨床心理士で，精神分析的精神療法の訓練職にある。彼は，コミュニティメンタルヘルスチームと入院ユニットで若者とのワークを行っている。また，市内中心部若年者犯罪チームでのメンタルヘルスサービスを開設している。臨床家としての仕事だけでなく，児童の発達に関する多くの領域で教育や研究の指揮をしている。彼は，特に若者の自傷に関心を持っている。'Deliberate self harm at an adorescent unit: a qualitative investigation' Clinical Child Psychology and Psychiatry 9(2): 189-204など2論文がある。

Elmar Etzersdorfer は，ドイツのシュトゥットガルトにある精神医療・精神療法のためのフルトバッハ病院の医長である。彼は，精神科医および精神分析家（ウィーン精神分析協会，ドイツ精神分析学会，国際精神分学会）であり，ドイツ自殺予防学会の会長である。精神分析的，疫学的などさまざまな側面から自殺行動について，そして自殺行動に関する報道の影響について発表している。

Georg Fiedler は，臨床心理士で教育職にあり，ハンブルグ・エッペンドルフ大学病院の自殺行動治療研究センター（TZS）の副所長である。彼は，国際自殺予防学会（IASP）のドイツ代表，自殺予防と研究 WHO/EURO ネットワークのメンバー，ドイツ全国自殺予防プログラムの書記，ドイツ自殺予防学会の委員会メンバー，ドイツ自殺予防アカデミーの書記である。

Benigna Gerisch は，精神分析家（DPV/IPA），心理学士，心理療法家，心理学的精神療法家および家族療法家。1990年よりハンブルグ・エッペンドルフ大学病院の自殺行動治療研究センター（TZS）の心理療法家及び研究メンバーであり，プライベートプラクティスで精神分析を行っている。彼女は国際精神分析誌の欧州編集委員会の準メンバーである。自殺とジェンダー差，小説・映画・演劇における自殺志向性の精神分析的研究について著述している。『Suicidality Among Women-Myth and Reality: A Critical Analysis』（Edition Discord 1998），『The Suicidal Women-Psychoanalytical Hypotheses on their Development』（Vandenhoeck & Ruprecht 2003）を発表している。2000年には，女性の自殺志向性についての精神分析的理解の説明パターンの研究に対し，DPV による若い研究者のための科学賞を受賞している。

Mark J. Goldblatt は，マサチューセッツ州ボストンで精神科医および精神分析家として活動している。ボストン精神分析協会およびインスティチュートで教育的立場にあり，ハーバード大学医学部の精神科の臨床助教である。また，マクリーン病院のクリニカルアソシエイトであり，マサチューセッツ総合病院の精神分析研究センターで教育を担う。彼は自殺と精神力動的セラピーについて教育しスーパービジョンをし，プライベートプラクティスで患者を治療している。彼は，多くのトピックについて著述し，Terry Maltsberger と『Essential Papers on Suicide』（NYU Press 1996）を共同編集した。

Paul Götze は，神経学，精神医学，心身医学，精神療法および精神分析の専門家である。ハンブルグ・エッペンドルフ大学病院の精神医学と精神療法クリニックの教授で，自殺行動治療研究センター（TZS）の設立者であり所長である。そして，ドイツ自殺予防アカデミーの会長である。Paul はまた，Michael Balint インスティチュートと Adolf Ernst Meyer インスティチュートで精神療法と精神分析を教えている。彼の研究専門分野は，短期精神療法，心身症および精神障害についての精神力動的観点，特に転移逆転移について，そして自殺志向性，その文化的な歴史，哲学，精神分析的理解とセラピーである。

Robert Hale は，聖マリー病院での5年間の自殺に対する研究プロジェクトの結果，1980年にポートマン・クリニックのコンサルタントに任命された。彼は，人が自他の身体を虐げるさまざまなあり方に関心を持ってきた。最近の臨床的関心は小児性愛にある。タビストック・クリニックの卒後研修部長ののち，ポートマン・クリニックの責任者を務めている。

Ann Heyno は，学生カウンセラーであり，ウェストミンスター大学のカウンセリングアンドアドバイスサービスの所長，学生支援サービスの責任者である。19年間バークベック大学（および大学院）でカウンセリングを教え，そのうち10年間は学生相談の学位コース課程を統括した。彼女は現在 HUCS（Heads of University Counselling Services）の共同会長であり，RaPSS（Responses and Prevention in Student Suicide）アドバイザリーグループにおける HUCS 代表である。また，AMOSSHE（Association of Managers of Student Services in Higher Education）のメンバーである。以下を発表している。'Cycles in the mind: clinical technique and the educational cycle'『Clinical Counselling in Further and Higher Education』（Routledge 1999）所収，'Helping the unemployed professional' Roland Pearson と共著（Wiley 1988），'Student counselling: the wailing wall or a force for change?'『Advocacy, Counselling and Medication in Casework』（Jessica Kingsley 1988）所収。

François Ladame は，精神科医，精神分析家であり，ジュネーブ大学医学部精神科教授である。ジュネーブ大学病院精神科思春期と若年成人部門長を勤める。彼はスイス精神分析協会訓練分析家であり，欧州精神分析連盟思春期精神分析フォーラムの共同議長である。単著共著は多数あり，イタリア語や英語に翻訳されたものもある。著作は30章以上，また100以上の科学論文を発表している。

Alessandra Lemma は，タビストック・アンド・ポートマン・NHS ファウンデーショントラストの思春期部門のコンサルタント臨床心理士であり，心理学部長でもある。彼女は幅広く教えており，特にトラウマとボディーイ

メージの障害に関心をもつ。精神分析家として訓練を行い，英国精神分析協会のメンバーである。ユニバーシティ・カレッジ・オブ・ロンドンの名誉上級講師である。著書は，『Starving to Live: The Paradox of Anorexia Nervosa』(Central Publishing 1994)，『Invitation to Psychodynamic Psychology』(Whurr 1995)，『Introduction to Psychopathology』(Sage 1996)，『Humour on the Couch』(Whurr 2000)，『Introduction to the Practice of Psychoanalytic Psychotherapy』(Wiley 2003)，『The Perversion of Loss: Psychoanalytic Perspectives on Trauma』(S. Levy と共同編集；Whurr 2004)，『Envy and Gratitude: Contemporary Perspectives』(P. Roth と共同編集；準備中；IPA Publications)。タビストック・アンド・ポートマン・NHS ファウンデーショントラスト主催により2006年にロンドンで行われた自殺志向性と精神分析に関する第2回国際大会の組織委員会に参加した。

Reinhard Lindner は，神経学者，精神科医，精神力動的精神療法家であり，心身医学の専門家である。ハンブルグ・エッペンドルフ大学病院の自殺行動治療研究センター（TZS）のメンバーであり，精神療法家として教育を行っている。彼の関心専門領域は，ジェンダーおよび年齢特異的な自殺志向性，精神療法の質的研究と自殺予防である。

Jeanne Magagna は，ロンドンのタビストック・クリニックから児童・成人・家族精神療法家として認定されている。エレン・ミード摂食障害センターのコンサルタント精神療法家であり，ロンドンのグレート・オーモンド・ストリート小児病院の精神療法サービス部長である。そして，イタリアのフィレンツェ，ベニス，パレルモのマーサ・ハリス・タビストックモデル児童精神療法トレーニングスタディセンターのジョイントコーディネーターおよび副会長である。また，ロンドンの養子里親治療センターである家族未来コンソーシアムの主催者とスタッフグループのコンサルタントとして活動している。彼女の発表は主に摂食障害，精神病および乳幼児観察の領域である。『Psychotherapy with Families』の共同編者であり，『Universals of Psychoanalysis』の編者である。一般書の『Closely Observed Infants』(L. Miller *et al.* 編集)，『Surviving Space』(A. Briggs 編集)，『Eating Disorders in Children and Adorescents』(R. Bryant-Waugh と B. Lask 編集)，

そして『The Generosity of Acceptance, Vol. 2』(G. Williams 編集) を発表している。

John T. Martsberger は，ボストン精神分析インスティチュートの教育的メンバーであり，ハーバード大学医学部の精神科の臨床准教授である。30年以上の自殺と精神分析の研究の中で，多くの論文を書いた。Dan Buie と共著の 'The devices of suicide' (International Review of Psychoanalysis, 1980)，Mark Goldblatt と共同編集の『Essential Papers on Suicide』(New York University Press 1996)，'The descent into suicide' (International Journal of Psychoanalysis, 2004) などがある。

Frank Matakas は，ドイツのケルン生まれで，ケルンとハンブルグの医科大学に進んだ。ベルリン自由大学で神経病理学の学位を取得し，神経病理学の研究を続け，大脳血流とそのコンピューターシミュレーションの研究発表を行なった。彼はケルンで精神科と精神分析の資格を得た。1981年から彼はケルン精神科病院院長であり，うつ病，統合失調症とデイホスピタル特有の治療プロセスについて発表している。

Carine Minne は，司法領域の精神療法のコンサルタント精神科医であり，精神分析家である。彼女は司法精神医学と精神療法の訓練を受け，1999年からポートマン・クリニックとブロードモア病院を本拠地にしている。彼女は長期間継続した精神療法を，徐々に安全管理を下げてコミュニティに戻ってゆく司法精神医学対象の患者たちに展開してきた。彼女の関心領域は，極度に暴力的な重症パーソナリティ症の若者の治療と，多分野の包括的治療プランへの精神分析的観点の供与である。また，ポートマン・クリニックとスリー・ブリッジス中等度安全管理病棟との間で行われる５年間の二重認定スペシャリスト登録トレーニングの訓練プログラム責任者であり，司法精神医学のための国家的訓練と啓発戦略のメンバーである。彼女は現在，Leslie Sohn 博士とともに司法領域の精神分析的なテーマについて著作中である。

Israel Orbach は，イスラエルのバル・イラン大学の心理学教授である。ニューヨークのイェシーバー大学で PhD を取得し，アルバート・アインシュタ

イン医科大学で訓練を受けた。過去30年に彼は，教育と研究と精神療法に従事した。彼の主たる関心はあらゆる年代の自殺行動である。彼はイスラエル自殺予防学会の創設に携わり，初代会長となった。彼は，自殺の理解に対する卓越した貢献を認められ，2002年に米国自殺学会ダブリン賞を，そして2003年には国際自殺予防学会賞を受賞した。

Martin Seager は，レッドブリッジ心理サービスのコンサルタント心理士であり，心理部長で，成人の精神療法家である。かつては，サウス・エセックス心理サービスの所長であった。彼は，イースト・ロンドン大学とエセックス大学／タビストック・ポートマン・NHS ファウンデーショントラストで臨床心理学博士課程を教えている。彼は，広くメンタルヘルスと心理学の雑誌に執筆しており，ラジオエセックスのメンタルヘルスアドバイザーであり，NHS の標準心理ケアの原則と基準を査定する国のワーキンググループの主催者である。

Maggie Turp は，精神分析的精神療法家とスーパーバイザーの仕事をプライベートプラクティスにて行っている認定心理士である。彼女の学術的キャリアは，レディング大学とロンドンのバークベックカレッジの講師などがある。学術雑誌論文多数と 2 冊の著書がある。『Psychosomatic Health: The Body and the Word』（Palgrave 2001）および『Hidden Self-Harm: Narratives from Psychotherapy』（Jessica Kingley 2003）。

緒　言

Peter Fonagy

　信じがたいことに，世界の疾病負荷（Global Burden of Diseases）[訳註1] の1.5％は自殺が招いたものである。すなわち，早すぎる死や回復不能な身体障害による2,000万年分の健康な生活の喪失[訳註2] を意味する。これは通常の社会経済的決定論に添わず蔓延する稀な異常事態である。白色人種の自殺による死の危険は，黒色人種のそれの2倍以上である。（Hoyert *et al.* 2006）自殺の危険率が最も高いのは東欧で，その10カ国が人口10万人あたり27人を越える自殺率を有する。かたや米国を含む西欧諸国においては10−12人であり，比較対照される（Centers for Disease Control and Prevention 2005）。もちろんこれらの数字は，自殺企図率が年約0.5％であることや，自殺念慮を抱くのが3％であること（Kessler *et al.* 2005）と比べればほとんど小さなものではある。自殺に伴って生まれる人間の悲劇の規模は，計り知れない。経済的な表現をするだけでも，米国単独で自殺志向性は12,000,000,000ドル近くの収入減につながると見積もられている（Goldsmith *et al.* 2002）。英国では，思春期を含む子どもらが毎日2人自ら命を断っており，毎年16,000人が自殺企図を行っている。英国では，都心部における人口の40％以上に自殺念慮があると報じられている。

　われわれは自殺の原因について何を知っているだろうか。大方の定式化は，元からある要素と引金となる要素を分けてとらえる（Mann 2002）。多くの西洋諸国においては，自殺は精神障害と強く関連している。特に気分障害は，自殺の半数以上に関与している。ストレスの高い人生上の出来事は同じく関連をもつのだが，明らかにそれで全体像を描けるわけではない。身体疾患，年齢や性別も自殺の危険に強い関連をもつし，物質の乱用，致死的手段が使えるかど

訳註1）さまざまな疾病や外傷およびその危険因子による死亡や障害などの世界的な健康損失を包括的に示したもの。

訳註2）疾病負荷は，理想的な平均余命から早期死亡によって失われる年数と健康を失った状態で過ごす年数の和で表される。

うか，マスメディアが提供する自殺行為の見本，絶望や悲観の感覚，自殺への衝動性と態度などの要素も同様である（Mann 2002）。自殺について特に衝撃的な事実は，ケアを提供され受けることと自殺とが密接な関係があることである。自殺者の83%は死の1年以内に医師にかかっており，しかも66%は最後の1カ月以内の受診なのである（Andersen *et al.* 2000; Luoma *et al.* 2002）。このことは，自殺という行為に内在するあるアンビバレンスに脚光を当てる。すなわち，自らの生を終えようとする人がその苦闘に他者，特にケアの提供者を携わらせようとする引力を示す。これは私たちが皆，存在を終えようとする意志とその行為を執行しようとする身体との間に立つような役割をとることを請われる時に，逆転移において感じる引力なのである。

　自殺予防戦略の大規模なメタアナリシス（Mann *et al.* 2005）では，自殺について医師を教育することと致死的な手段への接触の制限をすること（たとえば処方において）は，問題を予防するのに有効な方法であることが同定されている。これらの介入は一般に，うつ病を見出し，治療することに関してプライマリケア医を教育することに焦点づけられている。治療的介入に関しては，精神障害の関連する自殺の90%のうち，80%以上はその死の時点では治療を受けていないことを念頭に置くことが重要である（Henriksson *et al.* 2001）。これは抗うつ剤の処方には多くの貢献があることを示唆しているかもしれない。しかし，ランダム化比較試験のメタアナリシスでは，一般的には精神障害への抗うつ剤処方の試みにおいては，自殺や自殺企図への有益性を見出せていない（Fergusson *et al.*; Gunnell *et al.* 2005; Khan *et al.* 2003）。高い処方率が自殺率の減少と相関があるという疫学的なエビデンスもあるが，これは解釈が難しい（Gibbons *et al.* 2005; Hall *et al.* 2003）。この相関はいつも見出されるわけではない（Guaiana *et al.* 2005）。集団的な相関から因果関係を推論するとき，生態学的誤謬[訳註3]の危険は，この方向の議論に相応する疑問を提起する。実際のところ，少なくとも小児や思春期の集団においては，SSRI が若年者の自殺の危険を増やすことについてはかなり関心が寄せられてきた（Whittington *et al.* 2004）。いかなる場合でも，少なくとも自殺行動の繰り返しを予防することはさまざまな治療的な介入によって達成できるかもしれない，ということを示す心理療法からの有望な結果がある（Brown *et al.* 2004）。言うまでもなく，認知療法（Brown *et al.* 2005）や問題解決療法（Hawton *et al.* 2002）に

訳註3）集団的レベルで言えることが，個体レベルで当てはまらない現象。

は合理的なエビデンスがあるが，こうした場合の，Elspeth Guthrie のグループ（Guthrie *et al.* 2001）の力動的精神療法とわれわれのボーダーラインパーソナリティ症とのワーク（Bateman and Fonagy 近刊）にもエビデンスがある。われわれの研究では，メンタライゼーションに基づくアプローチで治療したボーダーラインの患者たちは，一般治療のグループと比べて，セラピー終了後6年以上にわたり，明らかに自殺率は低いままだということがわかった。精神療法単独または抗うつ剤との併用療法は自殺企図および自殺企図後の新たな企図を予防するための有効な治療である。

　この短い概要が示すように，精神分析的な見地に立ったわれわれの自殺企図についての理解を進展させるのには良好な素地がある。苦悩する人だけでなく，家族やヘルスケアを供給する人々にも降りかかるこの大規模な情緒的経済的な負荷は，予防しうるものであり，少なくとも危険を減らすことは可能である。精神分析は，主観的体験を研究することに専心するもっとも洗練された学問の分野であり，苦闘し続けるよりも命を終わりにすることを選ぶ人々の内的世界について多くをわれわれに伝えてきた。自殺には精神障害が際立って高率に見られるということも含め，疫学的な関連性はあまり援助にはならない。なぜなら，疫学は発生の背後に極度に高率にある共通要素を示すものだからだ。疫学調査によれば，われわれの10人のうち一人はうつ病に罹っている可能性があり，5人に1人は何らかの精神障害を患っているか患っていた可能性がある。自殺ははるかに特異的なリスクであるが，最終的な共通の道筋である可能性があり，その原因は単一ではないだろう。自殺志向性のある患者たちの内的世界の研究から結論を導く際には，自分が患者に見出した関連性のもっともらしさを信じ込んだり，結論に飛びついたりする誘惑を慎重に避けなくてはならない。結局，われわれが患者に観察するものは，自殺の原因というより単に過去の自殺企図の影響か，自殺に関連した出来事の続きであるかもしれない。特に，少ない症例から多様な集団の複雑な問題へ一般化を行うことは極力避けなくてはならない。日本の自殺が英国の自殺と同じ意味を持っているとは考えにくく，二つの共通点は人生に早過ぎる終わりを与えるということだけかもしれない。精神分析は，自殺志向性の考えを持った人の細やかで微妙な像を創り出すのに大いなる貢献をする。その詳細な像から，スクリーニング技術や予防戦略が生まれるだろうし，それは実際に精神分析に触れる機会をもつ特定の人に止まらず意義をもつだろう。

本書は，人生を否定し絶望と最終的な悲観主義を認めてしまうことの表象に他ならない問題について，最も内省に富んだ精神分析的な観点のいくつかを見事にまとめたものである。精神分析的な臨床家が，たとえ自殺念慮という荒廃や必ず生じる専門家としてのプレッシャーに直面しても考える力を保つことができることは，われわれが受ける徹底的な訓練を証明するものである。われわれが印象づけられ，また本書を学ぶ人に最も助けになるのは，精神分析家たちがこうした体験に開かれていることである。精神分析家ではないが，命を終えようとする人の内的世界に関心を持つ人には，本書は洞察の新しい窓を確かに開いてくれるだろう。精神分析的な方向付けにすでに触れている人には，本書の緻密さやアイデアの鋭敏さが，治療者にとって容易に信念と希望を失いそうになる人々と再び取り組もうという思いを新たにさせるだろう。

文　献

Andersen, U.A., Andersen, M,, Rosholm, J.U. and Gram, L.F. (2000) 'Contacts to the health care system prior to suicide: a comprehensive analysis using registers for general and psychiatric hospital admissions, contacts to general practitioners and practising specialists and drug prescriptions', *Acta Psychiatrica Scandinavica,* 102(2): 126–134.

Bateman, A. and Fonagy, P. (submitted) 'Eight-year follow-up of patients treated for borderline personality disorder: mentalization based treatment versus treatment as usual', *American Journal of Psychiatry.*

Brown, G.K., Ten Have, T., Henriques, G.R., Xie, S.X., Hollander, J.E. and Beck, A.T. (2005) 'Cognitive therapy for the prevention of suicide attempts: a randomized controlled trial', *Journal of the American Medical Assocication* 294(5): 563–570.

Centers for Disease Control and Prevention (2005) National Center for Health Statistics: self-inflicted injury/suicide web page. Available at www.cdc.gov/nchs/fastats/suicide.htm.

Fergusson, D., Doucette, S., Glass, K.C., Shapiro, S., Healy, D., Hebert, P., *et al.* (2005) 'Association between suicide attempts and selective serotonin reuptake inhibitors: systematic review of randomised controlled trials', *British Medical Journal* 330(7488): 396.

Gibbons, R.D., Hur, K., Bhaumik, D.K. and Mann, J.J. (2005) 'The relationship between antide-pressant medication use and rate of suicide', *Archives of General Psychiatry* 62(2): 165–172.

Goldsmith, S.K., Pellmar, T.C., Kleinman, A.M. and Bunney, W.E. (2002) Reducing Suicide: *A National Imperative*, Washington, DC: National Academies Press.

Guaiana, G., Andretta, M., Corbari, L., Mirandola, M., Sorio, A., D'Avanzo, B., *et al.* (2005) 'Antidepressant drug consumption and public health indicators in Italy, 1955 to 2000', *Journal of Clinical Psychiatry* 66(6): 750–755.

Gunnell, D., Saperia, J. and Ashby, D. (2005) 'Selective serotonin reuptake inhibitors (SSRIs) and

緒　言　xix

suicide in adults: meta-analysis of drug company data from placebo controlled, randomised controlled trials submitted to the MHRA's safety review', *British Medical Journal* 330(7488): 385.

Guthrie, E., Kapur, N., Mackway-Jones, K., Chew-Graham, C., Moorey, J., Mendel, E., *et al.* (2001) 'Randomised controlled trial of brief psychological intervention after deliberate self poisoning', *British Medical Journal* 323(7305): 135–138.

Hall, W.D., Mant, A., Mitchell, P.B., Rendle, V.A., Hickie, I.B. and McManus, P. (2003) 'Association between antidepressant prescribing and suicide in Australia, 1991–2000: trend analysis', *British Medical Journal* 326(7397): 1008.

Hawton, K., Townsend, E., Arensman, E., *et al.* (2002) 'Psychosocial versus pharmacological treatments for deliberate self harm', *Cochrane Database Systematic Review.*

Henriksson, S., Boethius, G. and Isacsson, G. (2001) 'Suicides are seldom prescribed antidepressants: findings from a prospective prescription database in Jamtland county, Sweden, 1985-95', *Acta Psychiatrica Scandinavica* 103(4): 301–306.

Hoyert, D.L., Heron, M,, Murphy, S.L. and Kung, H.C. (2006) *Deaths: Final Data for 2003. National Vital Statistics Reports; April 19 2006.* Hyattsville, MD: National Center for Health Statistics, 54(13).

Kessler, R.C., Berglund, P., Borges, G., Nock, M, and Wang, P.S. (2005) 'Trends in suicide ideation, plans, gestures, and attempts in the United States, 1990–1992 to 2001–2003', *Journal of the Americal Medical Association* 293(20): 2487–2495.

Khan, A., Khan, S., Kolts, R. and Brown, W.A. (2003) 'Suicide rates in clinical trials of SSRIs, other antidepressants, and placebo: analysis of FDA reports', *American Journal of Psychiatry* 160(4): 790–792.

Luoma, J.B., Martin, C.E. and Pearson, J.L. (2002) 'Contact with mental health and primary care providers before suicide: a review of the evidence', *American Journal of Psychiatry* 159(6): 909–916.

Mann, J.J. (2002) 'A current perspective of suicide and attempted suicide', *Annals of International Medicine* 136(4): 302–311.

Mann, J.J., Apter, A., Bertolote, J., Beautrais, A., Currier, D., Haas, A., *et al.* (2005) 'Suicide prevention strategies: a systematic review', *Journal of the American Medical Association* 294(16): 2064–2074.

Whittington, C.J., Kendall, T., Fonagy, P., Cottrell, D., Cotgrove, A. and Boddington, E. (2004) 'Selective serotonin reuptake inhibitors in childhood depression: systematic review of published versus unpublished data', *Lancet* 363(9418): 1341–1345.

序　文

Nicholas Temple

　自殺は，人間の希望とは相入れないもので，暴力的に関係性を破壊する。そ
れと同時に，耐えるべきことのなかで最も困難で，おおよそ理解が難しいもの
だ。広い領域にわたる本書では，自殺願望の起源，自殺志向性のある患者の治
療および自殺の予防を理解するための精神分析的なアプローチを集めている。
そして，自殺志向性のある患者と援助しようとする者との関係に立ち上がる，
取り扱いのかなり難しい危険な無意識の力を探究している。

　各章は，2006年にロンドンで行われた「自殺志向性（suicidality）と精神分
析に関する第2回国際大会」における論文と討論をもとにしたものであるが，
その会議には Klein，Freud，Bion，そして Glasser といった対照的な精神分
析的観点が集結していた。本書は，自殺とうつ病の重要な問題点を探究してお
り，Freud の論文「喪とメランコリー」（1917）を出発点としている。Freud
は，メランコリーにおける，憎しみのうちに向きを変えて自己に刃向かう報復
的で自己破壊的な心の状態を強調した。

　ここでは，自殺願望と空想の性質や，個人の早期の関係におけるそれらの重
要性について探究されている。自殺志向性のある患者の内界の複雑な性質が考
察されているが，自殺の動機として報復の重要性も言及されている。自らを殺
すという発想には，投げやりな，あるいは被害的で処罰に値すると体験される
自己像を葬り捨てたいという願望が密接にからんでいる。著者たちは，殺人願
望と自己の殺人としての自殺とが近い関係にあると述べている。

　Melanie Klein の分裂と投影同一化についての発想は，どのようにして自殺
志向性のある患者が内的世界の悪いものから良いものを分裂させるかを理解す
る基盤を提供する。すなわち，悪いものを身体のほうに位置づけ，良いものを
無傷に取り置くというやりかたである。あたかも自殺における自己の殺人が悪
い対象を除去し，良い対象を保存するかのように。銃乱射事件の後に自殺が続
くことは，これを明確に示す。

何が成されうるのかについて，本書は精神分析的な観点から取り組んでいる。そしてそれは，標準的なアプローチへの挑戦である。というのは，標準的アプローチは，自殺志向性のある患者を援助しようとする誰に対しても自殺がもたらす強烈な感情を回避しがちだからである。陰性治療反応は，患者が回復してくる時に原始的な罪悪感が彼らを自殺に引き戻すような自殺の危険性を描き出す。

　著者たちは，自殺志向性のある患者への逆転移においてもたらされる大変難しい感情を重要視している。自殺志向的な思春期の若者が両親から最も大切な宝を奪おうと目論んだ時の恐るべき喪失体験ばかりではない。自殺志向性の空想を気づかないままにするような些細な行動化を患者に許容することによって，無意識的に自殺の危険に抗い損ねてしまい，ネグレクトを繰り返すかもしれないような逆転移感情の危険について著者らは強調しているのである。

　自殺志向性のある患者たちをよりよく理解し，効果的な精神分析的治療で援助し，自殺の予防において防御的な要素を特定するために精神分析的なアイデアを適用することによって，彼らが切り抜けられる対応のための複雑で綿密なアプローチを提供しているところに本書の重要性があると言えよう。

Dr Nicholas Temple　英国王立精神医学会フェロー

精神療法コンサルタント精神科医

最高責任者，タビストック・アンド・ポートマン・

NHS ファウンデーショントラスト

謝　辞

　自殺志向性と精神分析に関する第2回国際大会は，タビストック・アンド・ポートマン・NHS ファウンデーショントラストによって2006年3月30日から4月2日にかけてロンドンで開催された。まずはすべての講演者と代表者に謝意を表したい。発表された論文の質の高さとそこで行われた討論は，本書にとって多大な刺激となっている。また，タビストック・カンファレンスユニットの Alireza Afshari と Victoria Harrison に本大会の企画への支援に対して感謝したい。

　『精神分析的精神療法誌（Psychoanalytic Psychotherapy）』編集者と発行者には，David Bell の章の掲載許可について，また John Gordon と Gabriel Kirtchuk には Carine Minne の章の掲載許可について謝意を表する。

　Catherine Lemberger には本書の制作と大会の援助への貢献に，同僚たちには大会の組織委員会に関して，そして Liz Webb と Jeannie Milligan に対しては，大会と本書編集初期のサポートが大変重要であったことに特別の感謝を伝えたい。Jonathan Buhagiar には，原稿作成の最終段階での助力に感謝したい。

序　章

Stephen Briggs, William Crouch, Alessandra Lemma

　顕在的にしろ無意識的にしろ，自殺は意味や目的のある行動だということとである。二者の関係，または，どちらかといえばその失敗という文脈において生じ，苦悩はサバイバー〔訳註：残された者〕たち，あるいは自殺企図〔訳註：既遂ではなく〕に曝された部分的なサバイバーたちによって体験される。

　これは Robert Hale による本書の第 1 章からの引用である。状況を設定し，領域を定義している。精神分析的な観点からは，どう見ても，自殺は関係の文脈にのった情緒的なものであり，意味するところがあり，他者に強力な衝撃を与えるという理解がなされるであろう。本書でわれわれは，自殺を理解し，治療し，予防する精神分析的アプローチを探究することを目的としている。また，今日の精神分析的な思考と実践に関する国際的で現代的な視点を提示し，これが自殺予防の現代的なアプローチにもたらす，そして将来もたらしうる貢献を明らかにしたい。

　われわれは，2006年 3 月から 4 月にかけて自殺志向性（suicidality）と精神分析に関する第 2 回国際会議をロンドンで主催する光栄に浴したのであるが，そこでの討論をもとにしてさらに発展させたのが本書である。それらの討論は，精力的で刺激に満ちたものだった。印象が強いのは以下の点である。第一に，自殺に関する精神分析的考察には，理論と臨床の両方においていくつかの重要な発展があることである。第二には，自殺予防に対する今日的実践および政策と精神分析的アプローチとの対話は，現在主流のアプローチへの活発な批判を提供し，予防を理解することに新たな次元を切り開いたのである。この二本の思考の撚り糸とそれをめぐる討論が本書を生み出す動機づけとなり，また本書の核心でもある。そういうわけで，本書の主たる部分はこの会議に重要な貢献をした著者による章から成っている。

本書の構成

本書は3部により編成されている。第Ⅰ部は7つの章から成り，理論的な概観を提供している。それぞれの章には重要な理論的観点からの意義深い考察がある。すべての著者は精神分析的なオリエンテーションを持っているが，必ずしも同じ学派ではない。このような理論の多元的共存は概して重要であり，かつ自殺のような重層決定的な行為を理解するにあたり不可欠なものであるとわれわれは捉えている。第Ⅱ部は5章あり，自殺志向性のある患者との精神分析的な臨床（精神分析及び精神分析的精神療法）が詳しく報告されている。第Ⅲ部は6章より成り，精神分析的な思考の自殺予防への応用を示している。

理論と臨床が密接につながっていることは，精神分析的な方法論や，臨床から理論が生まれるという在り方にとって最も重要である。そのようなわけで，3部すべてに，そして全章に理論と臨床の混じりあいがある。それゆえに第Ⅱ部と第Ⅲ部も理論的な要点や考察があり，第Ⅰ部は臨床例に富んでいる。このような3部に分けて構成されている各章は，相互に重要な領域を参照することができるだろう。そこには方法や臨床の場という設定（入院，外来，病院，個人オフィス），患者の集団の年齢や発達の段階，各章の著者の理論的な系統，言語的なグループが含まれる。この序論では，3部それぞれのメインテーマを浮き彫りにし，いくつかの要となる相互参照点を示したい。

自殺予防：実践と政策

自殺予防は世界的に社会政策の大きな問題になっている。国際的，国家的，そして地域的なレベルの組織が自殺率低減のためのアプローチや戦略を開発してきた。自殺を理解したり，自殺志向性がある人々や自傷する人々とワークしたりすることへのいかなる取り組みも，政策のより大きな図面とつながっていることが肝要である。自殺予防政策を策定するにあたって共通する主題は，リスクファクターやハイリスクグループを同定する研究を応用することである。

自殺行動を予防したり低減したりすることは難問を提示する。ハイリスクグループを同定できて，自殺する手段に触れにくくする方法を見出せて，ほとんどとは言わないが多くの自殺は「予防可能である」とわかったとしても，リスクファクターを同定する疫学的な研究が描く大きな図像と，自殺のリスク管理

を予測する確実な方法のないメンタルヘルスやその他の設定で働く臨床家の現場での体験には相当なギャップがある。ある著名な権威が述べている。

> アセスメントの作業を標準化し単純化するリスクアセスメントスケールやその他の方法に，評価が一致したものや確実で信頼に足るものはない。自殺志向性のある心の生死の決定に介入したり自殺志向性のある人の性格を取り扱う戦略として合意されたものはない。
>
> (Berman *et al.* 2006)

統一見解がないなかでは，理論や臨床の堅固なモデルが要請される。本書では，この要請に関する二つの重要な主題を探索する。第一に精神分析的な観点から自殺志向性はどのように理解されるか，第二に自殺予防の責務にこのアプローチが独自の次元をどのように提供するか，である。すべての章は，精神分析的な視点が果たす重要な役割について，そしてそれがどのような新たな問題を提起しているかについてわれわれが理解を進めることに貢献している。

精神分析的理論における発展

本書の著者たちは Freud の論文「喪とメランコリー」(1917) における自殺についての考察を共有財産としている。この論文は，「精神分析的な文献において自殺に関連するすべての中で屹立している」(Maltsberger and Goldblatt 1996) ものだが，自殺志向的な関係性についての考察の出発点である。Freud の定式化は愛と憎しみの両値的な対象の喪失反応から生じる自殺志向的な行動に関するもので，自己はその対象に同一化しているが，そこから自殺志向性の本質は**関係性**の問題として研究が可能でありかつ不可欠な領域となっている。Freud は実際，自殺志向性に関してしばしば専心しているのだが，自殺を理解することへの彼の貢献の全容は過小評価されている (Briggs 2006)。とはいえ，「喪とメランコリー」は，世界中のさまざまな国々で精神分析的な自殺の研究の出発点になった。われわれは Freud の定式化を，自殺の力動の実り多き探究の始まりとして強調するのだが，それは自殺志向的な関係性という**付置**の中にあり，Goldblatt（第8章）が決まり文句になっていると指摘した「自己に向け変えられた攻撃性」という単純な措定をはるかに越えている。本書におい

4

て，最も詳細な「喪とメランコリー」に関する考察が見られるのは David Bell の第 4 章である。

その後別々の学派に理論的な発展が生まれたが，言語圏の違いによって重点の違いが顕著に見られた（Perelberg 1999）。これら異なった言語圏（北米，ドイツ，フランス，イスラエル，英国）や主だった学派それぞれの著者の参集によって，これら別々の学派およびその派生の間に相互依存的な思考の重なり合いの層が現れることをここに同定できる。これにより，われわれは主要なテーマと重点を見出すことができるのである。

精神分析的には，自殺は本来関係に関わり，二者の関係性が与ると理解されている。この姿勢は Freud の「自我とエス」の中のある病理，特にメランコリーにおける自我と超自我の葛藤についての考察からもたらされている。対象関係論的観点からは，二者の葛藤は，内在化された他者の別々の側面の間の葛藤に関わり，臨床家には「誰が誰を傷つけ殺すのか」（Bell 第 4 章）という重要な問いをもたらす。この基礎となる二者関係の葛藤における自殺の力動のさまざまな付置を理解しようという臨床家のニーズによって，自殺志向性の関係性モデルの発展がもたらされた。北米では，Maltsberger と Buie（1980）が特徴的な「自殺の空想」を見出すようになったが，それは自殺志向的な行動を推す無意識的な関係の力動のパターンである。自殺の空想という概念については英国の Hale（第 1 章）と Campbell（第 2 章）が発展させた。今やこうした類型化はたくさんあるが，Hale は特に融合（または再結合／再生），処罰，復讐，抹殺（暗殺）そして死を賭けることといった空想に関してのものを記している。自殺の空想の本質的な力動は，「勝ち目がない」という葛藤が存在することである。Glasser（1979）の「中核のコンプレックス」は，Campbell と Hale の両者によって自殺の空想の定式化に用いられているが，分離も親密さも困難なこれらの患者たちのジレンマをとらえている。分離は遺棄される恐怖を，親密さは飲み込まれる恐怖を掻き立てるのである。こうした症例では自殺は「解決」として現れるのだが，それは自殺が自己に与える強力な影響への非現実的な評価に基づいているのである。

これは地域や学派の系統を越えた自殺の力動についての考察の連なりにつながる。つまり，自殺は心が精神病的になっている瞬間や状態において行われるということだ。本書では何度もいろいろな著者によってこの見解が述べられ説明されているのがわかる。パーソナリティの精神病的部分（Anderson 第 5 章），

知ではなく万能を要請する原始的な精神病的超自我（Bell 第 4 章），そして自殺を生き延びるという妄想（Hale 第 1 章，Campbell 第 2 章）が自殺に与える影響について著者たちはいろいろな書き方をしている。Maltsberger（第 3 章）が紹介しているのは，強烈な感情にすっかり圧倒され身体への激しい攻撃が鎮静効果を持つような，脱統合という外傷的な状態としての自殺というテーマである。現実検討の低下が一時的な精神病的な瞬間であることを裏付ける。自己の粉砕と完全な脱統合は，自殺志向性のある人にとっては，自殺より劣悪な可能性なのである。Ladame（第 6 章）も同様に，現実検討の機能しない「精神病的な瞬間」を論じている。Orbach（第 7 章）は，心的な痛みの衝撃と情緒的な氾濫の感覚が心の自殺志向的な状態をもたらすのに重大な意味を持つことを Maltsberger を部分的に引用しながら論じている。

　このテーマは，自殺が外傷的な体験を作り出すという発想と密接に結びついている。本書では，外傷としての自殺というテーマを理解し，練り上げることへかなりの関心が向けられている。Maltsberger の考えでは，外傷的な考えを作り上げるのは脱統合という内的な状態である。Ladame の考察は，自殺の危機は心的な外傷であり，そこでは自殺行為の破壊的な影響を通して精神装置が障害され，一時的に凍結されるという見解に基づいている。Magagna（第 9 章）は，自殺と外傷の影響の類似について最初に述べたのは Edwin Shneidman（Shneidman *et al.* 1976）であることを指摘し，自殺行為の後に人々が体験する精神的な鈍麻の状態に関して論じている。臨床と実践にとってこの流れの考えが持つ意味は重要かつ多岐にわたるため，この序章の中で後述する。

　もう一つの理論的発展の方向性は，うつ病についての検討と，自殺の力動の元にあるさまざまな種類のうつ状態を弁別する方法の応用である。これは Freud の「メランコリー」の理解をかなり拡張する。大方の自殺を行う人々はうつ的（depressed）であるが，うつ的な人の多くは自殺志向的ではなく，またある自殺者たちはうつ的とは分類されない。Orbach（第 7 章）は Shneidman の研究に重ねて，精神医学的なうつ病の括りは自殺を理解するのに適してはいないと述べている。むしろ，理解を必要としているのは内的な心の状態であると Orbach は強調している。その他の著者たちはこの点に関して，「うつ病」のいろいろな性質の弁別を考えている。Matakas と Rohrbach（第 13 章）は，うつ病の症状に対する反応の違いを識別している。一つのグループ

は他者が自身の退行的なニーズを満たすことを拒み，もう一つのグループは彼ら自身がそのようなニーズを認めないことを彼らは見出した。Bell はクライン派の枠組みを用いて，抑うつ的な痛みと臨床的なうつ病を区別している。前者は償いを目指しており，自己や他者への慮りがあるが，後者は迫害的な不安と，非難や対象が取り返しのつかない損傷を負ったという感覚に満ちた自殺志向的な状態に動かされている。

　基盤にある自己や他者への破壊的な関係性というテーマは Goldblatt（第8章）が敵意についての入念な臨床記述によってさらに詳述している。Anderson（第5章）は思春期のもつ発達の負荷という文脈で，コンテインされない自己の原始的部分がかき立てられることを考察した。Etzersdorfer（第12章）と Magagna（第9章）は二人とも，対象や生命と活力の間の連結を攻撃するような敵意について検討している。Etzersdorfer はこれを死の本能と結びつけ，Magagna は，良い内的対象への攻撃を強調している。

　多くの著者が身体への破壊的な関係性について論じている。Hale（第1章）は「自己の身体を殺す」試みとしての自殺に言及している。このテーマは思春期発達における身体と関わること（Anderson 第5章），身体への憎しみ（Orbach 第7章），そしてジェンダーの体験（Gerisch 第10章）に関して探索されている。Gerisch は，ジェンダー特異的な身体の体験を，自殺志向的な女性がどのように親密さの恐れと分離の恐れという中核的な複合的不安（core complex anxieties）と出会うかについての臨床の詳述と結びつけている。親密さと分離の体験は身体や身体との関係性の中で，そしてそれを通して感じられるのである。

精神分析的アプローチはどのように自殺予防を促進するのか

　自殺予防への精神分析的貢献は3つの領域にある。第一に精神分析や精神分析的精神療法における精神分析的な臨床，第二にメンタルヘルスの分野のさまざまな公的，個人開業及びボランティア設定で働く人々の実践への精神分析的思考の応用，第三に組織の力動を含むより広い実践と政策課題を理解することへの応用である。この三つはすべて本書に述べられている。

精神分析的臨床実践

　自殺志向的な患者たちの精神分析的な治療は，自殺志向性の軽減への重要な貢献として代表的である。分析や精神療法によって，自殺行動を招くような潜在する関係的で情緒的な要素が同定され，理解され，ワークスルーされる可能性がある。自殺の精神療法的な治療における重要な進展は，精神分析的な臨床家が自殺志向的な患者との治療における臨床体験を従来よりも記述するようになりだしていることだ。そこでは，特定の患者との分析または精神療法の経験に関連した特定のテーマを明らかにすることに焦点づけられる。それにより患者と分析家またはセラピストの間に何が起こるのか詳しい考察が得られるというメリットがある。つまり治療でどのような質の関係性が生まれるのか，分析家やセラピストは転移と逆転移を熟考し分析することを通してこのような体験をどのように理解するのか，といったことだ。これらの臨床報告は，自殺を単なる「症状」ではなく，それ自体が臨床的な重要事項であるとみなしており，このことが自殺志向性のある患者の治療を理解するためのこれらの論文の価値を増している。これら臨床に関する章では，プロセスと結果の偏りのない評価とともに，治療の推移についての深い考察が描かれる。とりわけこの点に関しては，精神分析的な著者たちは最近，治療中の患者による自殺企図の衝撃と意味について検討できるようになった。これにより報告は現実性を増し，自殺やその他の形の行動化の可能性のある治療をする時に分析家やセラピストが直面する重圧を含め，特有の関係性を理解することを強化する。

　これらの臨床的な考察の中軸は，転移と逆転移への焦点づけである。Campbell（第2章）は，前自殺状態における父親転移，とくに不在か機能不全の父親の転移の役割に的を当てている。Campbellは，患者の前自殺状態と自殺企図との関連で転移と逆転移の意味を検討している。このとても興味深い分野は，理論的な理解の水準と，自殺志向性のある患者と治療をする時の種々の設定における分析的な技法の水準の両方で求められるような順応（adaptation）についての探求を促している。

　Goldblatt（第8章）は，治療同盟を形成するのに特殊な治療的な修正が用いられるような治療のあり方を紹介する。彼は，こうした修正はセラピストの献身を要請しがちであることを指摘し，このような患者たちの並外れたニーズは「通常の」技法ではまかなえないために，これらの修正は必要だと述べた。

とくにより「古典的な」解釈では達せられない患者の敵意を扱う場合が該当するという。Goldblatt は，一人の患者との治療の詳細な報告を通して，ある患者たちには敵意を解釈することが攻撃として具象的に体験され，セッションとセッションの間の接触を供給しないことは，この患者の場合にそうであったように，遺棄として体験されるかもしれないという。もちろん分析的な設定の取り扱いについては，これとは違った堅持される見解はある。患者の精神病的あるいは倒錯的な部分が設定を攻撃してその変更へとセラピストを引き込むと論じる向きもあるだろう。これら重要な技法的な問いには，より開かれた討論があって然るべきである。

　第二には，著者の何人かが，新たな理解を見出したり，困難な設定における新たなグループの患者層とのワークをすることによって，精神分析的なワークの境界を拡張することを試みている。Minne（第11章）は高度保護管理設定下の病院における治療を描写してこの領域に参入している。暴力的な犯罪を犯した人々との治療の目標は，気づけるようになることと理解できるようになることの間を踏み進むことと定めている。これは，更なる暴力的な犯罪を防止するために重要であり，それと同時に知らないこと（not knowing）の防衛的効果の打ち消しによる破局的で自殺志向的な影響にも対応している。

　Gerisch（第10章）はジェンダーと自殺に関して述べた。ジェンダーは自殺に関する主要な変数である。既遂は男性の方が多く，未遂は女性の方が多い。女性との分析的な治療を考察して，彼女は母と娘の間でのジェンダーの共有は自殺志向性の行動に対する独特の脆弱性をもたらすと示唆する。というのは，ジェンダーの共有によって身体が母 - 娘の二者関係における無意識的な間主観的なプロセスの中心的な組織化する構造（central organizing structure）としての役割をとる危険を増すからである。Etzersdorfer（第12章）は，自殺志向性が精神病性のブレイクダウンへの恐れに対する防衛として考えられたある混乱した男性についての検討を通して対照的な要素を示した。自殺の脅威はこの治療の中で不変のテーマであって，それは治療に対しても患者の生命に対しても脅威なのである。その患者は自殺志向性の考えを直接口にすることは減多になく，素材が他者に投影されて現れる。Magagna（第9章）は，病院設定で若年者の自殺志向性を評価し理解するための創造的な枠組みを提示している。そして一連の症例においては，拒食で死ぬ願望を，自殺や自傷の基盤にある関係のパターンをより迅速に同定する方法に結びつけている。

予防とポストベンションへの応用

　本書の第Ⅲ部には二つの特別なテーマがある。第一は，精神分的アプローチをさまざまな設定のさまざまな人々の集団に応用することの検討である。Lindner らの老年期の自殺志向性の考察（第15章），Heyno の学生相談設定での探求（第14章），そして Turp の精神療法家としての観点からの「隠された」自傷についての考察（第16章）がそれにあたる。これは「普通の」危険を冒すレベルを超えたセルフケアにおける顕著な逸脱を同定する必要があるとして概念化されている。

　いろいろなレベルでのリスク評価は第Ⅲ部の二つ目の目的に関連する重要なテーマであって，それはすなわち，精神分析的な思考と自殺予防政策との連携を探ることである。自殺志向性のある人々を，主流のサービスの専門家たちが意識的とは限らずとも冷酷に，時には無慈悲に取り扱うことがあるという認識が増してきている（NICE 2004）。自殺の経歴のある人々は評価される体験をネガティブにとらえ，そういった対応によって自身がスティグマを受けていると感じる。本書では，組織内の個人にとって，そして組織文化という観点から，組織内に働く無意識的なプロセスを知ることがこれらの体験を理解する枠組みを提供する。

　本書の何人かの著者が参照している Bell（第4章）は，自殺志向性を扱うという情緒的な圧力のもとで，組織が自殺志向性のある人のケアと全責任（と責め）を負うことの境界を見失い，万能的になりうる様相を論じている。この点は特に，ヘルスサービスやその他の自殺志向性が存在する部門内での「リスク回避的」な文化において重要である。Heyno の考察（第14章）は，教育組織が苦痛な体験や敵意のあるスティグマ的な非難の声を排除する空想に「侵され」，同一化する可能性を持っていることを示している。Briggs（第18章）は，原始的あるいは異常な超自我機能の衝撃がスティグマ的な非難の応酬を生むことを指摘して，自殺が個人と組織に与える影響を論じている。

　Seager（第17章）は，英国の健康組織における危険（risk）と安全（safety）という概念について検討した。概ね無意識水準で機能して，特にケア環境の移行や退院時に顕在化するような，コンテインの意識的無意識的な失敗について，彼は批判する。そして，精神分析的な思考が「心理的な安全」の概念に関してより考えを深めるために利用できるような政治レベルでの変革の必要を提

案している。ロンドンには自殺志向のある人のためのメイツリーレスパイトセンター[訳註1]がある。そこでは，重視されるのはコンテインであって，「リスク回避的」でも万能的でもない，他とは異なるより良質の文化が創られている（Briggs *et al.* 2007）。

本書に強く一貫するテーマの一つは自殺予防であり，心的外傷が自殺企図をする人に対して与え，また自殺行動の影響を受ける家族や友人や専門家たちに対して与える衝撃の意味を認識することで予防が強化されるということである。本書では随所で，自殺企図患者はかなりの割合でその人生のどこかで外傷的な体験に遭遇していることが認識され，実証されている。こうした体験は，関係性における特異的で識別可能なパターンにつながる。専門家がそこに注目して焦点づけをすれば，自殺志向性のある人々へのアプローチがトラウマやスティグマの力動の再演や反復ではなくコンテインを原則とするものとなりうるだろう。これはサービス供給とそれが基づく前提の再検討とにつながるだろう。

心的外傷の影響の重要性を認識し，理解することは，上述のように，サービスの再編を導き，その提供方法の見直しにつながる。Ladame（第6章）および Matakas と Rohrbach（第13章）は，トラウマやうつ病の意味を認識することに基づく入院サービスの開発例を示している。Ladame の治療モデルは，自殺企図という心的外傷に続くコンテインの必要を治療上優先事項としている。彼の見解によれば，それに適したコンテインは時間制限のある焦点づけされた入院セッティングによってのみ可能であるという。Matakas は，抑うつ患者が圧倒的体験である責任性から解かれることのニードを認め，退行を許容するように入院治療方針を変えたのちにある精神科病院での自殺率が減少したことを示している。

同じく病院の設定でのワークを検討する中で，Magagna（第9章）は，自殺企図後または生命の危機のある摂食障害の若者に対する身体的ケアと情緒的ケアの間の伝統的な区別に反論している。精神療法的なワークは，理解の助けになるはずなので，身体面での目標が達成されるまでそれをあとまわしにするのではなく，優先されるべきだと彼女は確信している。こうした設定でのワークが意味するのは，この種のワークの情緒的なインパクトを認め，それをスタッフが取り扱う方法を構造化することが優先課題であることである。困難を共

訳註1）Maytree Respite Centre：NPO 法人による自殺志向性のある人のための一時休養のできる支援施設。

にワークする体験を扱う「ワークディスカッション」グループを通して，スタッフにスーパービジョンを供給するような設定は，教育分野や精神科の設定において効果的であることが示されている（Lemma 2000, Warman and Jackson 2007）。

　本論文集に展開されたテーマについてのこの概観は，精神分的なアプローチが理解することと介入することの精度を高めることを明らかにしている。そしてまた，自殺志向性に寄与しうる痛みに満ちた，ともすれば恐ろしい心の状態の複雑性を説いている。この領域で働く専門家たちにとっては，逆転移は耐え難いものかもしれない。エナクトメントに向かわせる圧力は相当なもので時には避け難くなる。安直な解決はない。しかし，すべての著者たちは，こうした極度のプレッシャーのもとでさえ「考え続ける」べく懸命であり，これが自殺志向性を理解することと予防することに重要な貢献をしていることは明らかである。自殺と自傷への精神分析的アプローチの重要性は，自殺志向性のある人自身および彼らに個人的・職業的に関わる人々に影響する関係性や無意識的プロセスを概念化できる可能性にある。このアプローチは，理解を広げ，予防を推進する介入方法を供給しているのだ。

文　献

Berman, A., Jobes, D. and Silverman, M. (2006) *Adolescent Suicide: Assessment and Intervention*, 2nd edn, Washington, DC: American Psychological Association.

Briggs, S. (2006) '"Consenting to its own destruction. . . ." A reassessment of Freud's development of a theory of suicide', *Psychoanalytic Review* 93, 4: 541–564.

Briggs, S., Webb, L, and Buhagiar, J. (2007) 'Maytree, a respite centre for the suicidal: an evaluation', *Crisis; The Journal of Crisis Intervention and Suicide Prevention* 28, 3: 140–147.

Freud, S. (1917) 'Mourning and melancholia', in J. Strachey (ed.) *The Standard Edition of the Works of Sigmund Freud, XIV* (pp. 237–258), London: Hogarth.（喪とメランコリー．伊藤正博訳：フロイト全集 14．岩波書店，2010.）

Freud, S. (1923) 'The Ego and the Id', in J. Strachey (ed.) *The Standard Edition of the Works of Sigmund Freud, XIV* (pp. 1–66), London: Hogarth.（自我とエス．道籏泰三訳：フロイト全集 18．岩波書店，2007.）

Glasser, M. (1979) 'Some aspects of the role of aggression in the perversions', in I. Rosen (ed.) *The Pathology and Treatment of Sexual Deviations*, Oxford: Oxford University Press.

Lemma, A. (2000) 'Containing the containers: the effects of a psychodynamically informed training and casework discussion groups on burnout in psychiatric nurses', unpublished doctoral thesis, Surrey University.

Maltsberger, J.T. and Buie, D.H. (1980) 'The devices of suicide', *International Review of Psychoanalysysis* 7: 61–72.

Maltsberger, J.T. and Goldblatt, M.J. (1996) *Essential Papers on Suicide*, New York and London: New York University Press.

NICE (2004) Self-harm: the short-term physical and psychological management and secondary prevention of self-harm in primary and secondary care. http://guidance.nice.org.uk/CG16

Perelberg, R. (ed.) (1999) 'Psychoanalytic understanding of violence and suicide: a review of the literature and some new formulations', in J. Perleberg *Psychoanalytic Understanding of Violence and Suicide*, London: Routledge/New Library of Psychoanalysis.

Shneidman, E.S., Farberow, N.L. and Litman, R.E. (eds) (1976) *The Psychology of Suicide*, New York: Science House.

Warman, A. and Jackson, E. (2007) 'Recruiting and retaining children and families' social workers: the potential of work discussion groups', *Journal of Social Work Practice* 21, 1: 135–148.

第Ⅰ部
理論の発展

第1章　精神分析と自殺：プロセスと類型学

Robert Hale

　本章では，私が自殺の基本的力動の一部分だと考えていることを提示している。その多くは Donald Campbell とともに1991年に著した論文（Campbell and Hale 1991）からのものだが，Maltsberger と Goldblatt による『Essenntial Papers on Suicide』の著者たちの考えも取り入れている。だから，私自身と他の人々の考えのまざりあったものといえる。そのもとになったのは25年以上前の聖マリー病院での研究であった。当時 5 年にわたり，私は自殺企図の患者ばかりを診ていた。私は救急医学病棟にオフィスをもち，自殺企図後に入院した患者を優に500人以上診。その一部の人々は私や同僚との精神療法を続けた。ごく少数は精神分析に導入された。約22年後，二人の同僚（Jenkins *et al.* 2002）が自殺企図後に入院した240ケースのコホート（前向き）調査をした。従来の研究結果がすでにあり驚くことではないが，彼らが自殺で終わりを遂げる率は，偶然と考えるには遥かに高く，むしろ驚くべきことは，自殺死の率は何年たっても明らかに下がるということはなかったのである。結論をいえば，自殺は危機的な状況で用いられる一生つきまとう選択肢なのである。

　多くの精神医学的な自殺研究に関連する留意すべき点は記しておくに値する。Luoma ら（2002）による米国の量的研究の最近のレビューによれば，自殺者はさかのぼる 1 年間にたった33％しか精神科二次サービス（secondary psychiatric services）にかかっていなかったが，75％は自分の家庭医（GP）にはかかっていたのである。死の前 1 カ月以内に20％は精神保健サービスにコンタクトしていたが，50％は家庭医に相談していた。このことが，自殺者たちの多くが精神的な病気ではなかったかそれを認識していなかったことを示すのか，はたまた精神科サービスに相談するつもりがなかったことを示すのかはっきりとはいえない。しかし多くの精神医学研究は，精神科二次サービスにコンタクトした集団にひたすら注目していて，そうしない多数派を無視している。この数はわれわれが間違った場所を覗き込んでいると教えているのかもしれない。したがって予防の戦略は，家庭医や一般医療設定でのカウンセラーの教育

16　第 I 部　理論の発展

やサポートにより焦点をあてるべきかもしれない。

　精神分析が自殺に対して関心を示し始めたのは，1910年の「自殺について」というシンポジウムである。そこで Wilhelm Stekel は自殺に関して最も基本的かつ重要な主張を記した。「私は，同害報復（talion）の原則がそこには決定的な役割を担っていると感じるようになっている。他者を殺したいと思うか，少なくとも他者の死を願うことのない者は，誰も自らを殺めることはないだろう」（Friedman 1967）。彼はさらに，自殺志向性のある若年者とその親との関係の性質について探究を続けた。

　　　その子どもは両親から最も重要で貴重な財産，すなわち子ども自身の命
　　を奪いたくなる。その子どもはそうすることで最大の苦痛を与えることが
　　できるとわかっている。こうして，子どもが自らに課す罰というのは同時
　　に，彼が自分の苦悩を煽った者に対しても課している罰なのである。

　　　　　　　　　　　　　　　　　　　　　　　　　　　　　（Friedman 1967）

　ヨーロッパにおける対岸，つまり英国では詩人の A. E. Housman [訳註1]（1939/1995）がその年に以下のような詩を発表した。

　善良な人たちよ，生命を愛し，
　　物わかりのいい耳を持っているか？
　ここに十八ペンスした
　　ありきたりのナイフがある。

　ぼくはこれを自分の心臓に刺すだけでいい，
　　すると空は落ち，
　大地の基盤は消え失せ，
　　君たちはみんな死ぬだろう。

　これらの書き手たちからわれわれが知りうるのは，顕在的にしろ無意識的にしろ，自殺は意味や目的のある行動だということである。二者の関係，または，どちらかといえばその失敗という文脈において生じ，苦悩はサバイバー〔訳注：

訳註1）A. E. Housman（1859〜1936）：20世紀初頭の若い知識人たちに好まれたという。

残された者〕たち，あるいは自殺企図〔訳注：既遂ではなく〕に曝された部分的なサバイバーたちによって体験される。

　すでに明らかなように，私は多くの記述的な精神科医たちのようには自殺と自殺企図の間にはっきりとした区別をおいていない。なぜかというと，さまざまな自殺志向性の行為はスペクトラム状になっていると理解するからである。すべての自殺志向性の行為には基本的に身体を殺す願望があるが，生き延びたいという願望もある。自殺志向性の行為を駆り立てる空想は複合的で，複雑でまたあまりに決然としている。それらはしばしば内的な矛盾を含んでいるが，最も顕著なのは生への願望と死への願望である。ある患者は統計学者であったが，199錠のアスピリンを服薬した。なぜ200錠目を飲まなかったのかと問われると彼は，「それが床に落ちてしまったんだ。病原菌がついているんじゃないかと思って」と答えたのだった。自殺志向性の行為と判断する決め手として私が用いているのは，その行為の時に自らの身体を殺そうとする意識的あるいは無意識的な意図である。身体を殺そうとするのではなく痛めつけようとする自傷とは対照的なのである。

　自殺は行動化の一形態である。Freud（1914）はもともと行動化という用語を，精神分析治療のなかで他の方法で体験・表現されえない無意識的な願望や空想を象徴的に表象する行動を患者が実行する現象をあらわすものとして使っていた。後年それは拡大され，内的な緊張を身体活動によって解放しがちな一般的性格傾向を表現するようになった。

　行動化は外傷的な小児期の体験を想起することの代用であったり，早期の外傷を反転させることが無意識的に目論まれていたりする。患者は外傷の苦痛な記憶からは免れて，早期のもともとは受身的に苦しんだ体験を，現在は行動によって制圧するのである。現況における登場人物は，現在の姿というよりも過去を表象するもののようにみなされる。さらに内的なドラマは無意識の衝動から発して，意識的な思考や感覚をショートカットして直接的に行動に変わる。重大なことは，患者がしばしば破壊的あるいは性愛的に身体を使うことによって，たとえ一時的であっても葛藤が解けることなのだ。

　患者はこのエナクトメントに他者を巻き込み引きずり込む。他者というのは，かかわりのない傍観者かもしれない。あるいはその他者は，患者のシナリオに入り，持続する役割を演じる自分自身の無意識的な理由をもっているのかもしれない。患者はこのように現在かかわる人々のなかに，投影や投影同一化を用

いて，自分の意識が抱えきれなかった感覚を強引に体験させて，登場人物を創り自分の過去の葛藤を創り出す。患者は一時的には安らぎを得ても，自分の芝居の役者たちが割り当てられた役を自ら降りてしまったら，投影は瓦解し，投影していたものは患者に戻る。内的な葛藤を免れうる他の解決方法を知らないので，患者は同じシナリオを別の設定で再び創り出すことを強いられる。これが Freud（1920）が述べた「反復強迫」の本質である。自殺において無意識的空想はしばしば，まだ終わらず気づかれない幼少期の戦いからの積もる恨みを晴らしながら巡る。これらは患者が気づいておらず，理解も持っていない心のその部分に存在する記憶なのである。Freud はこのような記憶を患者に強迫的に取り憑く「亡霊」と記述した。「理解されえないものは必然的に再び現れる。秘密が解かれまじないが解けるまで安らかになれず，冥界にもどっていない亡霊のように」（1901）。

　われわれがこの謎に入っていくひとつの方法は，行動化を症状と等価であると見ることである。症状の場合，空想は心理的現象に（心身症的症状においては身体疾患に）象徴的な表現を見出す。行動化においては，行動が無意識的葛藤の象徴となる。症状と同様に，行動の正確なかたちは，無意識的空想と葛藤によって的確かつ特異的に形造られる。自殺志向性の行為という外的事実を詳細に吟味し，それらの象徴的な意味を分析することは，その行為に至らせた空想への最も明確な道筋である。

　私はここで，自殺志向性の行動に傾いていく底流にある３つのパーソナリティの群について考え，自殺に陥ってゆく最終的な共通の道筋を，その動きを突き動かす空想とともに描写したい。Apter（2004）による最近の論文は，自殺の危険を見定めるときに精神障害の評価だけに頼ることの限界を確認している。Apter は自殺の危険のある状態と精神障害がしばしば結びけられているのを引用し，こうコメントする。「しかしながら，これらの診断的な指標は特異性が低く，うつ病などといった診断カテゴリーの範囲内では，自殺志向性の行動を予防する大きな助けにはならず，自殺の原因究明に光を注ぐことはない」（2004）。Apter は自殺行動への傾性の底には３つのパーソナリティの群が潜んでいるという仮説を提示している。

1　自己愛，完璧主義，そして失敗や不完全に耐えられないこと。それらは，助けを求めることを自分に許さず親しみの心地よさを自らに与えない底

に潜むスキゾイドパーソナリティ構造と結びついている。大多数のケースでは，これらはストレスやうつ病の時期とは関係しない生涯続くパーソナリティのパターンである。Apter が述べるところでは，これらの人々は，現実の対人的な親密さの欠損を代わりに補う偽の勝利の一種として，自殺志向性の行為という形による達成を用いる。恥と屈辱はこのグループの人々における自殺志向性の行為の引き金である。

2 日常の些細なことへの過敏さと結びついた衝動的・攻撃的性質。この過敏さはしばしば怒りと不安反応に至り，二次的なうつ病を伴う。これらの人々は退行・分裂・解離・置き換えといった防衛を使いがちである。彼らはしばしば幼少期の身体的または性的虐待に苦しんできており，成人してからはしばしばアルコールまたは物質の乱用の既往がある。Apter（2004）はこれらの性質を潜在的なセロトニン代謝の異常と結びつけていて，起源は遺伝的であると示唆している。しかし，このグループの患者に幼少期の外傷的な出来事が高率だと仮定してみよう。小児虐待に引き続いて生物学的な変化が生じるというのは増えつつある知見である。それを見れば，その生化学的な異常は少なくとも小児期の虐待によってある程度決定される可能性があると考えられよう。成人期の生活においてこれらの人々は，衝動的でときに攻撃的で，欲求不満耐性が低い。彼らはしばしばボーダーラインパーソナリティ障害をもっていると分類される。

3 基盤にある抑うつ状態がしばしば関与して絶望により自殺志向性の行為に駆り立てられる人々において，この絶望は，気分障害，統合失調症や不安障害などの精神疾患からくるものであると Apter は示唆し，基礎にある精神疾患が自殺志向性の行動を説明するというパラダイムを用いている。長年続く双極性障害（反復性の躁うつ病や反復性のうつ病）や再発しがちな統合失調性の疾患を煩っている患者を見れば明らかである。しかしながら，私の経験では，多くのケースでは抑うつ状態は生活環境を取り囲むものへの反応であり，自己に向け変えられた無意識的な怒りを表している。

20 第Ⅰ部　理論の発展

中核のコンプレックスによる関係性

Glasser（1979）が述べたように，自殺の出発点は中核のコンプレックスによる関係性である。それは「重要な他者」へのかかわりかたに関連するものである。こういう関係で頭が一杯になっている人にとっては，ふたつの同等かつ正反対の恐怖が存在する。第一は，近しさであり，他者に呑み込まれ，自身の同一性を失う恐れをもたらす。第二は，他者に置き去りにされ，見捨てられて飢餓状態になる恐怖である。これはどこにでもある現象なのだが，中核のコンプレックスによる関係性をもつ人を分かつのは，第一にその感情の激しさと，第二に彼らがそのパートナーを制御する方法である。「普通の」人においては，ちょうどよい親近感や分離感を示すのは優しさや協力的であることだが，中核のコンプレックスによる関係性をもつ人においては，距離感は，冷酷さや強制というコミュニケーションまたは行為で保たれるものとなる。

裏切りと前自殺状態

自殺志向性のある人に信頼の裏切りを感じるような何らかの出来事——その大方は，見捨てる行為である——は避けがたく生じるものである。するとその人はRingel（1976）が述べた前自殺状態（pre-suicidal state）に入る。これは自殺の空想が意識的になりつつあり，自殺行為の準備がなされるような，「今にも（事故が）生じそうな」状態である。前自殺状態は数時間から数日続くが，ついにすべての自我のコントロールを破壊するような最終的な引き金が引かれ，人の心はばらばらになり，精神錯乱（confusion）状態へと至る。

引き金

暴力性への引き金は，以下の３つのいずれの形をとることもある。そして，自殺ないし暴力という破壊的な攻撃として決定的な崩壊を突然引き起こす。

1　現実的な身体への攻撃，それは小規模であっても，身体境界（body boundary）を侵すようなものである。長い議論の経過中，Ａ氏の横腹をある仕事仲間が指でつついて強く主張した。お返しにＡ氏はその仲間の顎を砕いた。
2　身振りによる表示は攻撃や拒絶として体験されるかもしれない。最も

ありふれた身振りはVサインにちがいないが，これが貶めることになる[訳註2]かもしれないし，人の顔の前でドアをぴしゃりと閉めるようにそっぽを向いたり拒絶することになるかもしれない。
3　侵入的で，人を軽んじるような，かつ性的な性質を帯びた言葉は，身体的な攻撃あるいは放擲と感じられる。

　これら3つは，二点において共通している。第一にそれらの引き金が非難や拒絶と体験され，第二に受け手／「被害者」は，自らを客観的に評価することができないため，圧倒されていると感じる。肝腎なのは引き金の内的な意味なのである。ある人には危険であっても，別の人には響かない。ある時には破局的であっても，別の時には意味をもたない。

精神錯乱

　次の二点は，暴力的な自殺志向性の行為のひとつの要因として精神錯乱が重要であることを立証する所見である。第一に，総合病院では最もありふれた暴力の原因は中毒性の精神錯乱状態であり，その際には害のない刺激が脅かしと知覚される。振戦せん妄がよい例である。第二に，自殺の約35%および非常に多くの暴力行為が飲酒後に発生している。善悪の判断や暴力への禁止をしている「超自我」を「アルコールは解く」と一般的にはいわれている。そのために判断力や暴力への禁止が緩む。さらに酩酊状態により，圧力が脅威的かそうでないか，そして外からなのか内からなのかを弁別する自我の能力が損なわれているであろうことを加えたい。結果として，錯乱状態にある自我が思考を分立させることも現実吟味することもできないような，思考の恐るべき連結が生じる。

　精神錯乱には二つの要素がある。第一に，もとは二つに分れていたおそらく無意識的な考えが，意識の中にともに現れながら連結することはひどく受け入れがたいことなのかもしれない。だからそれらは攻撃され混沌とした無秩序へと断片化される。第二に，混沌は本来われわれがみな恐れる，制御を全く失った――つまり狂ってしまうことを表す――恐怖なのである。このように，精巧な自我の防衛が失敗すると，より原始的な「反射的」な身体的防衛が使われ

訳註2）相手に掌を向けるVサインはピースマークとして知られるが，手の甲を向けるVサインは英語圏では侮辱の意味になる。

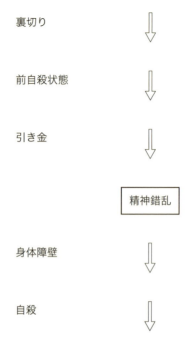

図 1.1. 中核のコンプレックスによる複雑な関係性

て，受け入れがたい思考や感覚の状態を取り除こうとする。身体障壁（body barrier）が越えられることになる。

身体障壁

「身体障壁」という言葉は，いま意識にのぼっている暴力的空想を暴力という身体的行為に転じることに対する，誰にでもある抵抗を表している。上述の精神錯乱状態はこの抵抗を減弱させる。ところが，この抵抗がいちど乗り越えられてしまったなら，精神内界の緊張が解放されていく身体的な経路はいよいよ選ばれやすくなる。これが，自己破壊的行為が繰り返されやすい性質を持つことをある程度説明している。

自殺に至る最終的な共通経路である自殺志向性のプロセスの段階は図1.1.のように図式化できる。

自殺を駆り立てる空想

　自殺の空想は，「生き残る自己」と「身体」のあいだの関係を作り上げるものだが，少なくとも５つの形がある。それを簡単に述べよう。意識的にはあるひとつのタイプの空想が優勢となるが，自殺の空想の各々は相互に依存しあっており，無意識のレベルでは互いに排他的ではない。患者の中では，前性器期的な衝動を満たす願望をめぐってそれぞれの空想が体系づけられるが，その前性器期的衝動は，本質的に主にサドマゾキスティックであるか，口愛的な呑み込みの性質をもつ。

　第一に，ほぼ共通する自殺の空想は**復讐の空想**である。復讐の空想は，自殺が他者に与える衝撃に集中している。そこでは，その他の自殺の空想と比べると現実の対象との意識的なつながりがより強く保たれている。復讐の空想でしばしば意識的な思考となるのは，「彼らは済まないと思うだろう」というものである。暗黙のメッセージは，彼らの両親が十分に愛さなかったために親を憎む子どもを育ててしまった，ということである。

　第二の空想は，**自己処罰の空想**であり，罪悪感が優勢で，しばしば空想のなかで近親姦願望を満足させる自慰と，痛みと死の性愛化を伴う。ここでは生き残る自己は，復讐の空想が他者に向かうのとは異なり，むしろ自らの身体をサディスティックに取り扱うことによって満足する。自己を絶望的・受動的で服従する身体に同一化することによってマゾキスティックな衝動もまた満たされる。

　第三の空想は**暗殺の空想**で，人は自分の身体を混乱をきたす，自分とは異質で脅威に満ちた狂気の源泉として体験する。狂気へと駆り立てる自らの身体を殺すことにより，自己は自殺の空想のなかで「生き残る」。この空想の中で，自殺は暗殺者である身体が自分つまり自己を殺す前にそれを殺すことと想定される。したがって，自殺は自己防御として行われる。

　第四の空想は**死を賽の目に賭ける空想**である。人は自殺志向性の行為の結果を運にまかせる。彼らは自分の生命への責任を外部の代理人に手渡している。

　第五の空想は，他のすべての空想を支えている**融合の空想**である。自殺志向性の行為は万能的な母親と融合する願望を表す。「彼女とひとつになることによって，自殺志向性のある患者は万能的で時間も思慮もない，赤ん坊の自分に起源をもつ平穏の再現を望む。辟易する敵対的な内なる存在，つまり悲惨にも大人になってしまっている自分とはまったくかけ離れて」（Maltsberger and

24 第 I 部　理論の発展

Buie 1980/1996)。

結　論

　自殺は複雑で微妙なプロセスである。本章では，私はこのプロセスのいろいろな段階を概観した。それらは自殺志向性のある人の心の特有な状態と，それがどのように自殺志向性の行為を生み出しうるのかについて，われわれが理解することを助けるだろう。

　最後に，ある治療を終えた患者による報告からの引用をして終える。彼女は引用されることを知っており，承認している。

　　22歳の時，続いていたある関係がうまくいかなくなりました。それにより私は，入念に計画して70錠のアスピリンを飲んで自殺しようという深刻な試みにまっしぐらに突き進みました。その時私は遷延するうつ病を越えて絶望へと移行してしまっていたのです。私はそのふたつを区別します。それはこれを読まれるのが専門家であっても，私と同じように悩む方々であっても，自殺はいつでも介入が可能で，したがって予防が可能なプロセスであること，しかしタイミングが決定的であることを理解していただきたい，と願ってのことです。

　　自殺に向かう考えは，これまでの放り出されたと感じた傷つきの時期と同様に，まさにこの特別な破綻のあと私に取り憑きました。私は疑われないように2瓶のアスピリンを別々の店で注意深く買い，隠しました。この段階においては，最終的に企てるその日まで私の気持ちは葛藤的でした。死にたいし，助けられたいと強く思っていました。だからアスピリンを買った後でさえ，大学の次の学期の計画を立て続けていました。

　　しかし私はまだ，孤独なおそろしい気分と麻痺したような無関心な状態が交互にくる悲嘆の激しい状態にありました。休暇期間中だったため，勉強や大学の友人といった，ふだん支えてくれるものは手の中にありませんでした。母親はいつものようにいらいらしているか私の気分（母親には脅しとか理解できないものだったようです）に明らかに反感を持っているかどちらかで，役にたちませんでした。私の企ての引き金は，彼女が私の泣いているのを見て「そんなに考えるんじゃありません」——つまり「感じ過ぎよ」といきな

り言ったという出来事でした[註1)]。

　このことが私に与えた徹底的な拒絶感と孤独，そして閉ざされた輪の中で自分の情緒が自分を圧倒する（私は内側から攻撃されているようでした）という状況を的確に表現できるとは思えません。それでもまだ私はそれらの感情を無視するように命じられていましたが，それは精神的に不可能なことでした。

　その日の夜私は，繰り返し私を捨てきたボーイフレンドと会い，不毛な時を過ごして帰ってきました。そして私は，堪え難い痛みを取り除けるかのように，あるいは少なくとも堪えられる身体的な痛みに置き換えられるかのように，頭を家の壁に打ち付けました。尋常ではない状態を誘発するのに使われてきた決まり文句はすべていま，強烈な威力を持つようになりました。私は文字通り気が遠くなり，悲嘆にくれながら，複雑で無力な怒りと長年にわたり肝心な時に両親から見捨てられてきたという裏切られた感覚で取り乱していました。私はその時に，この怒りを認識していなかったし，ある意味ではちゃんと経験 experience して（体験して live）いなかったのです。まさにそれによって損なわれつつある時に。後から考えれば，私はこれらすべての強力でわき上がってくる情緒の源泉にアクセスし，関わりを持つ必要があったのでしょうが，そうするための先導やサポートはありませんでした。

　私が決定的に拒絶されたと感じた次の日，自分でも驚いたことに私は，まだ学校に通っている妹に，ひとりでいるのが怖いからできたら早く帰ってきてと懇願しました。妹と両親が出かけてしまい，私は家に一人残され，悲痛に圧倒されました。この段階でまだ私は，感情すべてから解放されるために自分を殺そうとする衝動だけでなく，自分を破壊する衝動とも戦っていました。生々しい能動的な苦闘の時期に取って代わって，おそるべき受動性と静けさのようなものが訪れました。私は希望を持ったり戦ったりすることをやめました。まったく逃れられないと感じました。それは，あたかもある病気の急性期に入っているような感じで，ここ数週間の奇妙な交替性の状態の頂点で，絶望と極度な無気力が入れ替る激しい苦痛でした。

　一旦屈服してしまうと，私は確かな安堵を感じました。私は忘れ去ってしまうことを欲し，死は平穏な永遠の眠りだと想像しました。実際にアスピリンを飲み始めると，それは予想したよりも難しいことでした。無理矢理飲み込まなくてはならず，それは孤独でおぞましいことでした。この段階でさ

え，私はいくぶんか，中断させてほしかったし，見つけてもらいたかったと思います。再び静けさが訪れました。私は床に丸くなって，意識を失うのを待ちました。何時間かたっても，私はまだ目覚めていました。気分が悪く怖くなりはじめましたが，それはあたかも今，私のもうひとつの理性的な部分が引き継ぎをしたようでした。私が最も近しい妹に電話し，自分のしたことを伝えました。彼女はただちに状況をコントロールしはじめ，救急車を要請し，私とともにいるために急いで帰宅しました。私は病院に運ばれ，胃洗浄を受けました。その夜は奇妙な幻覚が生じ，眠れず，アスピリンによる耳鳴りが鳴り響いていました。吐き気の合間に夢想に入ったり出たりして過ごしました。

私がその夜のことでいちばん思い出すのは夜勤の黒人看護師の手際のよい優しさでした。彼女はきっと「自分で自分を痛めつけている」余計な患者の悪口を言っていたでしょうけれど。私はいつしか早朝に眠りにつき，後に目覚めると 3 人の若い医師たちが私を見下ろしていました。彼らは私にいくつかのうまく答えられないような質問をしましたが，なによりも困惑しているようでした。後に，その病院の女性精神科医が診に来て，「考えなしの事故でしたね」という文脈の表層的な見立てを行い，私は気まずさや混乱と疲労により，そしてたぶん考えたくなくて弱々しく同意しました。こうした体験全体が，そしておそらくそれが身体を中心としていたために，一時的な厄払いをもたらしました。底のほうには私の感情は生き残っていました。

その短い会話の後間もなく，私は退院して家に戻りました。両親も私も戸惑ってお互いを警戒していたけれど，その時母は行動をおこし，母の同僚が勧めた精神分析家と私が会えるようにとりはからいました。彼との出会いは，私が経てきたことを誰かが真剣に理解しようとする初めての時として刻まれたのでした。私の感情はその面接の間におそろしく変わりましたが，私が大学に戻りたがった（両親がそう思い込んでいただけかもしれませんが，覚えていません）ので，彼は私を患者として引き受けることはできなかったものの，命綱は作られました。

私の分析家は，私が大学の課程を続けている間は大学のカウンセリングを受けることを勧めましたが，私はさまざまな理由からそうできないししたくないと感じていました。理解を示した人から再び放り出されるような気がしたし，もしカウンセリングを受けたら大学の課程を終えることができないだろうという，迷信のような感覚（カウンセリングは激しい道のりを含むし，

当時の私はそこまで強くなかったので，部分的には正しかったと思います。）を持っていました。また，情緒的な開示に関する家族的な禁止はまだ内在化されたままでした。私は何年か後に分析家のところについに戻り，この先延ばしになっていた道のりを始めました。

　これを書きながら，私の自殺企図は——分析家たちの存在と12年間の隔りが与えた理性的なフィルターがあるにもかかわらず——第三者にはやはり理解しがたく見えるのではないかと懸念しています。当時の私の体験は遠くもありかつ私にはまだ生々しいものです。その辺縁に近づくことでさえ，ずっと私を圧倒するままです。私は何度も書くのを止めなくてはなりませんでした。また私が説明しようとすればするほど，理解しがたい奇妙で恐ろしい気持ちになります。これは根深いもので，数々の両親からの反論や拒絶と関連しています。

　私はこの報告をうまく書ききることができるかどうかわかりません。「うまく」というのは，おこったことの複雑な真実が明らかに伝わるようにという意味です。しかしプロのライターだって，それは困難だと思います。何となくきちんとさせたり，片付けてしまったり，まがいものにしてしまったりすることを私はとても恐れています。一番恐ろしいのは，この報告が誤解され，そしてなお「拒絶」され，聞いてもらえなくなり，話半分にされ，承認されないことなのです。なぜなら，そういったことはすべて私が子どもの頃や十代の頃に家族の中でおこったことで，それはどんな外からの拒絶によっても再燃し，とうとう私が自殺企図してしまうに至ったのでした。私が「自殺」してしまったというのがより本当かもしれません。それはある種の死でしたから。私はその後とてもゆっくりと精神分析を何年も受けて，ある種の再生を始めたのでした。

　私が伝えようとした自殺に至る感情を理解するには，長く注意深い精神分析のプロセスとその後の期間をあわせて何年もかかりました。私は，最も熟練した忍耐強い専門的な援助がなければ生き延びてはいなかったし，せいぜい断続的な危機から危機へとよろめいていただろうと今も確信しています。この援助は私の運ばれた病院では得られませんでした。私以外の人々が，当初の私よりもうまくしのいでいけるように，というのがこの報告を書きたかった理由のひとつです。私がとても優れた共感に満ちた分析家に出会ったのは特別なことかもしれません。特に組み合わせの「相性」が何となく私には

28 第Ⅰ部 理論の発展

適切であったようです。あるいは，少なくとも傷つきの最中に出会ったことによりそのように感じるようになった，というのはあるでしょう。

　私が体験した（分析の）プロセスは，基本的でありかつ深いものでした。基本的というのは，私がそれまで欠けていた自己という根本的で安全な感覚を発達させたからです（断片が編み合わせられてしっかりとした芯が形づくられるようなことだと考えています——私は他者のものでも自分のものでも情緒的な嵐に免疫がなかったのだけれど，今は乗り切ることができます）。分析が深かったというのは，そのプロセスが今もなお私の人生に生気を与えているからです。私は自分を形作った圧力のいくつかを理解しているばかりでなく，両親や祖父母の人生までも形作った圧力のさらに大きな理解や洞察を得ています。私はこれらを探究し続けていてます。そして出来事が明らかになって私の理解をさらに広げるようなことがありました。

　妹たちのひとりは同様に後に精神療法を始めましたが，おそらくいくぶんかは私の経験が少々道を整えたからでしょう。私の分析は家族全体に微妙な影響を与えたと思います。

　たぶん最も重要なのは，今私は母親になっていて，それは分析の前には夢にも思わず**心に孕む**こともなかったことです。それははかりしれないほどの埋め合わせとなりました。

　今私は，他者にも自分にもただ破壊的になってしまったかもしれない自分の自殺が，そうならずに新しい人生を生み出したと考えています。私の道のりは続いていますが，他の人々には十分早く適切な介入を受けて援助されることを願っています。しかしそれは多くのことにかかっています。すなわち，何よりもまず，精神保健に関するより多くの教育，新たな専門家のサービスを作ること，そして特に若年者への効果的な広報にかかっているのです。

註

1　「あなたのままであってはならない／そこにいてはならない」と等しい。「（あなたが違ったあり方をできないなら）存在するな」という心的な命令に解釈される。

文　献

Apter, A. (2004) 'Personality constellations in suicidal behaviour', *Imago* xi, 1: 5–27.

Campbell, D. and Hale, R. (1991) 'Suicidal acts', in J. Holmes (ed.) *Textbook of Psychotherapy in Psychiatric Praciice* (pp. 287–306), London: Churchill Livingstone.

Freud, S. (1909) 'Analysis of a phobia in a five-year-old boy', in J. Strachey (ed.) *The Standard Edition of the Works of Sigmund Freud, X* (pp. 1–149), London: Hogarth. （ある5歳男児の恐怖症の分析［ハンス］．総田純次訳：フロイト全集 10．岩波書店，2008.）

Freud, S. (1914) 'Remembering, repeating and working-through', in J. Strachey (ed.) *The Standard Edition of the Works of Sigmud Freud, XII* (pp. 145–156), London: Hogarth. （想起，反復，反芻処理．道旗泰三訳：フロイト全集 13．岩波書店．2010.）

Freud, S. (1920) 'Beyond the pleasure principle', in J. Strachey (ed.) *The Standard Edition of the Works of Sigmmd Freud, XVIII* (pp. 1–64), London: Hogarth. （快原則の彼岸．須藤訓任訳：フロイト全集 17．岩波書店，2006.）

Friedman, P. (ed.) (1967) *On Suicide*, New York: International Universities Press.

Glasser, M. (1979) 'Some aspects of the role of aggression in the perversions', in I. Rosen (ed.) *The Pathology and Treatment of Sexual Deviations,* Oxford: Oxford University Press.

Housman, A.E. (1939/1995) *Collected Poems,* London: Penguin Books. （森山泰夫，川口昌男訳：ハウスマン全詩集．沖積舎，1999.）

Jenkins, G.R., Hale, R., Papanastassiou, M., Crawford, M.J. and Tyrer, P. (2002) 'Suicide rate 22 years after parasuicide: cohort study', *British Medical Journal* 25: 1155.

Luoma, J.B., Martin, C.E. and Pearson, J.L. (2002) 'Contact with mental health and primary care providers before suicide: a review of the evidence', *American Journal of Psychiatry* 159: 909–916.

Maltsberger, J.G. and Buie, D.H. (1980/1996) 'The devices of suicide; revenge, riddance and rebirth', *International Review of Psycho-Analysis* 7: 61–72; reprinted in J.G. Maltsberger and M. Goldblatt (eds) (1996) *Essential Papers on Suicide* (ch. 25, pp. 397–417), New York: New York University Press.

Maltsberger, J,G, and Goldblatt, M. (1996) *Essential Papers on Suicide*, New York: New York University Press.

Ringel, E. (1976) 'The presuicidal syndrome', *Suicide and Life-Threatening Behaviour* 6: 131–140.

第2章　前自殺状態における父親転移

Donald Campbell

はじめに

　自殺志向性のある患者との転移関係は，その患者と治療者にとっておしなべて独特なものである。実際，治療者は自殺傾向のある患者たちの治療において，同時であれ別々であれ，多重の転移逆転移の対象となりがちであるというのが正確なところだろう。けれども本章では，自殺志向性のある患者の精神療法的な治療の経過に生じる転移の力動に焦点を当てようとしているのではない。ここでは治療のある特別な時，つまり私が前自殺状態（pre-suicide state）と呼ぶ自殺企図の直前の時期における転移対象の性質を考察しようとしている。前自殺状態にある患者の分析からの臨床素材を提示して，その時期の父親転移の性質と心的な重要性を示そう。

前自殺状態と自殺の空想

　正常な自己保存本能が圧倒され，身体が取るに足らないものとなるとき，人は前自殺状態に入る。自殺志向性の考えを抱いたり自殺しそうだと感じたりする期間はさまざまだが，ひとたび身体が拒絶されたなら，自殺企図はいつでも起こりうる（Campbell 1995）。

　前自殺状態において患者は，自己と身体や自己と他者との関係を反映する自殺の空想にさまざまな程度に影響される。空想は，意識されることもされないこともあるが，自殺の実行の時には妄想的確信の威力を持ち，歪曲された現実性を帯びている。自殺の空想は原動力なのである。身体を殺すことがその空想を実現させる（Campbell and Hale 1991）。

　MaltsbergerとBuie（1980）は，自殺志向性のある人々の分裂と否認のプロセスを観察した。それは，私がみた患者たちが，自らを殺そうとする時に自

分の身体が死ぬことを期待したと報告したことにより確かめられた。ところが彼らは同時に，自分のまた別の部分は意識があって身体のない状態であるとか，あるいは身体の死に影響されないで生き続けるというふうに信じていた。身体を殺すというのは意識の上での目的ではあるが，実際は目的を達成するための手段なのである。その目的というのは，もうひとつの次元で生き残るはずの非常に重要な自己の一部分（この部分を私は「生き残る自己（surviving self）」とよぶことにする）が心地よく生き残ることである（Maltsberger and Buie 1980）。この生き残りは身体を破壊することに依っている。

　私の患者たちのさまざまな自殺の空想は，生き残る自己と使い捨ての身体との間の関係を練り上げていたが，それらは生き残る自己が理想化された母親イメージに溶け込む願望が土台となっていた。しかし，その患者たちは二重拘束のもとにあるとも感じていた。現実の母親役割をする対象は，頑固で危険で信じるに値しないと理解されていた。彼らは理想化された母親に溶け込む願望でいっぱいになりながら，それが叶ったなら対象に飲み込まれてしまう不安や，対象にうまく入り込めなかったら見捨てられて飢え死にしてしまう不安を抱いていた（Glasser 1979）。

　自殺の空想が表象していたのは，母親に溶け込む願望と，そうなったら自己が絶滅してしまうというもう一方での原始的な不安との間の葛藤の解決であった。憎しみに満ちた，飲み込むか見捨てるかの原初的母親を身体に投影し，それを亡きものにすることによって，生き残る自己は分裂され理想化され，性的な要素を抜き取られ，万能的に満足を与える母親と際限なく融合できる。その母親とは，大洋的な至福，夢も見ない永遠の眠り，永久的な平和の感覚，宇宙と一になる，あるいは無の状態を達成するなどといったありさまとして表象されているのだ（Maltsberger and Buie 1980）。

　良い生き残る自己と悪い身体との間の分裂があるように，母親に関しても分裂が存在した。それはすなわち，憎しみに満ちのみ込むか見捨てるかどちらかで，原初的でいまや身体と同一化されている母親と，悪い母親／身体が除去されればすぐに生き残る自己が融合するはずの理想化された母親との間における分裂であった。

前自殺状態における父親の役割

　私の自殺志向性のある患者たちとの分析の間に明らかになったのは，父親が引きこもるか彼らを積極的に拒絶するかであり，また父親が母親をうまく良いほうに導けていないと患者たちが体験していることだった。さらにそれぞれの患者は，父親が自分たちを具合の悪い母親と生き残るという著しく不安な状態に捨て置いたと感じていた。母親と子どもの病的な関係の解決として現れた空想は，前自殺状態において甦った。自殺の空想を支配する患者と母親の関係によって，そしてまた父親の不在や無力さによって，父親役割はしばしば不明瞭だった。しかしまさに前自殺状態において，父親が子どもに対する**権利を主張**（stake a claim）しそこなうことによって，子どもは選択の余地なく母子の病的な関係に置き去りになるのだった。親が子どもへの**権利を主張する**というのは，法律主義的，自己愛的あるいは独占的な意味合いではなく，親が自分の子どもに与えられる何か特別なものを持っているという信念による行為だと言いたい。その何かとは，異性の親が与えられるものとは異なり，子どもが唯一であり独立した存在であること，子どもの喜びや苦しみ，強さや脆弱さを認めるような何かなのである。

　プレエディパルな父親が母子の二者関係に介入して制約を課す結果のひとつは，子どもが空想の中で母親に好きなように接近できるような，妨げなく限りなく持続する母親との時間のない関係への願望に限界が設定されることである（Campbell 1995）。前エディプス的父親は母子関係の排他性の外側にある世界を表象する。たとえば，時間や場所といった現実性である。前自殺状態において私の患者たちは，頻度（週5回の分析セッション）やセッションの始まりと終わりの存在を，時間に関わる父親の制約を表象するものとして体験した。分析の別の時期にはこれらのことはしばしば全く異なって体験された。しかし前自殺状態においては，遅刻や休み，セッションからの帰りしぶりは，時間の現実への反抗として，また，時間のない状態における母親との融合を望むことに代わる選択肢を与えられない父親との体験のエナクトメントとして現れた。

アダムズ氏の自殺企図

　アダムズ氏は私との分析が始まるより前に2回の自殺企図歴があった。私た

ちの出会いの早期に，彼は自分の手首を切った部位の瘢痕組織を私に見せた。彼はまた常習的かつ頻繁に賭け事をしたが，私はそれを彼のよるべなさ，無能感そして絶望の躁的解決を表していると考えていた。彼の賭博行動は自己敗北的で自己を貧困化させる傾向があり，アダムズ氏の命がけの博打であると私はとらえていた。彼の母親の自殺企図が彼自身の生き残りに関する不安を増した後はことさらだった。私は彼の賭博の自己破壊的要素を懸念していた。賭けに勝ちたいという彼の願望が強まった時に，私は彼が金を失うパターンを，母親が彼を孤立無援の中に置き去りにしたという失敗を実演する方法として取り扱った。彼の失敗はまた，彼の母が彼を助けるように誘い，彼は私にも同じようにしてほしがっていることは明瞭だった。こうした解釈をしたことはある効果をもったように見え，アダムズ氏は賭博をやめた。さらに彼の態度はより建設的になり，仕事や家族に再び精力を注ぐようになった。

　この段階でアダムズ氏は楽観的な気持ちで分析を中断し，彼がおろそかにしていた会社のために事業を興そうとして彼の出身地であるエディンバラへ戻った。しかし，そちらで事業がうまくいかなくなると，彼は級友たちに顔が合わせられなくなった。

　ある日曜の午後，彼は孤独で自殺したい気分になり，ロンドンにいる妻が思いやりを示して彼のもとに来て一緒にいてくれることを期待して電話した。しかし，アダムズ夫人は彼が自殺を使って脅すといって文句を言った。彼女は彼の脅しにもう我慢できず，もし自殺しようとしているならどうぞ，と告げた。

　最初アダムズ氏は，打ち砕かれ，傷つき，拒絶され，全くの孤独だと感じた。しかし，いったん自殺を決めると，彼はたいへん安らかで静かな気分になった。彼はヴァリウム〔訳註：ジアゼパム〕10mg錠70個を飲み，横になり，平和な気持ちだった。錠剤が効果を示すと彼は，もうひとつの次元に漂って入っていくように感じた。彼は調和のとれた，別の類いの存在に溶け込んでいくような感覚をおぼえた。彼はたまたま発見され，病院へと救急搬送された。（ヴァリウムは相当な過量服薬でも薬理学的には致命的ではないが，それはアダムズ氏が知らない事実であった。しかし心的に重要なのは，死を意図したことである。）

　私はこの知らせを聞き，衝撃を受けた。私が何かを見落としてアダムズ氏を取り落としてしまったと感じた。

　以下に述べるのは，アダムズ氏から自殺企図の後に聞いたこと，アダムズ氏が自殺企図の前に語っていたことを再考してわかったこと，そしてこの経験を

34　第Ⅰ部　理論の発展

他の自殺志向性のある患者たちに照らし合わせて知り得たことである。

アダムズ氏の分析からの素材

　アダムズ氏は「ママっ子坊や（mummy's boy）」で，自己愛的な母親の気ま
ぐれによって，甘やかされたり放っておかれたりを行ったり来たりした。父親
はめったに家におらず兄のほうを気にいっているように見え，彼は拒絶されて
いると感じていた。アダムズ氏は大学入学認定取得の後，家業に加わることを
希望していて，父親が彼をグラスゴーの大学に行かせたときには傷ついた。彼
の父親は，アダムズ氏が学位をとってエディンバラに戻ってほどなく，癌で亡
くなった。30歳の時，仕事上の過酷なストレス下にあったアダムズ氏は，ヴァ
リウムの過量服用をした。その１年後，事業の失敗の瀬戸際で彼は再び過量服
薬をし，手首を切った。

　40歳の時，アダムズ氏は私の面接に来たのだが，賭博で50万ポンドを失った
後で髪は乱れ，髭も剃っていなかった。彼は見るからにそして声の響きもうつ
的で，困窮して（実際そうだったが）軽んじられ不当に扱われているというふ
うだった。彼が言うところでは，カジノに行くとだいたい少額から賭け始め，
間もなく何千ポンドも儲け，一晩ですべて失ってしまうということだった。彼
の兄は彼の経済的な問題を引き取り，彼のすべての銀行預金口座を封鎖して，
彼には１週ごとの小遣いを残して休暇のためにオーストラリアに行ってしまっ
ていた。アダムズ氏は，自殺したい気分だと言い，「父」が自分をおいてオー
ストラリアに行ってしまった，と「兄」と言い間違えた。私が彼の言い間違い
に注意を喚起させると，彼は自殺志向性の考えに言い及び，「すべては父の死
から始まった」と付け足した。

　アダムズ氏の父親が亡くなった後，母親は，自分がいつか自殺するだろうと
彼だけに打明けた。母親は，自分の母が脳卒中で麻痺を来した後，薬物を過量
服用させて「殺した」とも打明けた，と彼はついでのように言った。彼は妻が
自分をおいていくのではないかという恐れにふれた後，なぜ自分がいつも母を
避けていたのかわからないと続けた。

　アダムズ氏が週５回の分析を始めて１カ月後，彼の母親はエディンバラの自
宅で深刻な，しかし完遂には至らない自殺企図を行った。アダムズ氏は驚かな
かった。「あちらには兄がいるから私は会いに行きません。兄が混乱してメル

ボルンからもどらなくてはならなかったことは嬉しく思います。昨日は1日ベッドにいました。」アダムズ氏は，自分の家族は死に対して非常に理性的な態度をとるのだといって，自分の冷淡さを正当化した。彼はこの防衛の失敗を認めることなく，父親について次のように描写した。「妄想的で，亡くなる週には恐怖と恐慌に満ちていました。葬儀場では父の顔は歪んで醜いものでした。私はなんとか彼の口元が穏やかに見えるようにしようとしました。母は終始冷静でした。」

翌日彼は，兄からの忠告に怒り狂っていた。それは，借金を清算するために株を売ることはせず，持っておいてその値が上がることに賭けるように，というものだったのだ。兄が興奮を満たしたいために彼が危険に置かれることへの憤怒と，予告された自殺を待つ受身的に罪深い共犯者という危険に彼を置いた母の秘密とを私は結びつけた。そして，私が以前の自殺企図を深刻にとらえず，彼を危険に置くのではないかと彼が恐れていると考えた。

セッションではアダムズ氏はきまって私が助言や示唆を与えないことに文句を言った。私はこのふるまいを転移の文脈で，彼には私が遠くて引きこもって見えることや，彼が積極的に私にもっと求めようとすることによって，母親が彼に与え損ねたものの代償を得ようと努力する，といった点から解釈した。するとしばしば彼は，散漫でつぶやくように話したり，自己愛的な眠気に引きこもったりすることを特徴とする一時的な退行状態に陥った。私はそれをアダムズ氏の自己愛的な母親への同一化として解釈した。これは，Pearl King（1978）が逆向きの転移（a reverse transference）として言及しているものにみえた。すなわち，親が患者にしたようなやりかたで患者が分析家とかかわることによって，患者の幼少時の体験を分析家に与えるような関わり方である。私の解釈は効果的であるようだった。アダムズ氏の様子には明らかな改善の兆候があった。この時点でアダムズ氏は出張に出かけてしまった。

前自殺状態における逆転移

アダムズ氏の自殺企図の評価は，その知らせを聞いたときに私が衝撃を受けたという事実をもって始まった。自殺企図の前の時期に焦点を合わせることと，それに対する私の反応を理解することによって，私がなぜ驚きに捉えられたのかについて何がしかの光を投げかけることを期待した。しかし最初に，逆転移

36 第Ⅰ部 理論の発展

と前自殺状態における父親役割に関する私の見解の概略を示そう。

Sandler（1976）の分析家の役割応答の概念は，分析家の反応を考察するのに有用な枠組みを与えた。Sandler は，患者の錯覚（転移）に基づいた分析家のイメージを固めるようなふるまいを分析家に誘発する無意識の企てに注意を喚起した。分析家は，意識の中ではこの刺激に対して「情緒応答（affective response）」（King 1978）を保って，それを転移の理解に役立てるだろう。応答を保ち損ねること，ふるまいや態度，コメントの中にエナクトメントすることは，分析家の無意識の役割応答を表す。

Sandler は以下のように示唆する。

　　分析家のしばしば不合理な応答については，専門家的な良心がそれをひたすら自分の盲点だと考えるように導くものだが，ときには，そうした応答が分析家自身の傾向と患者が押し付けてくる役割の応答的受容との妥協形成であると見なすことが有用である。

(1976)

Sandler はこのタイプの逆転移反応を，患者の病理と分析家の病理の重ね合わせからくる行動や態度の一片だとみなしている。したがって，専門家は応答してしまってから，事後的に自身の感覚や行動を観察することによって，逆転移の交流における自らの役割に気づくことしかなさそうである。それにもかかわらず，逆転移の行動を患者に関係しているものとみなすことによって，そして，自身の傾向や性向と患者が無意識に誘い出そうと努める役割関係との間の妥協として考えることによって，分析家は転移および患者の自殺の脚本における自分の役割についての理解を深めることができる。

前自殺状態の重要な要素は，患者が積極的に分析家を自殺の脚本に巻き込もうとすることだと明らかになった。Straker（1958）は指摘している。「成功する自殺企図の決定要素は，患者とその心的苦悶に最も巻き込まれている人物との間の暗黙の同意もしくは無意識的な共謀であると思われる。」無意識的な共謀は，分析家の逆転移の中に埋もれているのである。

Asch（1980）は，自殺志向性のある患者の治療者は，陰性の逆転移的態度を誘発されていく脆弱性があることを実証した。そうした態度は患者には，自殺志向性の空想における共謀として体験されるのである。患者にとってこの共

謀は，退行的でサドマゾキスティックな融合に分析家が積極的に参与していることを確証し，分析家を執行者の役割に置き，患者に自殺企図による報復の正当性を与える。

サドマゾキスティックな力動はまた，患者の平安な感覚という微妙で表層的には良好な形としても現れるのだが，それは増強した自信と確信につながるのである（Laufer and Laufer 1984）。抑うつ的な感情，不安や葛藤が伝えられることはもはやない。この自己愛的な引きこもりは，通常は不安や心配といった共感的な反応を引き出すはずの気分や行動から治療者を切り離す。そして，患者への主体的な情緒的関心が突然失われてしまうことになる（Tahka 1978）。

自己愛的な退行は，私の自殺志向性のある患者たちには前自殺状態において支配的であったが，そこでは，融合する自殺の空想が今にも達成される予想があるのだ。このような患者に関する限り，合理的な自己保存の障壁を踏み越え，暗殺者／母親を自分の身体と同一化し，それを殺すことには何ら疑いもないので，彼らはすでに平安の裡にある。

専門家は，自分の患者の命の不安を負わされ，患者の容赦ない希望への攻撃に疲弊し，強請られて（しばしば治療の休みの前に）腹立たしくなり，その患者を見限ることによって報復する誘惑にかられ，患者のその平安な感じを治療的な警戒を緩めることを正当化するために使ってしまうかもしれない。アダムズ氏の場合は，ストレスが減り，改善しているという患者の外的な兆候は，彼を自殺の危険に向かわせて報復したいという分析家の無意識的願望の防衛に使われた。

父親と前自殺状態

分析家に残された疑問は「私は転移において誰なのか。アダムズ氏によって呼び覚まされ，私によってエナクトされた対象は誰なのか」であった。アダムズ氏からすれば，父親には距離があり，疎んじられていると感じていたことは明白であった。アダムズ氏の素材に父親が欠けていることは彼らの関係に一致していた。私が気づき損ない，アダムズ氏の自殺の危険に対して解釈的に応答することをやりそこなったことは，彼の心の中では，私の役割を遠くて関与していない父親として決定付けたと私は理解した。アダムズ氏は，父親が息子である彼を発達の早期に見捨てていたという印象を与えた。

38 第Ⅰ部 理論の発展

正常な発達において，プレエディパルな両親は子どもにとって，母子関係という排他性の外側の世界，たとえば時間や場所や対象といった現実を表している。「ほどよい（good enough）」プレエディパルな父親が，子どもにも妻にも，母子ユニットに並行し競合する二者関係を差し出し，そのどちらにも友好的なライバルとして果たす役割について考えてみよう。

「ほどよい父親たち」においては，自分の子どもをつくることや子どもが誕生することの喜びに，羨望の感情や母子関係からの排除，そして子どもの二の次に甘んじることが伴う。最初父親たちはこの変化に対し，母親をサポートしたり，母親に同一化するというやり方の受身的女性的側面を利用することによって防衛することができる。しかし，父親の子どもや妻との関係に，より能動的な男性的な証が現れるだろう。一方では，魅力的で惹きつける父親は子どもに対する自分の権利を主張する。そしてまた，母親の援助を得ながら，子どもが母子関係という排他的な状態からプレエディパルな三者の一部として含まれる位置に移動することを可能にする。

父親の性別役割の同一性と親としてのエディプス衝動は，彼が子どもについて行う主張の特異性に影響を与える。たとえば，父親の女性のセクシュアリティに関する意識的無意識的空想と不安は，彼が娘に関係するやりかたに最初に影響するだろう。その娘は「パパっ娘」になるかもしれない。性別に影響される関わり方は，息子が母親から脱同一化（dis-identify）する（Greenson 1968）のを援助するのに一役買うだろうし，妻が息子に接する方法に対する父親の見方にも関係してくるだろう。父親は，自分の妻が息子を「女性化」して欲しくないと意識してさえいるだろう。父親が子どもに対する権利を主張する過程がどのような形を取るとしても，そして投影と現実の混合によって影響された無数のバリエーションがあるとしても，子どもは，母親とは分離した別個の父親の心の中に自分が場所を得ていることに気付くようになるだろう。

同様に子どもは，父親の心の中の母親のための場所や母親の心の中の父親のための場所に気づくようになる。父親は，妻を誘惑して自分のもとに戻し，彼女の大人のセクシュアリティを再び燃えさせようとする。妻を取り戻そうとし，自分との独自の間がらに子どもを引っ張り込む父親は，妻と子どもの両方が「融合的」な共生状態に長居しすぎることを防ぎ，分離個体化過程を促す（Mahler and Gosliner 1955）。

Freud（1931）は，幼女が母親への最初の愛着から逃れる先として父親に愛

着することを認識していた。Loewald（1951）は，子どもの父親との間の陽性のプレエディパルな関係に言及した。その父親とは，自我の現実志向性や，自他の境界を確立する努力を覆す恐れのある呑み込み圧倒する子宮への，父親としての拒否を表す者である。

　父親の応答には二つの面がある。すなわち，片方ではよちよち歩きの子どもに母親への切望を自分でどうにかする方法を与えつつ，もう片方では母親とは分離して独立した存在としての子どもの権利を支持する。Abelin（1978）は，このプロセスは18カ月辺りで早期の三角関係（triangulation）に帰着することを仮定している。そこでよちよち歩きの子どもは，競争相手である父親が母親に対して抱く願望と同一化し，母親とは分離しかつ母親を切望している自己というものの心的表象を形成するのである。ほどよい父親は同一性のモデルとなり，呑み込まれ不安が続いて来る母親との「融合的」状態へと回帰しようとする子どもの退行的願望との新しい関わり方を提供する。

　自殺志向性のある患者の分析においてしばしば明らかになるのは，彼らが，自分の父親がひきこもっているか，積極的に彼らを拒絶していて，妻を取り戻しそこなっていると受け取っていることである。また別の自殺志向性のある患者たちは，情緒不安定な母親と二人で残されたとき，分離した自己として生き残っていくことへの不安のままに置き去りにされていると感じていた。

　その患者たちが現在語る自殺の空想は，母子と父親との間の内在化された早期の病理的関係を表象していた。プレエディパルな父親の役割はしばしば，自殺の空想を支配する患者と母親との関係によって，また，父親の不在や影響力のなさによって見えなくなっていた。しかしながら，前自殺状態の最中にこそ，病理的な母子関係の間に介入することに関する父親の失敗が内在化されていることが，最も危機的となった。アダムズ氏が自分のある部分が生き延びるという空想を保ちながら自分の身体を殺そうとしたことは明らかだった。過量に服薬をした後，アダムズ氏はかつて母親を描写した時のように平静を感じた。そして，「もうひとつの次元」に渡ることを期待し，それはどんなふうだろうと思いを巡らしたと私に語った。

　もうひとつの自殺の空想が併存していた証拠があった。アダムズ氏の自殺企図は，彼の自殺志向性をもった母親との同一化に影響を受けたのである。たとえば，彼が自分の自殺企図について語るとき，言い間違いをして，母親が40歳だと言ったが，それは自身の年齢だった。アダムズ氏が自分の自殺が彼の両親

への復讐としての役割を果たすことを望んでいたことも分析のなかで明らかに
なってきた。

　アダムズ氏の自殺の空想は，母親とのサドマゾキスティックな関係をめぐっ
て構築された。母親から打ち明けられた秘密は，彼を殺人（母親が自分の母親
に行った過量投薬）と母親自身の計画的な自殺の共犯者に仕立てることにより，
彼を苦しめたのである。彼の母親の不成功に終わった自殺企図は，その暗黙の
警告を彼が無視していたために，彼の罪悪感を強めた。母親が彼を殺すのでは
ないかという恐れも同様に増した。彼は分析家に母親の自殺企図について告げ
るときに，言い間違いをして，「母は私自身を亡きものにしようとしました。」
と言ったのだった。

　アダムズ氏は，父親が自分に能動的にかかわっているとは感じられなかった。
たとえば，父親は彼が家業に加わりたいと希望したときそれを支持することが
できなかった。アダムズ氏は，自殺したい気持ちになることから父親に放って
おかれたことへと連想を繋げた。そして，彼の自殺志向性の空想が父親の死と
ともに始まったことを想起した。しかしながらアダムズ氏は，父親が亡くなる
ずっと前に，母親のもとに置き去りにされたと感じていた。父親と兄が組んで
しまい，彼は母親のもとに残された。同一化するはずのもうひとつの選択肢と
しての父親なしに，アダムズ氏は殺人的な母親とのマゾキスティックな紐帯の
もとに残されたのだった。

　アダムズ氏は自分の生命への攻撃として体験した母親の自殺企図を生き延び
るために，自己と対象の分裂に頼った。結果として生じた前自殺状態における
自殺の空想は，ふたつの要素を含んでいた。無意識的空想と妄想的確信である。
アダムズ氏が自分の身体を悪い母親と同一化する無意識的空想は，はじめ身体
を無視したり酷使したりするという非言語的コミュニケーションとして分析に
現れた。自殺企図の後には，この同一化をアダムズ氏は言葉にした。「母親は
自分のからだに気遣いができず，また私のからだに対しても同様でした。どう
やって私が自分自身への気遣いができるでしょうか？」と。悪い母親は自殺志
向性の攻撃の対象である自分の身体に同一化されるのだが，それによって分裂
排除されていた生き残る自己が，分裂排除されていた理想化された母親と融合
することが可能になる。それは名状し難い「別次元」なのである。

　彼の自分の身体と母親との無意識的同一化と，悪い母親へのサディスティッ
クな報復が一気に展開した。彼が，「妻には『私は君自身を殺したい』とはい

えない」という言い間違いをしたときには，悪い母親は彼の妻によって表象されていたのだった。理想化された母親と融合するという空想（それは過量服薬しているときに心に浮かんでいた）は，前自殺状態においては妄想的確信になった。

「私の母親は私自身を殺そうとしました」というアダムズ氏の言い間違いは，母親が自殺未遂を通して彼に行ったサディスティックな攻撃についての前意識的な気付きが突出したことを表し，彼の攻撃者との同一化の基礎をつくった。自殺の計画にとりかかっているうちに，アダムズ氏は，復讐を導き出すために受動性から能動性へ，マゾキスティックな役割からサディスティックな役割へと転じた。ヴァリウムを集める，生まれた地に戻る，より社交的・楽観的に見せて彼の意図について他者を欺くことなど，遂行する諸々を計画しているうちにアダムズ氏のうつ状態は晴れていった。彼は賭博をやめた。セッションでは，彼は母親の自殺企図のみならず，彼のかつての自殺企図についても語った。

ふりかえってみると，分析におけるこの危機的な時点で，私は自分が持ち場で眠りに陥ろうとしている守衛であるように見える。この症例における自殺企図に急降下するときの決定的な要素は，自殺の危険に関する警戒が緩み，アダムズ氏との共感的な接触が減ることで，彼の父親のひきこもりおよび，子どもが父親と関係を持つ権利を父親が主張することの失敗をエナクトしたことであった。アダムズ氏の私との分析の時間と場所を保護しなかったことはそのエナクトメントのあらわれであった。

後に分析においては，賭博という形でエナクトされた空想は自殺の空想の上に置き換えられていて，父親の喪失に万能的に打ち勝ち，運命もしくは母親に選ばれるという信念を含むことが明らかになった。前自殺状態は賭博のように，思慮から自己愛への躁的な飛躍なのである。

アダムズ氏は無意識的には反復強迫に支配されており，彼の父親との早期の経験を私が繰り返すのか試していた。アダムズ氏の行動（たとえば表面上の改善と自己愛的なひきこもりの気づかれていない意味）への私の反応は，彼の分析の構造の破壊（度重なるセッションのキャンセル）と重なっていたが，私はそれを防ぎ損なった。この失敗は患者にとって，私たちの分析関係の現実性，すなわち時間・場所の現実性を維持することの失敗，それによって患者を選択の余地なく自殺のシナリオにおける無時間の融合の空想に残すこととして体験された。アダムズ氏は分析家を残して母親のもとへ向かった。私は融合の空想

がこういう方法で満たされることと，空想に内在する破壊性とを分析しそこなってしまった。

　心が前自殺状態にある患者の治療者は，患者を入院させるか通院で治療を続けるかに関する決定に直面しがちである。この決定は，その時点での治療の実行可能性と，セッションとセッションの間に行動化の衝動を抱える患者の能力と，家族や友人そしてまた専門家による敏感なネットワークの信頼性に基づいて行われなくてはならない。治療者によって病院に紹介されないということが，治療者がこういう方法で十分に自殺志向性のある患者の世話を十分にしないと確かめられる体験となることは，いつでもありうる。一方では，治療者によって病院へ紹介された自殺志向性をもった患者は，自分の治療者が敗北した，あるいはセラピストが自分たちをあきらめた，治療的作業を放棄したと感じるかもしれない。

　アダムズ氏にとってこの共感の失敗は，関心を向けないプレエディパルな父親が，次男が誘惑的で「殺人的」な母親のもとに戻ることを認めてしまうという転移のエナクトメントとして体験された。こうした行程で私は知らず知らずアダムズ氏の自殺の空想に入り込み，一役買っていたのだった。アダムズ氏の自殺の空想は母親との病理的な結びつきの結果ではあったが，前自殺状態においては，彼の父親との関わり，特に父親が彼を母親から守り損なうことは，自殺の行為の認可として機能したのだった。

自殺志向性のある患者とのワークにおけるいくつかのタイプの転移

　自殺志向性のある患者たちとワークをするとき，前自殺状態において臨床家は，父親転移の発展に影響するような多彩な転移を向けられがちである。それは万能的な母親，援助者，救済者，死刑執行者，そして失敗者といった転移である。

　自殺志向性のある患者たちはしばしば，治療者を彼らの生死の責任をとるように引きずり込もうとするが，それは，乳児における母親への最早期の依存の表れである。その結果，Herbert Hendin（1981）が記すように，治療者は救済者の役割を演じるように配役され，あるいは誘われる。転移における父親としての治療者はしばしば，母親の脱錯覚が起こった後この役に振りあてられる。

私の見解では，これにより，治療者は知らず知らずのうちに執行者の役割にはめられるばかりなのである。

自殺志向性のある患者たちが，再生や再結合を満足させる幻想のイメージと同時に復讐のイメージを抱く，といった自殺について明らかに矛盾したイメージを持つことは珍しくはない。親の悪い危険な部分を分裂して患者の身体に投げかけ，親の好ましい理想化された側面は死における再結合のために保存される。転移において患者は，治療者を自分の身体への殺人的攻撃を認可する，あるいは責任を持つ者として体験する。そうして，破壊性を罰する迫害的な超自我は緩和される。治療者が子どもの死を望む「悪い親」であると罰するのは患者の自殺である。自殺を防ぐのを失敗する治療者という転移があるとき，患者は自分自身に関する希望のなさ，絶望の気分を投影している。特に思春期に関していえば，彼らの不安は，性同一性（sexual identity）をもった大人の自己を発達させられるかどうかというものである（Laufer and Laufer 1984）。

結　語

私の意図するのは，自殺志向性のある患者との治療作業の経過中に現れる転移について述べることではなく，むしろ，父親転移のある特殊な型に焦点を当てることである。その転移は，前自殺状態において特に重大なものであると私は確信する。アダムズ氏の分析においてはさまざまな転移が現れたが，心の中で彼を母親と結合させるはずの自殺志向性の行為に向かおうとした時，彼は土壇場でこの退行的な動きに別の選択肢を示すことができる父親に訴えた。このパターンが自殺志向性のある患者のすべての分析に現れるかどうかはわからないが，私が治療した彼以外の自殺志向性のある患者たちにも見うけられた。

アダムズ氏の自殺企図の前後の素材に基づいた前自殺状態の分析は，私の逆転移とキャンセルされたセッションというかたちでエナクトされた父親転移を明らかにした。その転移は，自分の子どもに関する権利を主張しそこない，息がつまるような「殺人的な」母親のもとに彼を遺棄し，排他的な母子融合に対して別の選択肢を示さなかった父親に対してであった。自殺の空想の核を形成したサドマゾキスティックな母親との関係に彼が退行的に引っぱられていく途上で，父親は立ちはだかることがなかった。この患者は，分析家のもとを去り，母親と死の中で結合することによって，彼が父親に遺棄された体験を逆転させ

44 第 I 部 理論の発展

たのであった。

文　献

Abelin, E. (1978) 'The role of the father in the pre-oedipal years', *Journal of the American Psyclaoanalytic Associalion* 26: 143–161.

Asch, S. (1980) 'Suicide and the hidden executioner', *International Review of Psycho-Analysis*, 7: 51–60.

Campbell, D. (1995) 'The role of the father in a pre-suicide state' *International Journal of Psycho-Analysis* 76: 315–323.

Campbell, D. and Hale, R. (1991) 'Suicidal acts', in J. Holmes (ed.) *Textbook of Psychotherapy in Psychiatric Practice* (pp. 287–306), London: Churchill Livingstone.

Freud, S. (1931) 'Female sexuality', in J. Strachey (ed.) *The Standard Edition of the Works of Sigmmd Freud, XXI* (pp. 223–245), London: Hogarth.（女性の性について．高田珠樹訳：フロイト全集 20. 岩波書店，2011.）

Glasser, M. (1979) 'Some aspects of the role of aggression in the perversions', in I. Rosen (ed.) *The Pathology and Treatment of Sexual Deviaions*, Oxford: Oxford University Press.

Greenson, R. (1968) 'Dis-identifying from mother', *International Journal of Psycho-Analysis* 49: 370–374.

Hendin, H. (1981) 'Psychotherapy and suicide', *American Journal of Psychotherapy* 35: 469–480; and also in J.T. Maltsberger and M.J. Goldblatt (eds) (1996) *Essential Papers on Suicide* (pp. 427–435), New York and London: New York University Press.

King, P. (1978) 'Affective response of the analyst to the patient's communications', *International Journal of Psycho-Analysis* 59: 329–334.

Laufer, M. and Laufer, M.E. (1984) *Adolescence and Developmental Breakdown*, New Haven and London: Yale University Press.

Loewald, H.W. (1951) 'Ego and reality', *International Journal of Psycho-Analysis* 32: 10–18.

Mahler, M.S. and Gosliner, B.J. (1955) 'On symbiotic child psychosis—genetic, dynamic and restitutive aspects', *Psychoanalytic Study of the Child* 10: 195–212.

Maltsberger, J.G. and Buie, D.H. (1980) 'The devices of suicide', *International Review of Psycho-Analysis* 7: 61–72.

Sandler, J. (1976) 'Countertransference and role-responsiveness', *International Review of Psycho-Analysis* 3: 43–78.

Stekel, W. ([1910] 1967) 'Symposium on suicide', in P. Friedman (ed.) *On Suicide* (pp. 33–141), New York: International Universities Press.

Straker, M. (1958) 'Clinical observations of suicide', *Canadian Medical Association Journal* 79 473–479.

Tahka, V.A. (1978) '"On some narcissistic aspects of self-destructive behaviour and their influence on its predictability", psychopathology of direct and indirect self destruction', *Psychiatria Fennica, Supplementum*: 59–62.

第3章　自己の粉砕と自殺への落下

John T. Maltsberger

　この章における私のねらいは，自殺を理解するためには，脆い自己に作用する圧倒的な情動の破壊力が決定的な重要事項であることを示すことにある。発達の過程で不運にも自己に裂け目ができてしまい，負荷がかかるとばらばらになりがちな様相について，私は他所で詳しく議論した（Maltsberger 2004）。自己は，自我の下位構造である[訳註1]が，ある状況では断片化しうる。自殺では一般的にそれが生じると提示したい。Edward Glover（1888-1972）は傑出したロンドンの精神分析家であり，1927年のインスブルック大会で自殺のメカニズムに関する論文を発表した。彼は，自殺は「主には超自我を介して指令される破壊的な圧力の結果であるが，原始的アニミズム的な水準への自我の退行と，原初の同一化過程に根差す緊張を処理する原始的で自己変容的な方法が用いられることなしにはおこらないだろう」ということを示そうとした（Glover 1930）。

自殺と自己の粉砕

　自殺は情動が緩和されえない状態において生じる。苦悩，怒り，自己嫌悪の氾濫が心をすっかり押し流す。それらが制御不能であること，拷問のように苦痛であることは外傷的で，したがって外傷的な不安が生起する。この体験は信号としての不安とははるかに異なり，自我によってではなく，制御を越えた圧倒的な内的な刺激によって生み出される。それはあたかも自己の外側からくる持ちこたえきれない洪水のように，受け身的かつ絶望的に体験される。力動的にいえば外傷的な不安は原初的不安と同じものであり，Freud（1926）が示唆したように，持続的で激しければ自我破壊的である。耐えがたい情緒的な苦しみに直面しながら経る絶望の体験が長引くことは，自我を損傷し，通常は守りになるはずの内的な勢力を撤退させ，超自我からの攻撃の氾濫に自我を曝すこ

訳註1）自己と自我の関係についての諸説のひとつ。

とを示したのは Edward Bibring（1953）であった。手も足も出なくなった自己は，たゆむことなく激痛を与える攻撃のなすがままに絶望に道を明け渡し，粉砕し始めるであろう。

　ここで脇道にそれて，臨床的にはこれがどのように現れるか見てみよう。発達上の理由により情動を十分に緩和できない患者，自己愛的な統合を尋常でないくらい外からの支持——おそらく他者または自分が高く評価する仕事からの支持——に依っている患者を想像してほしい。そして，ことによるとだしぬけに，あるいは患者が自らを窮地に陥れるようなことをしたからという理由で，人生がこの患者に一撃を与えることを想像してほしい。ひとことでいえば，患者はまっさかさまに落とされるような出来事を体験する。著しい強さでひどく苦痛な情動が引き起こされる。彼はひどく腹だち，苦痛で孤独で絶望的で耐えがたく感じる。手当たり次第に救いを探し求めて，患者は助けてくれる他者を引っ張りこもうとするのだが，往々にして可能性のあるサポート資源を斥けるやりかたをしてしまい，情緒的には隔たりが増してしまう。ここに，自殺のほのめかしと衝迫による爆発が起こりうる。言葉や行動の爆発は，患者には似つかわしくないものなので，いっそうおびやかしとなる。患者は酒やドラッグに染まるかもしれない。社会や仕事への適応が落ち始める。この段階で患者の自己の統合は粉砕し，退行の危機にあり，耐えがたい情動の落とし穴から逃れるために自殺企図が生じるかもしれない。

自己表象

　ここで，自己に何がおこっているかというところに戻ることにしよう。Sandler と Rosenblatt（1962）によって精神分析的に構築された表象世界は，自殺に至る粉砕のドラマをわれわれの目前に展開させる。患者の内的世界の比喩的な劇場，心的生活の大いなるプロセニウム[訳註2]を彼らはわれわれに提示する。そこでは，自己の生きた肖像が動き，感じ，記憶し，交流し，対象の同様な肖像とともにあるのが見える。演じられるのは意識された想像だけではなく，内的世界の劇場はわれわれの夢が演じられる舞台なのである。これら自己や他者の生きた肖像を Sandler と Rosenblatt は自己と対象の表象とよんだ。

　自己表象は人生を通して築かれるが，経験や学習がその組織を変容させるの

────────────
訳註2）観客席から見て舞台を額縁のように区切る構造物。

で流動的なままであり続ける。自尊心が撤退することまたは批判的な超自我から差し向けられた攻撃性が押し寄せることは，自己表象を解体に導きうる。自殺に向かう危機における自己の崩壊は，内的世界の出来事に反映されている。

　自殺志向性のある患者たちは，精神的な自己と身体自己とを引き裂いて分けており，おおむね身体を客体化していて，そのために自己への攻撃がたやすくなっている（Maltsberger 1993）。自己表象が明瞭ではなく，その一部分の身体を表象するものが対象表象の様相を呈すると，身体が誰か他者あるいは何か別のもの，自己でないものであるかのように身体への攻撃の道が開かれる。身体は，Melanie Klein（1957）の言葉を借りれば「非‐私」の性質を担う。こうなった場合，患者は自らに帰属することを否認された自分自身の肉体に対して妄想的な態度をとることができる。そして，身体を迫害的な敵と体験し，それから彼自身を切り離そうとする。身体あるいはその一部分は，誰か他人のものであるかのように感じられる。いまや敵となった身体は，有害かつ脅威であるという理由で駆逐されうるものだとさえ感じられるのである。Freud が「喪とメランコリー」（1917）において自我は内在化された対象の影の下に沈み，超自我の攻撃に脆弱ならしむると記述したときに言及したのが，この装置である。自己表象の構造的な凝集性が失われ，身体表象における陽性の自己愛的な性質が打ち捨てられるのである（Orgel 1974）。

攻撃性，脱連合（disassociation），現実感喪失

　理論的には，表象世界すなわち自己表象，身体イメージの統合は，上位にある自我‐超自我システムの統合とともに，発達の経過を通して行われる攻撃性の中和に依っている。自我‐超自我システムの中に中和されない攻撃性があまりに多いと，自我の退行と自己の粉砕を招く。

　中和されない攻撃性を過剰に負ったイントロジェクトは（それが表象の性質を帯びるとき，「敵意に満ちた」または「サディスティックな」イントロジェクトとよばれることがある），精神分析の文献においては自殺志向性という現象に一役を買うとして議論されている（Maltsberger and Buie 1980）。こうしたイントロジェクトは流動的に作動して，あるときはゆるく超自我システムに着き，あるときは自己表象の身体の部分に合体し，またあるときは心のなかに独立した位置を占めるように見える。超自我に着くときには，イントロジェク

トは自己に向かう過酷さ，批判そして自己破壊的な態度を誘発する。身体自己に影響を与えるときには，自己疎外，自己嫌悪を感じさせるのだが，それらは自己への攻撃に向かう性質をもつ。超自我にも自己表象にも合体しないときは，敵意に満ちた裡なる存在として独自の在り方となる傾向がある。そうしたありようは，多重人格障害の登場人物のなかに見受けられる。それらは他者に投影されることもある。つまりそれらが対象表象に合体するということになれば，外からの迫害感を生起させることになる（Asch 1980）。

　自己表象と対象表象の間の移ろいやすさは解離の体験を誘発する。実際，現実感の喪失や離人は，表象世界の統合が弛緩していることの証拠であると理解することができる。解離は捕らえがたく，いつも顕らかであるわけではない。患者は実際のところまったく落ち着いていると感じ，思慮のあるまとまった行動様式をとるかもしれない。

　22歳の法科学生は何日か抑うつ的な苦悩にさいなまれていたが，自殺を決意した。結論が出るやいなや，彼は急に心が静かになったと体験し，ここ数週間で初めて自分が有能で冷静であると感じたと報告した。沈着に運転して高架橋に行き，彼は飛び降りたのだが，自分自身から分離していると感じ，何がおこっているのか傍観者のように感嘆して観察していた。落下し始めるとすぐに，解離は破れ，彼は恐怖のため叫び始めた。

　Laufer と共同研究者たちは（Laufer and Laufer 1984; Laufer 1989, 1995），次のような立場をとる。すなわち，自殺企図を行う青年に限っていえば，行動を伴うその意識の変容は，企図が一過性の精神病エピソードとして理解されてしかるべき現実検討の不全を表している，ということである。患者が堪え難く受身的に苦しんでいるときに生じた平静さは，患者の身体への攻撃という能動性に転じる。身体は中核の自己にとっては異物として，また堪え難い性的またはその他の苦痛な感情の所在地として体験され，そして自己防衛のためには破壊されなくてはならない敵だと体験される。

　「一過性の精神病エピソード」という用語について明確にしたい。先のハンブルグでの会議[注1] で使われた時には，それはある種の混乱を引き起こすもとであった。ここで用いる精神病的とは，DSM や ICD のような標準的な学術分類に挙げられているような何らかの特定の診断を表しているわけではない。この種のエピソードは，大うつ病エピソードのような項目として上がっている診断のなかで生じるかもしれないとしても。「精神病的」という言葉によって

私は「思考，情緒的応答，現実認知力，および他者と交流し関連する能力が相当に障害され，現実を取り扱う能力が多大なる妨げを被っている（Sadock 2000）」精神状態を指す。このような状態で普通は幻覚が生じるわけではなく，患者の妄想という点では，誤った確信はそれほど長く続くわけではない。彼らは典型的には情動に駆り立てられている。こうした状態はしばしば離人やその他の解離の現象を伴っていて，自殺の精神および行動のプロセスはその人の心的活動の残りの部分から切り離されているということができる。自殺志向性の考えや計画は，それらに伴うと想定されるような情緒的な傾向（恐れや不安）とは分かたれがちなのである。

　自己‐対象の混乱は，解離とは異なる状態で生じる。精神病的な患者における自殺は——ここで私は古典的な感情精神病[訳註3]に言及するのだが，ことに統合失調症においては——内なる敵を排除しようと戦うときにおこる。内なるというのは，敵は分裂排除された自己の部分に存在し，よそ者として扱われるという意味である。なかには，幻覚による迫害者を身体に局在させ，後にそこで攻撃する患者たちもいる。また，自分の頭部や他の身体の部分が自分とは相容れない敵に寄生されていて，身体を攻撃することによって破壊できるという妄想を抱いている患者たちもいる。

　ある23歳の精神病的な患者は，入院中に自殺した。彼女は受持ちの精神科医に下記の書き置きを残したのだが，受持ち医はそれを読むまで彼女が妄想を抱いていることに気づいていなかったのだった。

　　この最後の数日は死んでいるようなものでした。私はあまりに疲れてしまい，ただ眠りたい。私の心，そう，私の心は病んでいるのです。私はまるで沈没していくように感じ，死の他には助けを呼ぶことができません。私は自分が死にたいと思ってはいないようなのです。もうひとりの人が何をすべきか私に告げているようです。私の心は身体につながっていないようで，「お前は」「死ね，ばか野郎，死ね」と私のことを言っているように思えるのです。まるでふたりの私がいるように感じるのですが，殺し屋のほうが勝っています。私の死が訪れるとき，それは自殺ではありません。誰かが私を殺したのです。私がこの手紙を書いている間も，もうひとつの部分が私を笑い，こんなナンセンスを書くばかものだと私をよぶので

訳註3）内因性精神病のことと思われる。

す。だけれど，これが私の感じていることで，あなたを混乱させてしまうに違いないとわかっているけれど，これが自分を表せるただひとつの方法なのです。私の感じる混乱した気分をたくさん伝えられていたら，と思います。でもあなたは私を理解したり信じたりしないという気がします。もうひとつの部分は私にかわってセラピーを引き継いで，セラピーに入っていくのです。私の自分のその部分を破壊したいけれど，セラピーにおいては自分自身と分けることができず，それが私を殺そうとしている間に私は自分自身を殺してそれを道連れにします。……私は前にこの錠剤を飲みましたが，もうひとつの自分を殺すためでした。でも私はほんとうに死ぬのではなくて，目覚めたら状況がちがっているのでしょう。そんなふうに私は今晩感じています。ほんとうに死のうとしているわけではないのですが，もうひとりは死ぬ気なのです。私はあなたにどう説明したらいいかわかりません。矛盾しているみたいだけれど，自分の感じることを書いています。……私は前にロボットという言葉をあなたに使ったけれど，それは誰かが私の頭をすっかり傷つけていて，私の目を窓として使い，私とその動作をコントロールしているようなことなのです。これを書いて同情を求めているとあなたがもし思ったら，それは狂ってます。そんなことをしても私には一つもいいことなどないですから。どこに行こうと私はまた別の問題を必要とするように同情を必要とするのだから。これで全部。大笑いしてね。気にしないでください。

　境界例の患者たちはしばしば内なる「空虚」感を語る。治療者はこういった言説を比喩的に理解するが，全く具象的に胸部や腹部に解剖学的に空っぽな空間があると信じている自殺志向性のある患者たちと出会う機会が私には何度もあった。自己への攻撃は境界例患者においてよく知られるが，彼らはしばしば自分の身体をリアルでないと表現する。これらの観察からわれわれは，患者たちが自分の身体自己を客体化し，敵である他者の表象と混同することの十分すぎる証拠を手にする。われわれはまた，境界例患者がしばしば転移において混同を発展させ，自分と治療者の境目がわからなくなることを思い出すだろう。これらの患者たちはしばしば自分の感情，特に憎しみを否認してそれらを治療者に帰しており，情緒的な境界を区別できないのである。

結　論

　結論を述べるにあたり，自我の退行を特徴づける出来事と，Gloverの述べる随伴する緊張を処理する原始的な自己変容的な方法のいくつかをまとめて呈示しよう。

1　自我の発達の欠損のために，患者は脆弱な自己を持つことになってしまい，不幸な事態，つまり引き金となる出来事に続いて起こる激しい情動に対処する力が乏しい。自己は砕け，裂けていて，折れ易いが，特に表象機能において著しい。

2　激しい情動の氾濫が自己を圧倒する時，無力な状態で耐えられないことが確信される。そこで生じる不安は外傷的であり，差迫る自己の粉砕を報せている。

3　無力感は見込みのない痛みに満ちた苦悩に直面して絶望をもたらす。自己表象そして特に身体表象における，守りとなるはずの陽性の色合いは退いてしまう。

4　自己もしくは自我は，超自我を通して現れてくる生々しい攻撃性が自己を直撃する時に，無防備になる。

5　自己表象の統合性は粉砕する。自己表象の分裂排除された部分は対象もしくは対象の一部分として体験される。

6　現実検討は放棄される。破壊的なイントロジェクトと合体してしまい脅威的な対象と化した部分から断片化した自己が逃れることができるなら生き延びられると思えるようになる。

7　自殺における自己への攻撃は，自己の粉砕を伴った外傷的で原初的な不安の耐えがたい苦しみから逃れる万能的な方法として生じるのである。

　冒頭引用したように，Edward Gloverは，1927年のインスブルック大会で，自殺は，「原始的アニミズム的な水準への自我の退行と原初の同一化過程に根差す緊張を処理する原始的で自己変容的な方法が用いられること」を伴っている，と述べた。抜け出すことができそうにない堪え難い情動のわなにつかまった時，自己が統合を失い，ばらばらになっているなら，現実検討は機能せず，脱出して逃れるための原始的で魔術的な解決法が絶望的な患者にささやかれる。溺れて恐慌状態にある者は，手に届くマストでも漂流物でも何でもつかむもの

52 第 I 部　理論の発展

だが，ここでも同様である。自殺は脱出や救済としてほのめかされ，患者は事
実と幻想の区別，または統合されていない自己と他者との区別ををつけられず，
逃れるためなら何でも試みようとするのである。

註

1　2001年 8 月，Hamburg-Eppendorf 大学によって主催された第 1 回精神分析と自殺学会。

文　献

Asch, S. (1980) 'Suicide, and the hidden executioner', *International Review of Psychoanalysis* 7:
　51–60.
Bibring, E. (1953) 'The mechanism of depression', in P. Greenacre (ed.) *Affeciive Disorders* (pp.
　13–48), New York: International Universities Press.
Freud, S. (1917) 'Mourning and melancholia', in J. Strachey (ed.) *The Standard Edition of the
　Works of Sigmund Freud, XIV* (pp. 237–258), London: Hogarth.（喪とメランコリー．伊
　藤正博訳：フロイト全集 14．岩波書店，2010．）
Freud, S. (1926) "Inhibitions, symptoms, and anxiety', in J. Strachey (ed.) *The Standard Edition
　of the Works of Sigmund Freud, XX* (pp. 75–175), London: Hogarth.（制止，症状，不安．
　大宮勘一郎・加藤敏訳：フロイト全集 19．岩波書店，2010．）
Glover, E. (1930) 'Grades of ego-differentiation', in *On the Early Development of Mind* (pp.
　112–129), London: Imago Publishing Co., 1956.
Klein, M. (1957) *Envy and Gratitude and Other Works*, New York: Basic Books.（羨望と感謝．
　松本善男訳：メラニー・クライン著作集 5　羨望と感謝．誠信書房，1996．）
Laufer, M. (1989) *Developmental Breakdown and Psychoanalytic Treatment in Adolescence:
　Clinical Studies*, New Haven and London: Yale University Press.
Laufer, M. (ed.) (1995) *The Suicidal Adolescent*, London: Karnac.
Laufer, M. and Laufer, E. (1984) *Adolescence and Developmental Breakdown*, London: Karnac,
Maltsberger, J.T. (1993) 'Confusions of the body, the self, and others in suicidal states', in
　A. Leenaars (ed.) *Suicidology: Essays in Honor of Edwin S. Shneidman* (pp. 148–171),
　Northvale, NJ: Jason Aronson.
Maltsberger, J.T. (2004) 'The descent into suicide', *International Journal of Psycholanalysis* 85,
　3: 653–668.
Maltsberger, J.T. and Buie, D.H.(1980) 'The devices of suicide: revenge, riddance, and rebirth',
　International Review of Psychoanalysis 7: 61–72.
Orgel, S. (1974) 'Fusion with the victim and suicide', *International Journal of Psychoanalysis* 55:
　531–538.
Sadock, B.J. (2000) 'Signs and symptoms in psychiatry', in B.J. Sadock and V.A Sadock (eds)
　Kaplan and Sadock's Comprehensive Textbook of Psychiatry (pp. 681–682), Philadelphia:

Lippincott, Williams, and Wilkins.

Sandler, J. and Rosenblatt, B. (1962) 'The concept of the representational world', *Psychoanalylic Study of the Child* 17: 128–145.

54　第Ⅰ部　理論の発展

第4章　誰が何を，誰を殺しているのか？
——自殺の内的な現象学に関する覚書[註1)]

David Bell

自我が自らを殺すことができるのは，自我が自身を対象のように扱うことができる時にのみである。

(Freud 1917)

序　論

　自殺に関する精神医学的な文献においては，人口統計学的および社会的側面が強調される傾向にある。自殺の既遂は女性より男性に多く，自殺未遂は逆であることは周知である。社会的孤立や人生に意味を与える重要な支持的構造（雇用や家族の絆のような）の喪失は，非常に重大な自殺の危険因子である。個人のほうに目を向ければ，過剰に見積もられるきらいがあるとはいえ，うつ病と自殺に明らかな関連があることはわかっている。しかし，たいへん多くの自殺既遂や未遂がパーソナリティ障害の文脈で生じている可能性がある。そのさいに抑うつ気分の関与はごく限られており，はなはだしい解離の結果として生じているのである。精神分析的な観点からみると，パーソナリティ障害と疾病の区別はどの症例でもあまり明瞭ではない[註2)]。

症例の描写

　中年女性のAさん（Ms A）は，私がコンサルテーションで会うまでの約2年間，たいへん深刻な死別の苦しみに苛まれていた。彼女は見た目は平穏でふつうの生活を送り，うつ病の様相を見せてはいなかった。しかし彼女は首を吊りたいという突然で強烈な願望に時折悩まされた。彼女の言うところによれば，「私が作業を中断してお茶の休憩をとりに階下に降りようとすると，突然自分

に『首を吊りに行け』と言う，そういうことなんです」ということだった。彼女は地下室に縄を置いていた。この場合，多くの他のケースと同様に，顕在的な苦痛や抑うつよりも解離の方がはるかに危険な徴候である。

この症例は，自殺の危険を評価する際のさらに一般的な特徴，つまり遂行のために考えられている方法について思い起こさせる。たとえば過量服薬という考えは，縊首やガス自殺という考えよりも通常は危険は少ない[註3]。ここに関連していることはおそらく，計画された方法が表す内的な暴力性の強さである。

私はここで一般的見解は脇に置くのだが，それらを重要ではないと思っているからではない。そのどれもが個々のケースを理解し，評価し，マネージするためには限定的にしか有用ではないからなのである。上述の要素は，自殺の可能性が内に存在するということへの明瞭な意味を欠いているし，この内在性と直近の状況との関連性，特に最も重要な関係に目を向けたものに対しての認識も同様に欠けている。すべての自殺の行為は，現実であれ想像であれ，人間関係の文脈で生じるのである。

Freud の「喪とメランコリー」

Freud を内的世界の定式化された理論に導いたのは，自己破壊の底にある心のプロセスに関する考察であった。1910年にウィーン精神分析協会は自殺に関するシンポジウムを開催し，そこで Stekel は，「他者を殺すことを欲しない，または少なくとも他者の死を願ったことのないような人は自身を殺さない」（Stekel 1910, Campbell 1999に引用）という影響力の大きな発言を行った。Freud はこのシンポジウムで，喪とメランコリーの複雑なプロセスがもっと解明されなければ自殺は理解されないであろうと述べた。「喪とメランコリー」は Freud が1917年に発表した論文だが，精神分析理論の発展における分岐点を示すことになった。原始的な内界の像が棲む内的世界の理論の始まりであり，同一化の理論の基礎であり，超自我の概念の発展における決定的な歩みのひとつでもあった。そしてこれらすべてはもちろん，われわれのテーマとかかわっている。しかしいましばらく，私は Freud の論文の中核となる「憎しみのうちに自身に敵対する」プロセスをもっと詳しく見てみたいと思う。

Freud は，メランコリーの状態において患者は，自身を価値がないとか非力だなどさまざまな批判や非難で責めると述べた。もしこれらのさまざまな非難

56 第I部 理論の発展

を注意深く聴くなら，これらが患者自身ではなく，「患者が愛している，ある
いはかつて愛した，あるいは愛しているはずの」（Freud 1917）誰か他の人物
にあてはまるとわかるだろう，と彼は示唆した。患者のこの愛情の対象は失わ
れているが，対象を諦めるかわりに患者は失われた対象を自分自身の中に体内
化し，同一化することによって（つまり失われた対象になることで），喪失に
対処しているのである。自我はここで失われた対象と同一化され，いまやもと
もとの対象に属していたすべての憎しみの非難の的となる。

　　　対象の影が自我の上に落ちて，自我はいまや，特別な審級によってあた
　　かも一つの見捨てられた対象のように判じられるだろう。こうして，対象
　　喪失は自我喪失に変えられ，自我と愛する人物の間の葛藤は，自我の批判
　　と対象との同一化によって変容した自我の間の溝に変えられる。

　　　　　　　　　　　　　　　　　　　　　　　　　（Freud 1917）〔訳者訳〕

　批判的な審級は後に超自我となり，そのはたらきは批判的であるばかりでな
く，蒼古的で残酷かつ殺人的なものであることが示された。Freud はここでは
現在の外的な人物の現実的な喪失について言及しているようだが，後にメラン
コリーにおいては，喚起されるすべての過去の喪失，発達の一部としてわれわ
れがみな体験してきた喪失――もとをたどれば概ね母親である原初の対象とそ
の表象するすべての喪失――であることが明らかになった。ここで私が強調し
たいのは，すべての自殺とそれに類する自己破壊的行為の底流には，自己，つ
まり憎しみの対象に同一化した自己への攻撃が存在することである。その行為
は，対象への攻撃であると同時に，対象への加虐的で残酷な攻撃のすべてを行
う自己への懲罰でもあるのだ。

Klein の貢献

　Melanie Klein がその研究の中心としてきたことによって，内的世界の複雑
さと心的世界における内的な迫害の状態が重要であることが理解されることに
なった。彼女は，投影と取り入れの過程の複雑な相互作用を通して内的世界が
どのように築かれるかを示した。それを以下に要約する。
　発達の基礎となるのは良い対象の確立であり，発達を特徴づけるさまざまな

不安な状況に直面した時に，それは自己を支持し維持させるようなものとして感じられる。良い対象を保つためには，乳幼児の心は多様な分裂を作り出す必要があるのだが，最も重要なのは愛情と攻撃の衝動の間の分裂である。こうして作られた世界はふたつに分けられ，理想化された「良い」対象は内的に保たれ，「悪い」対象は迫害的に感じられて外に投影される。乳幼児自身の加虐的な感情が強ければ強いほど，外的な「悪い」対象は恐ろしいものになる。そして欲求不満や不安，あるいは心の痛みのない完璧な世界を差し出すように感じられる「良い」対象は理想化される。この状況では，良い対象の不在として喪失を体験する能力は欠けている。その代わり，良い対象が不在であると気づかれるはずのところに，喪失のすべての苦痛な感情や欲求不満をもたらす悪い対象の存在が置き換えられる。Klein は，「投影同一化」（Klein 1952）という用語をこうした発達早期の状況に優勢である一つのプロセスを記すのに用いた。それによって，内的な対象と感情は対象に投影され，さらに投影を受けた対象と投影されたものは同一化される。発達のこの段階は，分裂と投影の機制が主となっており，Klein は「妄想／分裂ポジション」と記述した。あらゆる重篤な精神病理に支配的なのはこの内的状況なのである。特に自己破壊的な行為においては，後述するように，身体の部分または自己全体とさえ同一化した悪い対象を自己から排除するために，そしてそうすることによって，遂には完璧で理想的な対象と一体となるために自殺企図が行われる。

　乳幼児が発達するにつれて分裂と投影が減ってゆくことにより，統合への動きがもたらされる。それは Klein が抑うつポジションへの動きとして描写したプロセスである。対象の新たな統合は，自分が残酷な衝動を向けていたのは「ひたすら悪い」対象ではなく，良いか悪いかではなく良いも悪いもある複雑な対象に対してであった，という気づきをもたらす。そしてこう認めることによって，深い後悔と罪悪感という非常に苦痛な感情がもたらされるが，翻ってそれは，対象が不在の時も良い対象であり続けることに気づく能力の基礎となる。これは，失われた対象への思慕と喪失への悲哀の感情をもたらす。これらのプロセスに伴う心的な痛みへの耐久が生まれ得るのは，それに必要な内的な支持を供給する安全な良い対象を得ることを基盤にしてのみなのである。

　このように Klein は，ふたつの基本的なポジション，もしくは世界におけるあり方を記した。抑うつポジションの達成はきっぱりと成されるような現象ではなく，人生を通して何度も何度も乗り越えられてゆく。それぞれの発達の難

関や外傷的な状況（人生の避け難い喪失によって招かれるような）は，疾病への退行とさらなる統合というふたつの可能性をもたらす。Klein は重いうつ病の始まりは，抑うつポジションの特徴である心的な痛みへの個人の対処力の不全にあると考えた。重要事項として強調される点は，Klein によって定義された抑うつポジションはうつ病とはまったく区別されるということである。ここに示されている観点からすれば，うつ病あるいはメランコリーは，抑うつ的な痛みへの対処不能から生じ，原始的な分裂のプロセスに特徴づけられる[註4]。

うつ病の患者が回復過程で危険な自殺志向の状態になることはよくみられるが，これは上述の内容とある程度合致する。改善することは統合への動きであり，患者を堪え難い罪悪感にふれさせる。この結果，自殺志向性の衝動に至り，それが心から痛みを取り除く唯一の方法としての働きをする場合もある。

私はここで，自殺に特徴的な内的状況のいくつかを記そうと思う。そして自殺志向性のある患者の内的世界を理解することが，どのように一般的な状況のマネージメントに影響を与えうるかいくつかの症例を描写しよう。

自殺の内的状況

精神医学において確信をもって言えることはごくわずかしかないのだが，そのうちの一つがこれである。自殺企図は決して定かな理由から行われはしないということだ。原因とみなされるものはせいぜい引き金であり，どちらかといえば表層的な説明にすぎない。たとえば，ある思春期の若者が試験に失敗したから過量服薬したといっても，なぜ試験の失敗が自己を破壊する願望に至るのかには疑問が残る。私の知る患者は，思春期に試験が差し迫っている状況で過量服薬をして，「試験ストレス」が記録上の説明だった。それで彼は何も援助を受けなかった。後に彼は40代の終わり頃になって，分析の患者として語ることができた。彼は試験勉強の時に，自慰の強迫的な欲求に圧倒されていたのだった。精液は取れない染みを遺してしまい，彼は母親が「見抜く」ことを怖れたのだった。なぜそうした発覚が彼を怯えさせたのか，そしてこのことと自慰に伴う意識的空想やより意識しない空想との連結がその後明らかになった。とはいえここでの目的は，患者が意識的に思い出すことは通常説明というより合理化であるという点を描くことである。これらの患者たちはしばしば，自分に深刻な精神的な動揺があると認めること，ましてやこの状況をどんなふうであ

っても知られることについて恐れ慄いている。この恐怖は自分の生命の危険を察知して生じる不安を凌駕し，その深刻さは軽視される結果となる。

　すべての自殺企図には，自己と身体との関係に関する空想（phantasies）[註5]が底流にあるが，それらは必ずとはいえないものの概ね，深い無意識に存在する。加えて現象学的な観点からは，多くの自殺企図は不滅に対する信念という文脈でおこる。たとえば，繰り返し蘇生術を施される体験によって万能感が擁護されるような患者たちを想定することができる。内的な観点からは，これらのなかには自殺の完遂に至る症例もあるが，その企図は不滅への妄想的信念によって行われ，結果がたまたま完遂となったのだといえるかもしれない。

　内的世界における分裂，すなわち理想化された対象に関わっている自己の部分と，恐るべき内的な容赦ない攻撃に支配されている自己の悪い部分との間の深い分裂は，ほとんどの自殺志向性のある患者に特徴的である。その理想化は，良い対象を自己自身の残虐な願望から守るのに貢献している。自己の悪い部分は身体の一部，あるいは身体全体にさえ同一化されるだろう。

　ここで，より詳しい状況をいくつか述べることは，多くの自殺の底にある「内的な現象学」のいくらかを描くのに資することとなるだろう。

　ある患者たちは，欲求の挫折にひどく耐性がない。欲求や願望が満たされないと自覚すると，すべからくひどい精神的な困難を招く。上述のモデルに添うなら，不在に気づく可能性があるとそれは置き換えられて，迫害する存在を感じることになる。そしてそれはしばしば，身体に在ると体験される。身体が特にその担い手となりやすいのは，欲求や願望（食物や性的接触などへの），とりわけ現実についての気づきをもたらすからである。この気づきへの憎しみにより，欲求の挫折に耐えられなくなる危機が訪れる。身体またはその一部を排除することによって患者は願望をなくすことができるし，願望が満たされない不満に耐える必要がもはやなく，「理想的な」世界に暮らすのだという空想を伴いつつ，その憎しみは結果的に身体への攻撃となりうる。これは，「使者の首を打つ」[訳註1]例のひとつであり，身体は現実の苦痛な側面への気づきをもたらす知らせを携えるゆえに，耐えられえないものとなるのである。

　「欲求が満たされないことに少しも耐えなくてもよいのはどんな人生の状況なのだろうか？」という投げかけによってこの空想のさらなる側面が明らかに

訳註1）アルメニア王ティグラネス2世は，敵国ローマの将軍の到着という悪い知らせをもたらした使者の首を刎ね，その後真実の情報を伝える従者はいなくなった。

60　第Ⅰ部　理論の発展

なる。答えはもちろん，胎内の状況か，少なくともそれについてのわれわれの空想である。自殺者は忌々しい身体から自分自身を分離させることによって，理想化された母親対象と再融合していて，二度と分たれることはないとやはり確信するのかもしれない。

攻撃される身体は，憎き一次対象，言い換えれば内的母親を表象するのかもしれない。ここにまた，良い対象と悪い対象の間の深い分裂が心のなかに存在する。羨望と憎しみの的である母親は空想の中で攻撃を受けるのだが，生を援護すると感じられる理想的な母親からは分け隔てられる。この状況は，とりわけ思春期において重要である。（Laufer 1995 参照）たとえば少女の身体の思春期的な変化は，嫌悪する自身の性的な面を外的な存在である対象，すなわち母親の上に置いておくのはだんだん難しくする。思春期の若者は自身の中に性的な身体が爆発的に到来することに対して，憎むべき母親によって乗っ取られた証拠であると体験するかもしれない。この文脈で見るなら，多くの自殺を考えた人々が，実の両親にひどい苦痛をもたらすことを怖れて実行を思いとどまった，と語るのを思い起こしてみると興味深い。一次対象にこの苦痛を押しつけたいという願いによって自殺を遂行する願望が部分的に動機づけられる，という意味合いで一種の洞察といえるものがそこには表わされている。

これらすべての状況において，「良い」対象は自己の外側に投影されるのだが，その重要性は決して過少評価されるべきではない。ある患者は，たとえば，自分は飼い犬が生きているうちは自殺できない，と言うかもしれない。その犬はここではすべての良い対象すなわち，命脈を保たれ，心を支配している殺人的な感情から守られる必要のある良い対象を表象しているのである。

Klein（1935）は以下のように指摘した。

　　自殺を実行する際に自我はその悪い対象を殺そうとするのであるが，しかし私の見るところ，同時に，自我は内的または外的な愛する対象を救おうとつねに目論んでいる……空想は，内在化されたよい対象とよい対象に同一化した自我の別な部分を守ることを目指しており，そしてまた悪い対象とイドとに同一化した自我の別の部分を破壊することを目指している。

（Klein 1935）

ここで重要なのは，どれだけ狂って見えても，自殺の行為のある部分は良い

ものを保存することを目的としているということだ。あたかも，自己が恐るべき破壊性の方に引っ張られることに抗えないと感じつつ，世界を救うために絶望のなかで自らを殺すようなことなのである。しかし，自己の破壊がよい対象を救う唯一の方法だという信念に魅入られること自体がまた，心の中の最も致死的な力によって推し進められていることも真実なのである。

　一部の自殺志向性をもった患者たちは——重症のメランコリーに典型的なのだが——，蒼古的で執念深い超自我から逃れられず（心的な閉所恐怖），絶え間なく内的に迫害されている。その懲罰的な性質は無慈悲である。まったく普通の過ちや失敗を膨らませて処罰されるべき罪に転じさせる。この状況において，自殺は内的な懲罰者に屈服することなのだが，最終的な解放として感じられることだろう。皮膚そのものは，その内側で責苦が行われる牢獄と感じられるだろう。皮膚を切ることは，流れ出る血液に自己が同一化されて，ここでは安堵感を伴う。しかしながらこの安堵を倒錯的な興奮が圧倒して，切り刻む攻撃という狂乱の結果に至る。これらのプロセスはまた，悪循環をつくる。つまり，身体の部分に同一化した対象に対して与えられた損傷の証拠が，さらなる内的な非難を焚き付けるのである。そのようなわけで，ある患者たちは，傷跡を修復するために形成外科手術を受けるのに労を惜しまない。そうしたところで求めるような成果，つまり完璧で魔術的な，与えられた損傷のすべての証拠が身体と心から消されて修復するような成果は与えられないのだが。

　最後に私は，自殺志向性の行為または自己破壊的な行為が投影のために遂行される状況について述べたい。そこで患者はその行為を通して，他者の命令によって苦しめられていると感じる罪悪感や憤怒を対象に投影して，その対象に侵入しようとする。この攻撃の対象が実際に残酷で苦痛を与える振る舞いをする人物である場合もある。しかしふつうはその対象の唯一の罪といえるのは，堪え難い「人生の事実」，つまり他者をコントロールすることはできないというような事実を直面させることになったことだけなのだ。このような場合概ね患者の自己は，自殺志向性の行為を通して罪悪感，憤怒，その他堪え難い感情を対象に投影して生き延び，ついにはこれらの感情から自由になれると感じるのである。Alvarez（1974）は意味深長に述べている。

　　　人は，自分の中の破壊的な要素に持ち堪えられないと感じるために自分の生命を断つのかもしれない。そうやって遺される人の罪悪感や混乱と引

62 第 I 部　理論の発展

き換えにそれらを取り除く。……しかし彼が遺ってほしいと願うのは，生き続ける彼自身の純化され理想化されたイメージであり……自殺は，人が忘れられたくないということを確かにする最も残酷な方法なのである[註6]。

　症例によっては，このプロセスは，ついに悪い破壊的な要素を取り除くという興奮のみならず，対象が永遠に逃れられない罰を受けるという信念に貫かれた勝利感の興奮によってさらに駆動されることもある。

　この行為の最終の受け手となるメンタルヘルス領域で仕事をする人々は，間違いなくこうした投影のプロセスの侵入的な圧力の中に置かれて，自分がその特定の患者あるいはどんな患者でも救える力を持っているという信念が打撃を受けるばかりではなく，自身を価値のある人間だと思う信念自体が転覆させられる。

　多くの患者が，いったん自殺を決意したあとの完璧な静けさと平和な感情について述べている。Sylvia Plath[訳註2]（Alvarez 1974 参照）はガス自殺の前に家をきちんと片付け，すべて整理整頓をした。片付けは内的な乱雑や混乱が最終的に解消したことを裏付けるのであって，均衡のとれた合理的な判断の働きだと取り違えてはならない。表面に現れた静けさは，自殺者がすでにすべての内的な迫害から解き放たれたと感じるような妄想的な世界に入っていることを示す表に現れた徴候である。

　上述の描写は，現象を目録のように並べることを意図しているわけではないし，ここには記されていない重要な状況はたくさんある。類型化を意図しているわけでもなく，記述された状況の間には明らかにかなりの重複がある。私はまた，臨床的には病因論について述べていないが，それはさほど重要ではないからというわけではない。明らかに，情緒的または性的虐待，情緒的剥奪，両親または片親の精神疾患を含む幼少期のトラウマのような幼少期早期の要素はかなり重要である。むしろ，内的な状況の正確なアセスメントがこれらの患者たちの理性的なマネジメントにおいて決定的であるため，このように記している。

訳註2）Sylvia Plath（1932-1963）：米国の詩人・小説家。大学時代からうつ病に罹り，繰り返す自殺未遂の末，自殺既遂。

症例提示

　Bさん（Miss B）は残虐で原始的な超自我によって内的に支配されており，それは彼女の一挙一動を見張っていると感じられるようなものであった。彼女が自己コントロールをしようとすると，いつもそれをこの超自我によるものと体験したので，超自我と自分を危険から守ろうとする通常の自我との区別がつかなかった。言い換えれば，超自我は自我に偽装していた。その結果，彼女が瀕している危険への健全な気づきはごっそりと分析家に投影された。こうしてBさんは，自身への気遣いからまったく解放されて，鎮静剤が効いた状態で運転するなど，いよいよ危険の増す行動を見るからに平静に行った。かたや彼女の分析家は，彼女の自己破壊性がピッチを上げていくごとにますます恐怖をつのらせた。彼女はセッションの終わりを「ギロチンのように」体験すると言ったが，これは，重要な自我の機能を分析家に投影してしまって，彼女がセッションを「頭のない」状態で去る時の描写にとてもふさわしい。このような状況は悪化し，彼女に入院が必要となるまでになった。

　病棟で彼女は，看護師に対し非常に挑発的にふるまった。彼女はどこに行くかを知らせないで病棟を離れようとするので，看護師たちは彼女が発作的に非常に自己破壊的なことをしようとしているのではないかと，とてつもない不安に陥った。彼女は，たとえば，平静な素振りで「お店に行くところ」などと，まるでふつうのありふれた出来事であるかのように言うのだが，同時にそこが，パラセタモールを買う**かもしれない**薬局の近くであることをほのめかした。彼女は外から病棟に電話して，看護師が応答すると何も言わずに電話を切ることもあった。看護師たちはこれを堪え難くじらされていると感じた。結果として，スタッフが彼女をコントロールする必要性が高まって，彼女は外出禁止になった。状況はさらに悪化し，看護師たちは彼女が深刻な自己破壊行動を実行してしまうのではないかといつも怖れるようになった。とうとう彼女は保護室で常時監視されるようになった。彼女は急性不安状態になり，おびえた声で「ここは耐えられない。投獄されている」と言い切った。

　この患者は自分の内的な状況を「現実化」（Sandler 1976）した。彼女自身のいくつかの側面のあいだの内的葛藤，つまり内的状況として始まったものが，彼女と看護スタッフの間の葛藤，すなわち対人的な状況に持ち出されたのであ

64 第 I 部　理論の発展

る。彼女はいつも自らを監視している超自我からはもちろん逃れ難いのだが，この方法でよそに投影することによって一時的には逃れうるのだ。彼女を収監していると感じるのは自身の超自我ではなく，病棟の看護師たちなのである。

彼女の挑発的な態度が，本来スタッフが持っていなかった彼女への相当な敵意を引き起こしたこともまた注目に価する。患者を常時観察下に留めたのは表面的には自殺を予防しようという意図のためだったが，より深いレベルでは，私が思うにスタッフのなかに動員されたある種の興奮を伴った憎しみを満足させることでもあった。

分裂的な内的世界では，良い対象は自己自身の殺人的な衝動からの深刻な脅かしのもとにあると感じられている。患者によっては，内的な良い対象が自分の中で到底生き延びられないと感じ，生き延びさせるためにはよそに投影しなくてはならないと感じる。この運びが，患者が他者に自分への見守りを引き出すようなプロセスを通して生命救助となりうる。しかしちょっとした力のバランスの変化によって，これらの投影のプロセスの結果，患者はすっかり自身の残酷さに同一化し，生きようとして援助を手にしようとしているにもかかわらず，あざけりや軽蔑の的になってしまう。この倒錯的な世界では，力は憎しみからしか生じず，生命を保ち援助を得ようとする願望は弱さの証拠とみなされる。Rosenfeld（1971）はこのプロセスを「破壊的自己愛」と名付け，非常に詳しい分析を行った。そこでは，「内的なマフィア」と名付けられた残酷な内的組織によって，パーソナリティのなかの生きることを求める部分は閉じ込められ苦しめられる。こうした患者たちは避け難く，生命や健全さが弱さの証拠として軽蔑されるような倒錯的な世界に引きずり込まれる。Segal（1993）も同様のプロセスを論じており，文学を元に際立った例を示している。

Jack London の小説『マーティン・イーデン（Martin Eden）』[訳註3]の最後に，タイトルの由来である主人公マーティンは入水自殺する。沈むとき彼は自動的に泳ごうとする。

それは，生きようとする無意識的な本能であった。泳ぐのをやめたが，水が口の上まで来たなと思うと，すぐに両手が強く水をかいて，体を浮きあげてしまう。これが生きようとする意志なんだ，と思うや，皮肉な笑いを浮かべた。

訳註3）Jack London の自伝的小説。辻井栄滋訳，白水社，2018。

Segal は続ける。

　　London は，マーティンが自分の生きようとする部分に対して感じる憎
　しみと軽蔑を生き生きと書き表している。彼は溺れるときに胸に猛烈な痛
　みを感じる。「痛みは死ではない」と彼は混乱する意識のなかで揺れつつ
　考えた。これが生きていること――生きている激痛――であり恐ろしい窒
　息感だった。これが生命が彼に与えられる最後の一撃だった。

　このような状況は，結果として特に致死的な筋書きに至るおそれがある。患
者はより多くの人々が彼の生命に責任をとろうとするように誘い入れる。しか
し，責任を持とうと感じる人が増えれば増えるほど，患者は自らの生きる願望
から解離し，それは他者の上に置かれる。さらに，患者がますます残酷な内的
な組織に凌駕されると，正気や思慮はもはや外的他者の上に置かれて，軽蔑や
愚弄の対象となるのである。

　　Ｃさん（Ms C）の自殺の可能性をたいへん懸念するようになった精神科チ
　ームから，入院の検討のために彼女が紹介されてきた。私の推測では，自殺
　の脅かしはひとつの主要なコミュニケーションのあり方となっていた。私が
　待合室に居る彼女に会いに行った時，彼女はひどく病んだ人という雰囲気を
　醸していた。彼女は待合室に腰掛けて頭を低く垂れ，私が来たのを見ても聞
　いてもいない様子だった。私は彼女の注意を惹かなくてはならなかった。そ
　れに続いたのは，ひどく困惑する体験だった。その時間の多くを，彼女は「あ
　いつらが私をここに送ったのだ」と言い張り，自分に関する情報の一切を
　否定した。私が，この面接が彼女にはいかに困難かについてコメントすると，
　彼女は，挑戦的な態度で「この状況なら誰だってそうじゃないの」と答えた。
　　その面接の間中，彼女が危険な自殺志向性からほとんどといっていいほど
　切り離されていて，一見優位に立っているのにひきかえ，私はその自殺志向
　性を強く感じていた。しかしながら，私が彼女を助けるのを阻止するために
　彼女はあらゆることをしているのだろうと指摘し，さらに，彼女はそれに成
　功するのかもしれない，と言った時，彼女は私を見て，笑って言った。「足元
　をすくわれちゃったね」と。そして，治療を受けることは「自分のたったひ

66　第Ⅰ部　理論の発展

とつの命綱」なのだと。これはある意味で真実ではあったが，ここで私が伝
えたいのは，このコンサルテーションのまさに開始から，彼女の状態の責任
を持っているのは私ということになるそのありようである。私がいくぶんぎ
こちなく彼女の関心を惹こうとした待合室の状況は，それからおこるはずの
ことを象徴していた。彼女が援助を受けることが命綱だと言ったとき，ふれ
あいや安心が生まれたわけではなかった。私は不安に満たされた。私がその
時にそこで治療を引き受けないなら，命綱を外すのは私であり彼女の自殺の
責任を持っているのは私なのだと感じた。私は彼女の生きる願望を投影され
責任を負うことにされて，その願望を表象するものとして，彼女の自殺を怖
れていることを愚弄されていた。私は彼女の生命の責任だけでなく，万能的
で迫害的な罪悪感の脅かしをも抱えていた。その時の笑いは，私のどうしよ
うもない立場に対する倒錯的な勝利感によるものだった。これは，彼女自身
がいつも脅かされ嘲られている内的状況のエナクトメントだとわかった。彼
女が心の痛みに目を向けると必ず直ちに，脆弱さを体験させる彼女のこの部
分は，侮蔑的な攻撃を受け，「泣き虫」呼ばわりされるのだった。

　こうした状況はまれではない。このような投影同一化のプロセスがすぐにお
こる状況が与えられる精神科病棟入院を，多くの患者たちが利用する。最終的
に自殺を行うことを絶対に阻止することはできないのだが，スタッフはすべて
自分たちの責任だと決めつける万能感に同一化しやすい。彼らは自らを，患者
を**本当に理解する唯一の**存在だと信じるようになる。スタッフは自分たちがこ
の使命のために特別に選ばれたと信じ，患者を救うという決意は狂信的となる。
これほどまでに否認され分裂排除されている敵意は，まったく突然激しく反転
しうる。ただ援助と理解と定常的なサポートを必要とするだけのきのうの弱り
苦しんでいる患者は，明日には容易に，即刻退院させられたり，大量の薬物や，
電気ショックさえ与えられるべき絶望的な患者となる。こうした方法は，見た
目の改善をもたらすことはあるかもしれない。しかしそれは，真の進展に基づ
くのではなく，患者の処罰欲求の満足によってもたらされ，迫害的で万能的な
罪悪感から一時的にでも解放されることによるのである。
　患者の心の中の分裂が，病棟でのスタッフの分裂に再現される様子を示して，
初めてこのようなプロセスを詳しく研究したのは Tom Main（1957）であった。
上述のような「聖人のような」グループは，果てしなく患者のために悩み，患

者は有害な早期の関係の犠牲になっている**だけ**だ，と信じていた。そして彼らのもう片方の部分は，もうひとつのグループ，つまり患者が**ただ**操作的で「関心を惹こうとしている」**だけ**で，「直面化」されるべきだと見なしているグループの中に置かれる。スタッフに生じるこのような混乱が気づかれないままになっていると，状況はすぐにエスカレートして，破局的な結果となりうる。

　このような，倒錯的な要素がかなり優勢な症例に顕著に見られるさらなる特徴は，陰性治療反応の存在である。患者に何らかの実際の進展があると，その瞬間に自殺の現実的な危険を伴った突然の悪化がおこる。進展によって障害と脆弱性の程度を受け入れるようになるのだが，そのためにこの健全さとの接触を裏切りとみなす内的組織による凄まじい反撃を進展が誘発するかのようになる。なお，マネジメント上の意味合いに違いがあるので，主として堪え難い罪悪感と絶望の結果が自殺への導引である場合と，この種の陰性治療反応を区別することが重要である。

　　Ｄさん（Ms D）は，スタッフを自殺の可能性についての堪え難い不安で満たし，最初はＣさんにかなり似て見えた。当初は倒錯的な精神病理が優勢に思われたが，後にもっとはっきりと抑うつ的な状況が見えてきた。Ｄさんは，皮膚を切ることによって無数の切り刻む攻撃を自身に与えてきていた。彼女の皮膚はおぞましいと感じる自身の性的な身体を表象しているように思われた。彼女は「ひどいむかつく考え」，特に子どもたちを虐待するという考えでいっぱいだと感じていた。文字通り自分の身体から切り離すことによってのみ，虐待的な自分の親との同一化を取り除けると感じていた。しかしながら，彼女は何とか顔と両手には傷をつけないようにしていて，それは自分の中の良いものを抱えておく限られた能力を表しているようだった。しかし病棟にひとたび入れば，Ｄさんは自分の良い面への気づきのすべてをスタッフに投影しがちで，どんどん憂鬱な状態に沈んでいくのだった。彼女がいつも挑発的であったにもかかわらず，この症例でスタッフが彼女への信頼を持ち続けることができたという事実は，治療的に非常に重要であった。生きる願望を彼女の外側へ投影するこのあり方の本来の動機は，より「安全に保つこと」を目指すことに重きがあるようで，倒錯的な嘲りはあまり目立たなかった。いくぶん改善するとＤさんも，Ｃさんのように顕著な陰性治療反応を呈し，もっと急性に悪化した。倒錯的な要素がいくらかはあるとしても，主な困難は，

彼女が自分の良い対象に実際に相当修復が困難なぐらいに損傷を与えたと気づいたことに続く堪え難い心の痛みから生じていた。

このような症例のマネジメントから重要なことを学ぶことができる。患者の両方の側面にいつも気づいていることが必要だということである。改善は，スタッフが舞い上がって危険の観点を忘れる，といった急性の危惧をもたらすかもしれない。このタイプの盲目状態は，症例によってはさらに危険な行動化を招きうる。というのも患者にとっては，自分に責任を負う人々の心の中に自身の危険さを再認識させる必要があって，それが深い安心の元であるからだ。患者がやがて退院する時になっても，真の改善を認めるのと同時に，なお破壊的な攻撃や自殺企図の危険が絶えることはないと受け入れることの両方がとても重要である。こういった患者たちは，自分の対象には回復力（resilience）がある，つまり彼らの残虐性を知っても圧倒されず，完全にコントロールしようと駆り立てられずに耐えられるような対象であるという感覚を持つことが必要だと私は考える。自殺の可能性を認識する能力は，万能的な責任へと変化することなく，罪悪感を回避するよりも患者を援助することを目的としたマネジメントを促進するものである必要がある。このような機能は患者の正気の部分を支持する。自殺の可能性に持ち堪えることは，共謀することと同義ではないという認識が必要とされる。これらの難しい患者たちが対処されている施設は，それ自体が容易にこのような万能的なプロセスのエナクトメントが繰り広げられる場となりうるのである。

カッセル病院では，スタッフ全員による毎週の定期的なミーティングは，仕事における困難について何によるかに依らず話し合うことを目的としている。一件の自殺が発生した後の最初のミーティングでは，スタッフはもちろん茫然としていた。特に，そういった差し迫った危険にあると考えられていなかった患者であったからなおのことだった。ミーティングの間に，ひとりのスタッフが先週のミーティングでは看護師の再等級付けの話し合いに多くの時間を費やしたことを一同に思い出させた。これは，すべての有資格の看護師の再等級付けを求めるという NHS の新しい政策の実施のためだった。同じ等級の看護師のなかで近日中に，誰かが昇級して給料が上がることがわかることを意味した。これは看護師たちのかなりのストレスのもとになっており，仕事の上に影響した。そのミーティングは（その時は）大いに有用だと感じられた。しかしなが

ら，わかってみればこの議論は，「本当は」その自殺した患者に関する不安から防衛的に気をそらすものだったと力説された。すぐに，もし私たちがその患者について話していたら彼女の命を救えたかもしれないという暗黙の含意が生まれた。ミーティングは罪悪感と非難の雰囲気のうちに終わった。

翌週私がミーティングに行こうとして廊下を歩いていてはっと気づいてみると，そのミーティングを自分が診ている患者の誰か自殺志向性のある人について話すのに使いたいと思っていたのだった。そして私は，特に心配されてはいない患者たちがしばしば自殺することを思い出した。「自殺志向性」のカテゴリーは，私の治療を受けているすべての患者を含むところまで拡大した。私は，ミーティングでそのすべての患者たちについて話し合うことに駆り立てられているように感じた。他の人々は自分の患者について話し合いたがった。明らかになったのは，患者について話し合いたいという願望は，もはや彼らのケアを改善させたいという願いと現実的な関連はなくなっていたことだった。そして今や，自殺がおこったときにすべての責任をスタッフにあるものとし，確実に処罰をする万能的な組織からの糾弾を逃れたいという願いにすっかり支配されているということであった。

結　語

本章で私はまず，自己への攻撃のもとにある異なった種類の内的な現象学に注目した。患者の内界を理解することがいかにマネジメントの重要な部分を占めるかについて呈示を試みた。内的状況はさまざまに外在化され，結果として，問題の冷静な考察よりも逆転移のエナクトメントのほうに基づいたまったく不合理なマネジメントを招く。特に危険な状況は，患者が投影のプロセスを通じて，外的な対象が蒼古的な内的な像と区別がつかなくなるほどまでに自分の内界を外在化しきってしまい，現実検討を不可能にするような場合である。

スタッフが，患者たちと，あるいは相互につくる関係への注目はこのように，マネジメントには重要である。われわれはみな，メンタルヘルスの領域に進路を取るにあたっては複雑な理由に依っているのだが，おそらく皆に共通しているのは自分自身の傷ついた内的対象を修復したいという願望であろう。効果的に仕事ができるためには，われわれの最ももろい点であるこの修復の願望に対する患者からの攻撃に持ち堪えられることが必要である。患者が進展への求め

70　第Ⅰ部　理論の発展

を自分をケアする側からの要請として体験するのではなく，自分自身で改善できるように，われわれは失敗に耐えられなくてはならない。

　何よりも，スタッフの士気が極めて重要不可欠な治療的要素である。その士気は，強靭でありかつ，個々の患者の改善に左右されないことが必要である。私は自殺志向性のある患者の共通な中心的構造が，知ることではなく万能を要請する原始的な精神病的超自我であることを述べた。このような混乱した思考の様式は，特に不可能なことを要求する外的世界によって後押しされる時には，スタッフに限らず，施設そのものの中にもはびこる場所を容易に見出すことができる。メンタルヘルス政策の一部は，メンタルヘルス部門の職員が全く非現実的な責任の水準を受け入れることをますます強調するようになっているように思われる。このような政策は，熟慮というより，すでに大変困難な任務に直面している人々に対処できない不安を投影したいという願望に基づいていて，これらの患者たちの真のケアにおける質の低下の下地をつくる。対処する方針は，任務の複雑さを受け入れることよりも，ありうる非難から自分を守るためのものとなる。探索の姿勢は，異端審問から我が身を守る姿勢に変容してしまうのだ。

註

1　この章はもともと Psychoanalytic Psychotherapy, 2000. 15: 21-37に発表された。ここに改稿し，Psychoanalytic Psychotherapy の著者と編集者および，Taylor and Francis 出版社の許可を得て掲載する。

2　疾病と精神的崩壊は，内的外的な負荷にさらされた時に特定のパーソナリティ構造から発展するものとしてとらえられる。

3　もちろんどの自殺企図も非常に深刻に捉える必要がある。私は，3錠のパラセタモール〔訳註：アセトアミノフェン〕を飲んで救急診療部行きになった患者をよく覚えている。彼女は，それは指示された量より多かったと述べたのだった。救急責任者は考えなしに，深刻な害をもたらすにはもっとたくさん必要なのだから心配はないと彼女に伝えた。彼女は後日，50錠服用して戻って来た。同様に，患者の「まったくばかな過ちをしてしまった」という安心させるような発言にも用心するのが得策である。

4　現象学的な観点からは，攻撃された対象からの迫害感情による不安や心的な痛みと，より抑うつ的な性質をもち，対象のダメージに気づくことから生じる償いの願望を揺り動かすような痛みを弁別することは重要である。しかしさらに，両方の性質を併せ持つように見えるものもある。私がここで言及しているのは，ある特殊な苦しみに満ちた心的な痛みである。それはダメージを被った対象からの非難によって内的に迫害される感情からくるもので，あたかも，対象は「われわれはみな苦しんでいる，お前がわれわれにしたことを見よ」と言っているかのようである。この種の痛みはしばしばあまりに堪え難く，それを取り除く要請に動かされて，この状況は自殺志向性の行為もし

第 4 章　誰が何を，誰を殺しているのか？　*71*

くは別のタイプの暴力を引き起こす。
5　空想（phantasy）の「ph」の綴りは，無意識的な現象であることを強調しており，より意識寄
　　りの「fantasy」と区別するという慣例に従っている。
6　Mason（1983）は，この閉所恐怖的状況について，「窒息させる超自我」という概念を用いて，
　　たいへん有用な詳しい理論を述べた。

文　献

Alvarez, A. (1974) *The Savage God*, Harmondsworth Penguin Books.

Campbell, D. (1999) 'The role of the father in a presuicide state', in R. Perelberg (ed.) *Psychoanalytic Understanding of Violence and Suicide*, London: Routledge.

Freud, S. (1917) 'Mourning and melancholia', in J. Strachey (ed.) *The Standard Edition of the Works of Sigmund Freud, XIV* (pp. 237–258), London: Hogarth.（喪とメランコリー．伊藤正博訳：フロイト全集 14．岩波書店，2010.）

Klein, M, (1935) 'A contribution to the psychogenesis of manic-depressive psychosis', *International Journal of Psycho-Analysis* 16: 145–74; and also in *Writing of Melanie Klein*, Vol. 1, London: Hogarth, 1975.（躁うつ状態の心因論に関する寄与．西園昌久・牛島定信責任編訳：メラニー・クライン著作集 3　愛，罪そして償い．誠信書房，1983.）

Klein, M. (1940) 'Mourning and its relation to manic depressive states', *International Journal of Psycho-Analysis* 21: 125–153; and also in *Writings of Melanie Klein*, Vol. I, London: Hogarth, 1975.（喪とその躁うつ状態との関係．西園昌久・牛島定信責任編訳：メラニー・クライン著作集 3　愛，罪そして償い．誠信書房，1983.）

Klein, M. (1952) 'Notes on some schizoid mechanisms', in M. Klein, P. Heimann, S. Isaacs and J. Riviere (eds) *Developments in Psycho-Analysis*, London: Hogarth.（分裂機制についての覚書．小此木啓吾・岩崎徹也責任編訳：メラニー・クライン著作集 4　妄想的・分裂的世界．誠信書房，1985.）

Laufer, M. (ed.) (1995) *The Suicidal Adolescent*, London: Karnac.

Main, T. (1957). 'The ailment', *British Journal of Medical Psychology* 30: 129–145; and also in T. Main (ed.) *The Ailment and Other Psychoanalytic Essays*, London: Free Association Books, 1989.

Mason, A. (1983) 'The suffocating superego: psychotic break and claustrophobia', in J. Grotstein (ed.) *Do I Dare Disturb the Universe?*, London: Karnac/Maresfield Library.

Rosenfeld, H. (1971) 'A clinical approach to the psychoanalytical theory of the life and death instincts: an investigation into the aggressive aspects of narcissism', *International Journal of Psycho-Analysis* 52: 169–178.

Sandler, J. (1976) 'Countertransference and role responsiveness', *International Review of Psycho-Analysis* 3: 43–47.

Segal, H. (1993) 'On the clinical usefulness of the concept of the death instinct', *International Journal of Psycho-Analysis* 74: 55–61; and also in J. Steiner (ed.) *Hanna Segal Papers 1972–1995: Psychoanalysis, Literature and War*, London: Routledge, 1997.

72 第Ⅰ部　理論の発展

Stekel, W.([1910] 1967) 'Symposium on suicide', in P. Friedman (ed.) *On Suicide*, New York: International Universities Press.

第5章　思春期の自殺への精神分析的
　　　アプローチ

Robin Anderson

　自殺はいかなる年齢においても極めて悲痛なものだが，思春期の自殺に関しては特別に悲劇的である。思春期というのは能力や独立性を著しく達成させていく時期である。思春期の若者は，人生において過ちを犯しそれから学ぶことのできる地点に至っている。思春期の若者が破綻したときにも，彼らが自分自身についてよりよい決定をするよう試みたり，どこで誤ったかを理解する手助けとなるような介入を始めることができる。思春期の若者たちとのワークにおいてさらに勇気づけられる側面のひとつは，すでに遅すぎるわけではなく，彼らには修正の機会があるとしばしば感じることである。人生はまだこれからであり，取り返しのつかないことはそれほど多くないという感触がある。一方，年長の患者たちにおいては，自分の状況をなんとか耐え忍ぶことが精一杯というのが珍しくない。未来の希望というこの感覚が自殺によって非情にも寸断される時，その若者たちに関わる誰の上にも強い影響が及ぶ。両親や同胞にとっては強烈で，致命的ですらあり，立ち直れないかもしれない影響を確かに与える。程度はやや少ないとしても，友人や仲間の集団にも影響が及びうる。専門家にとってもその影響は非常に悲痛であり，また追い詰められるものである。特に責任や自殺志向的な態の破壊性ばかりが追及されるならなおさらである。

　思春期はひどく荒々しい時期であり，また乳幼児期を除いては，一生のうちに生物学的，心理的，社会的変化が最大となる時期である。若者を自殺に導くようなパーソナリティ発達の特徴は，この荒々しい時期に差し掛かることで活性化されうる。本章では，思春期の若者の自殺と自殺企図について，人生のこの時期に彼らの心の中に何がおこっているのか，そしてどのようにして破綻に陥り深刻な自殺を志向する状態になるのか，という観点から探求する。症例提示の一部分に自殺や自傷が現れているようないくつかのケースを描写することによって，私はこの考えを描こうと思う。

思春期の自殺の脈絡

　重要なのは，個人的な悲劇を脈絡のなかに据えることである。若者の自殺は世界的に深刻な公衆衛生上の問題として認められている（WHO 1999）。思春期の自殺率は世界各地で増え続けている。毎年，10,000人の思春期の若者のうち1,000人が何らかの自殺企図をし，100人が医療にかかり，1人が亡くなるという。英国とアイルランドでは，自殺は自動車事故に次ぐ若者の死因となっている。男性と女性の自殺の比率は2:1だが，思春期には3:1である。逆に自殺企図に関しては少女のほうが少年より多いのだが，少年の自殺企図はより致死率が高い。自殺企図の経験者はその後自殺に至る危険がはるかに高い（約60倍）（Hawton *et al.* 2003）。しかしその一方でこれは，まれな出来事なのである。

　これらの大規模な研究は自殺既遂者または自殺未遂者の状態の何を物語っているのだろう。うつ病の診断は多数の症例に確かに認められる。合衆国の研究では，894例の若者の自殺既遂者中約40％に認められた（Fleischmann *et al.* 2005）。それは，こうした症例では自殺の危険が深刻に考慮される必要があり，統合失調症のような主要な精神疾患がある時にも同様だということを意味している。しかしまた，関係の破綻や学業における失敗のような問題によって，心の脆弱な人々に生じた急性の苦悩に関連した衝動的な行動は，時として致命的となる自殺行動に連なることは疑いない（同論文）。薬物やアルコールによってこうした状態が修飾されていれば，なおのことである。われわれが自殺の危険を査定しようとした時にはしばしば，その個人についてはあまり知るよしがなく，限られた情報によって判断をしなくてはならなくなる。

　こういった急性に障害された状態の若い男性が選ぶ自殺の手段の多くはそもそも危険度が高いと考えられるし，ここでは無意識のプロセスという深い側面を検討しているとしても，いくらかのより状況的な側面を無視することはできない。たとえば，合衆国の思春期の若者の最も高リスクなグループは，男女の警官の息子たちである。なぜそうなのか。合衆国の警官の息子であることは，高度に病理的な状況なのかもしれない。しかしより可能性のあるのは，銃による自殺が若い男性の選ぶ最も多い方法である合衆国では，武器がそのような若い男性の手に入りやすい状態にあれば（通説に反して，多くの若い英国男性にとっては事情は異なる），彼らがその情緒状態に陥ったなら，銃のあるところ

第 5 章　思春期の自殺への精神分析的アプローチ　*75*

に行き，それを使いうるということだ。

　誰かが自殺すると決心したなら，長期にわたって止められるものはほとんどない。だが肝心なのは，そのレベルの決心をもった自殺はおそらくごく限られた数であろうということである。合衆国での知見によれば，心が危機的な状態——しばしばそれは比較的一過性の状態である——にある者は，自殺の手段がすぐ手中にある場合に危険度がより高いという。同じ脈絡に挙げられるのは，パラセタモールやアスピリンを大量所持しにくくさせた[訳註1]ことによって，これらを使った実際の自殺の頻度が減ったことだ。このように過量服薬の程度をコントロールするなどは一例だが，危険度を調節しようとする試みはしばしば見られる。

　私が評価を行ったある若い女性は，電灯のコードで首を吊ろうとしたのだが，体重を支えるにはコードの強度が足りなかったために命拾いをしていた。彼女はおそらく，少なくとも無意識的にはそうなるであろうことを知っていた。ここに見える危険は，若者は自分がしつつあることの危険に自覚的ではなく，たとえ死にたいと思っていなくても，大きな危険に身をさらしてしまうことなのだ。一例を挙げよう。私は抑うつ的な学生に関する相談を受けたが，彼女は酔って学生寮の屋根に上り，酩酊下で自殺の危険のある状況となったのだった。彼女は安全というものに対しての攻撃的で捨て鉢な軽蔑を示したわけだが，私は彼女の飛び降りの意思には疑いを持った。実際彼女はそうしなかったのだが，彼女が注意していたから落ちなかったのか運に恵まれていたからなのか五分五分というところであろう。これは命を賭けた絶望的で危険なゲームであるロシアンルーレットのようなもので，もちろん負けることもあり得る。少年たちはもっと暴力的な手段を用い，そこには危険を加減する余地はより少ない。銃を使うなら引き金を引くか引かないかどちらかなのである。

　英国においては，高リスク群は以下の条件を含む。重篤なうつ病または精神病（統合失調症）を患っている・性的虐待歴がある・抑うつ的な若いアジア系の女性・拘留されている若い男性・いじめられた経験があるといった人々である。自殺は白人男性に発生率がより高い。自殺はまた伝播性がある。ポップスターの Michael Hutchence が縊首したとき，世界中では多くの模倣の自殺企図が発生し，死に至った人々もいた。ある児童精神科医とともに私は，ロンドンのとある名門校で「自殺クラブ」が作られているという状況に遭遇した。そ

訳註1）英国では過量服薬が頻繁なため薬剤の包装サイズを制限した。

76　第Ⅰ部　理論の発展

こではクラブに入るためには若者たちは自殺企図をしなければならなかった。精神科医専門医（consultant psychiatrist）の診察を受けると特別加点がつくのだった！　活動には過量服薬や刃物による自傷が含まれていた。これは特に躁的で倒錯的な状況だったが，この活動に惹きつけられる者は密かに（ほぼ無意識的に），あるいはあからさまに自分と同様の衝動を持つ者を捜し出すことには疑いがない。この行動もまた，不穏な性質のあらわれであり，罪悪感や嫌悪感を一種の集団的な黙認の背後に覆い隠そうとする願望のしるしである。

自殺についての精神力動的見地

　私はここで，思春期の自殺において重要だと思われる内的な要素についての考察に進みたい。自殺企図はもっと年少の子どもにも生じはするが，とても稀である。一方思春期の若者においては，自殺にしても自殺企図にしても，はるかにありふれている。したがって避けがたい結論としては，思春期であるという状態にからんで自殺や自殺志向性の行動が生じやすい何かがある，ということになる。では，思春期の若者の心的生活に関して，自殺志向性の行動を理解可能にする要素は何だろうか。自殺志向性の行為は身体への攻撃である。それは重大なことなのか，それとも単に心に達する手段なのか。答えは，両方である。なぜなら，ある心の状態では心と身体，そして象徴的と具象的の間に明瞭な区別がなくなるからだ。これを理解するためには，思春期に引き金が引かれる変化のいくつかについて考察することが重要である。

　思春期の若者は，急速に変化する状態に突入させられる。生物学的な思春期は，ホルモンに誘導された性器の変化，そして身体の大きさや強さの変化をもたらす。これらの変化に伴う強力な感情は，身体を循環するホルモンのためだけでなく，若者の自分自身への感じ方が変わることによって精神的なバランスが変容することの結果でもある。たとえば，自分がもっと強くなり，赤ん坊を孕んだり父になったりすることができると知るというようなことである。

　また，まったく異なった仕方で自己規定できる者になることへのニードもある。もはや誰かの息子や娘ではなく，兄弟姉妹でもなく，誰かの妻や夫になる可能性のある者だということ，または関係において親密さや性的な要素を保つ能力を発達させつつあるということ。そして，将来仕事を持つであろう者であること，あるいは持たないことの重大さに自覚的である者であること。こうし

た生物学的，心理的，社会的要素が幼児的感覚と相互に作用して，若者の自分自身や自分の身体に関する空想は力強い新たな文脈を与えられるのである。

若者の同一性に関するこれらすべての変化は，古い関係，つまり両親への依存を諦めることを要請する。おそらくこのうち最も難しい側面は，両親はもはやかつてそうであったようには子どもの世話をしたり子どものためを思ったりという防御幕を提供できないという脱錯覚に直面することである。これは若者を現実という冷たいすきま風にさらすような喪失である。自分ではなくて親の問題だという防衛なしでありのままの世界に直面し，傷つき，不確かとなる。より健康な思春期の若者においては，このような変化は妨げだけでなく希望と新たな確かさをもたらす。

したがって大人への移行には，分離と喪失を取り扱い，喪とそう違わないプロセスをつくりだす能力が必要とされる。しかし，喪失を取り扱う能力というのは決してすっきり明解なものではない。喪とメランコリーの区別を Freud（1917）はきわめて明確に記述したが，それは決してクリアカットではない。われわれはみな，いくばくかは喪の失敗と格闘するのだが，この時期の喪失に直面する能力に深刻な障害をもって思春期に到達すると，橋の架けようのない底なしの淵のように感じることもありうるだろう。

若い成人期の始まりに位置する思春期の新たな状況において，それに先立って存在した主要な発達のプロセスのすべてがなおも繰り出されるのがこの時期である。成長して自立度を高めるのは容易ではなく，円滑にもいかない。深層にある幼児的願望は立ち去らず，多くの古い機制はよみがえり，また必要とされる。健康なスプリッティングのもとでは，依存は両親から友人に移行して，2時間も電話でおしゃべりをするなどもっと親しげに表明される。あるいは，流行の音楽やファッション，人気のスポーツ選手または過激な政治思想などに向けられる。

身体的な成熟と情緒的な成熟の間にはしばしば顕著な食い違いがある。若者は若い大人の身体を備えながら，ある時期には年少の子どもや幼児のような問題と格闘する。こうした変化の具象性こそが，子どもの頃はまだまるごと実現はしなかった空想——エディプス的な性的願望や破壊的な願望——が，いまや現実になってしまうと若者が体験することにつながる。生物学的な思春期の前には，ほとんどの子どもは，仮にその反対の性別であるという空想を持って自分の身体との間に矛盾が存在しても，晴れ晴れと幸せにやっていけている。身

78 第Ⅰ部 理論の発展

体に思春期が到来した後は，男子の性器は大きくなり，女子には乳房と月経が
あるという明白な事実のために，このやりくりはかなり難しくなる。性的な感
覚は高まり，若者は自分の性的な資質と直面する。それによって，性的空想が
供するもの，または向けられるものは，何であれより強く体験されるようにな
る。同時に，筋力が甚だしく成長することは若者の強さと力をいや増し，特に
少年では現実的に彼らが危険になることを意味する。幼児的な攻撃性の空想は，
それが現実化しやすくなっているためにますます不穏となる。

　ある14歳の少年が，暴力的な行動のために学校から私に紹介されてきた。彼
は1年間に8インチ〔訳注：20.3cm〕背が伸びて，今や6フィート〔訳注：182.9cm〕
を越えていた。彼はいつも癇癪を起こしていたが，身体的な思春期が発来する
前は，彼もその家族もそのことをそれほどひどく心配してはおらず，家族は彼
が落ち着くように容易に手を貸すことができた。しかし今，大人たちは彼を恐
れ，彼のほうはもっと不安になった。彼は危険人物とみなされるようになり，
いくぶんそのきらいもあった。もし父親を殺したくなっているとしてしても，
2歳の子どもだったらそれはたいへんな苦労だし，父親は簡単に制止できるだ
ろう。しかし，それが6フィートの思春期の若者でなお幼児的な問題に囚われ
ているとしたら，本当に実行できてしまうかもしれない。このできてしまうか
もしれないという感覚は，子どももそこに関わる大人も現実ばかりでなく共有
した空想に囚われてしまって，悪夢のようになりうる。

　自殺志向性の行動はしばしば，身体イメージへの没頭と食欲の否認，意図的
な自傷，特に切ること，薬物乱用，そしてその他の自己破壊的な行動のあれこ
れ，といったよくある症状と関連することがある。このような障害は異様な暴
力的性質を持っており，具象的でボーダーラインの精神病的な思考に支配され
た世界との関わり方や見方を突きつけてくる。われわれが自殺志向性の行為に
おける残忍で自己破壊的な行動の源を知ることができるのは，この心的機能の
領域においてなのである。

　Wilfred Bion（1957）はパーソナリティの精神病部分からおこる現象を分類
した。ボーダーラインやまさに精神病的な患者との臨床から，発達のきわめて
早期にパーソナリティは，彼が「非精神病的」または「神経症的」とよぶ部
分と「精神病的」とよぶ部分に分かれると結論づけた。神経症部分は Melanie
Klein の通常の分類でよく知られた発達のしかたをする。パーソナリティは妄
想分裂ポジションから抑うつポジションにかけての発達の相を通っていくが，

第5章　思春期の自殺への精神分析的アプローチ　79

統合の方向を向く傾向にある。しかし，不安があるときには妄想分裂ポジションへと退行方向に向かい，不安が消えると再び統合寄りの抑うつ的な機能に戻る。肝心なのは，スプリッティングはかなり単純であり，投影同一化は交流のために使われることが多く，パーソナリティは取り入れと統合を優位に発達させる，ということである。したがって思春期の発達においては，たとえば私が言及している「健康な」スプリッティングにわれわれは遭遇する。それは，思春期の若者が両親を友人と比べて全然役に立たないといって拒絶する，といったものだが，親から離れ大人に向かう内的なニードを彼らが取り扱うひとつの方法になっているのである。その必要性が減じるなら，両親は再び，そして新たなより成熟した関係のなかで価値を認められることだろう。この自己の非精神病部分においては，概ね憎しみよりも愛情のほうが優勢である。

　Bion（1957）はこの発達を赤ん坊と母親との交流の結果育まれるものだと理解した。赤ん坊が生まれたときから母親の心を必要とし，まさに見出すと彼は考えたのである。Bion がベータ要素と記述した人生早期の苦悩する赤ん坊の堪え難い感覚は，母親的対象によってのみ処理されうる。赤ん坊はこれらのベータ要素を母親に投影する。母親はこうした体験を受け止めて，赤ん坊とは違い，赤ん坊にとって唯一の方法であった投影とは別の何かを行うことができる。母親には不快や苦痛がもたらされるが，彼女にはそれを取り扱い，処理して適切に赤ん坊に理解を伝えて応答する方法がある。このいわゆるアルファ過程 [訳註2)] のための能力は赤ん坊のなかに徐々に発達し，自分でやっていけるようになり，上述のように，どうにか抑うつポジションに達することができるようになる。

　パーソナリティの精神病部分においては，状況ははなはだ異なる。精神病部分は，赤ん坊の暴力的な激情がコンテインされて緩和しないときに発展する。それは母親ができないという理由か，赤ん坊がひどく暴力的になってもはや母親と関われず有用なものを使えないという理由からであろう。環境的な要素はしばしば非常に重要であるものの，生得的な要素と環境的な要素はさまざまな分量で関与する。こうしたコンテインが失敗した原始的な状態で発達するものは，パーソナリティの神経症部分におけるものとは対照的である。投影同一化が行われる時，赤ん坊は役に立たないと感じた対象に暴力を向けるのだが，そ

訳註2) Bion は用いたことはなく，Meltzer と Britton のみが使用した。アルファ機能と同義と理解できる。詳しくは『パーソナル精神分析事典』（松木邦裕, 2021）参照。

のため赤ん坊は断片化して傷ついた対象を体験し，内在化する。愛情と許しよりも，憎しみと報復に支配された世界がそこにある。赤ん坊には対象が自分を憎んでいやな感覚をおしつけると感じられる。時にこうした事態が起こるのは，実際に侵入的で投影しがちな対象という文脈において（たとえば性的虐待の場合のように）である。

　パーソナリティのこの部分は，破壊的な駆動力が強く圧倒する様相を呈し，愛情への衝動はサディズムへと変形される。内的外的現実への憎しみがあって，それらの現実を気づかせるすべてに対して憎しみは拡大していく。主たる不安は自己／身体の統合についてのものであり，しばしば差し迫った絶滅の恐れがある。心のこの部分の対象世界は，憎しみと暴力の中で生まれて内在化された傷ついてねじれた対象であふれている。パーソナリティの精神病部分では，主に投影と排泄が優勢である。解体に傾きがちであり，パーソナリティは欲求不満の耐え難さに支配されている。おびただしい暴力と憎しみがここに存在し，スプリッティングはばらばらに至るまでしじゅう行われる。自己を占拠している対象は，Bion（1957）が名付けたような奇怪な（bizarre）ものなのである。Bion はパーソナリティのこのような区分はわれわれすべてにあると感じていた。健康な個人においては当たり前のように神経症部分がずっと強靭で，心が統制されている。しかし生得的あるいは環境的な理由によってパーソナリティにゆがみがあるならば，パーソナリティの精神病部分が非精神病部分を支配し，時には覆い隠してしまうが，非精神病部分がまったく消えてしまうことはないと Bion は感じていた。

　思春期の間は，これらの不穏になりがちな領域はふつうの若者でも顔をだして，この時期に彼らが分離と同一性の再適応を遂行するにあたっての肝を潰させるような面に手を貸すのである。大人の身体を手に入れるということは，思春期の若者の同一性にとって重大な試練である。すなわちスプリットされ，若者自身の身体やしばしば親の身体およびセクシュアリティに投影されていた自己と対象の諸部分が，パーソナリティにたちもどるように導かれる。これが不安をたいへん増大させる。

　これらの不穏な状態がコンテインされ，処理されるには，よい対象と同一化し，よい養育的対象によって十分に支えられる自己の健康な部分が必要である。その養育的対象とは，こうした自己の不穏な部分を処理し，それらを健康な部分に統合することができるような対象である。しかし，よりよく機能する自己

によってパーソナリティが治められるようになっていないと，スプリットされ排除されていた部分が文字通りの復讐を伴って再登場しうるのだ。一例をあげよう。ある若い男性患者が，思春期に自分の恥毛に気づくようになったとき，おぞましく恐ろしかったと私に語った。彼にとって性的な身体の存在は，彼を両親，とりわけ父親についての非常にかき乱される空想に直面させたのだった。その空想は彼の両親とのひどく心乱されるエディプス的な関係から生じ，スプリットされ排除され父親のセクシュアリティに投影されたままになっていたのだった。思春期は力づくの侵入，つまり父親の身体が彼の身体に入り込むような体験と感じられていた。それは父親のようになるというもっと温和な空想のひどく具象的なバージョンである。彼は無性的な小さな少年であるか，父親の性的身体という形で彼に無理矢理押し込まれた両親の忌まわしいセクシュアリティをもっているかどちらかで，彼の世界には平和な秩序はもうないのだろう。

　類似の破局的な反応が13歳のかわいらしい少女におこった。彼女はいくぶんお転婆とみなされていたが，幸せで社交的であった。彼女の月経は最近始まったのだが，それは学校で性的発達の授業に参加した頃だった。その授業では，女性が出産するところが図で示された。同じ時間にまた，乳癌についても教えられた。その後間もなく彼女は急に学校恐怖になり，四六時中両親が一緒でないといられなくなった。それがややおさまると彼女は，両親がどこにいるのか確実に知らなくてはいられなくなった。彼女は実質的にすべての社会的な活動をとめ，精神性的発達は停止した。

　分析では，彼女が自分の増してくる性的欲動を恐れ，心の中でさえ性的な生活をもったら恐ろしい厄災がやってくると怖がっていたことが明らかになった。たとえば，彼女はあるすてきな男の子のことを考えるのを自分で止めなくてはならなかった。彼女が少し調子がよいとき両親は遠出して，そこに祖父が立寄り，彼女と妹に古いホームビデオを見せた。姉妹が乳幼児だったころのものであった。彼女はこれらにほとんど記憶はなかったが，この時の主な情緒的な反応は，ビデオをみたときどちらかというと気分が悪かったということであった。両親が性交をして赤ん坊をつくっているという空想があり，彼らがどこかでカップルとして楽しんでいるという考えが気分を悪くさせたのであろう。彼女は自分のいかなる性的な活動も母親のものとひどく混同してしまっているようだった。母親の性的活動というのは5歳の時に妹が誕生したことを思い出させるものだった。彼女はどちらかと言えばお転婆だったが，思春期になってそうは

82　第Ⅰ部　理論の発展

できなくなった。そして恥毛に衝撃を受けた前述の少年と同様に，性的な両親との混同がおこり，両親を制止しなくてはならなかった。そうしなければ致命的になりかねなかったのだ。

こうした心の暗い部分では，エディプス状況とそれに次ぐ羨望や嫉妬というというドラマは致命的なものと感じられる。迫害的な罪悪感が優勢であり，それは自己や身体への暴力的で殺人的な襲撃として感じられる。そして取り去りたい，手術で除去したい，切り取りたいという願望が支配する反応となる。

私が集中的な精神療法を行っていたある若い男性——彼についてはあとでまた述べることになる——には何年にもわたる，慢性的で激しい自殺志向性があった。彼は何度も非常に深刻な自殺企図を行った。彼が語るところでは，窓から飛び出せば，傷だらけで痛めつけられた身体は地面に落ち，彼は純化された状態で飛んでゆくという空想があるとのことだった。彼は，病んで傷ついた自己から文字通り自分を切り離すことでおそろしい内的葛藤を解決できると信じていたし，無意識的にはその後平穏に暮らせると信じていた。

心のこの部分についての理論のもうひとつの例は，14歳の急性精神病状態の少年のアセスメントで示された。この少年は極度に混乱した状態で私のところに現れた。彼の発症は友人との喧嘩が端緒だった。相手の少年は彼の父親に苦情を言って，患者は友人の父親が自分の父親を殺すのではないか，そしてでっち上げで自分が責任を問われるのではないか，もちろんまったく無実だとわかっているのに，という不安に苛まれた。この確信はだんだん強さを増し，妄想となった。私はこの妄想が彼自身の父親への敵意から生まれたと考えた。彼はそれを否認したり，別の男性——友人の父親——に置き換えたりすることで何とかしようとしていた。しかし，彼は投影を徐々に撤収することで，自分の敵意に直面してそれにまつわる罪悪感を扱えるようになるどころか，ついにはまったく手も足も出なくなった。

彼の不安はエスカレートし，危険はひとつきりではなく，何百人ものアフガンの反逆者たちが彼を殺そうと包囲していると信じ，実際に毒を盛られ足を痛めつけられたと確信していた。「彼ら」が父親や母親も攻撃している，おまけに何百人もの殺戮をしてその死体が彼の家で見つかると確信して取り乱していた。それはあたかも，この「悪い父親」（自分のではなく友人の父親という防衛が使われた）がいまや断片化し，どんどん広い世界へとばらまかれ，それぞれの断片がもうひとりの悪い父親——アフガンの反逆者——となるかの様相を

呈した。さらに，この凶事と危険という彼の知覚はまったく奇怪なものになっていた。私と一緒に部屋に居る時には，窓の外を通り過ぎるパトカーのサイレンが彼を追う敵の証拠だと信じていた。おそらくこれは分裂排除された私への転移反応だろう。つまり彼は私のことを，彼を助けようとしていると同時に，迫害的な責苦の一部分でもあると考えていたのであろう。私の部屋の雑音は，盗聴器の証拠となった。この根底にあるのは，殺人者たちが彼をつかまえられないから他の人々が死んでおり，不当だとしても彼の死がこの災難に終止符をうつという考えであった。彼は世界を救うためには自分の生命を犠牲に捧げなくてはならない，あるいは何とかして両親を責苦から救うために捧げなくてはならないだろう，と想像していた。

　この症例は，死と破壊性についての原始的な不安と，独占欲，愛情，嫉妬といった原始的感情が人生早期にワークスルーされないと，それらがどのように休眠して残るのかを描いている。何らかの危機やおそらく思春期の変化に促されて後々に持ち上がってきたとき，これらの原始的な感情は突出してきて，暴力的な爆発へと導かれ，ある人々にとっては自己破壊的な暴力となるのである。私は特にこの少年は実際に自殺の危険があったと考える。

　もちろん，すべての発達における失敗が最後のケースのような発症に至るわけではない。この少年は明らかに，直ちに治療を必要とする統合失調症または統合失調感情障害を病んでいた。それでもなお，彼の症状は意味をはらんでいたし，こうした発症にいたる脆弱性には生物学的側面があったとしても，彼の衝動の威力は発症の誘因になっていただろう。

　私が考察している力動を描き出すもうひとつのケースは，19歳で週3回の精神療法を行っていた症例である。彼女には自傷と複数回の深刻な自殺企図の既往があり，それは長期間の入院治療を要した。彼女はかつてひどくネグレクトされた子どもだった。母親は境界性人格障害で，彼女に対して暴力的になったり過度に依存したりと態度を変えた。父親はアルコール依存症であった。治療が始まってしばらくすると，彼女はもう自殺しようとはせず自傷もしなくなった。

　あるとき，この患者は歯痛のために面接をキャンセルした。その次の回，彼女は治療者に，歯医者にかかったがどこも悪くないと言われたと伝えた。そしてその面接で彼女は，治療者とともに心の中の痛みの源を見出せるかもしれないと考えることができた。

84　第Ⅰ部　理論の発展

　彼女は両親と車に乗って姉の家から自宅に戻る最中，壊れた野外広告板を目にした。それは何枚もの細長い薄板を回転させて交互に違った絵柄を見せるタイプのものだったが，回転が止まっていて，両方の画像が混ざってしまっていた。これを見た後，彼女は自分の心が壊れ始めたように感じ，意味などないと感じつつも，壊れた広告板のせいにした。

　彼女は両親の家に帰り着いて煙草を買いに出たと言った。彼女は突然「ごみのように」感じられ，最近しなくなっていたが過去に何回もやったように自分を燃やしてしまいたいという衝動にかられた。彼女はこのことを治療者に伝えながら当惑していた。

　その面接の後のほうで彼女は週末に話を戻し，何がおこったか語った。彼女は本当におかしくなってしまうのが怖いと言った。そしていかに母親を憎んでいるかについて実に激しく話した。姉の家に居る間に，彼女は憎しみを激しく感じたあまり，母親の呼吸の音さえ堪え難くなった。皆で夕食のテーブルについている時，彼女は母親が食べたり呼吸したりする音に堪え難くなったのだ。彼女は，母親と自分が互いに調子を合わせて食べていて，ふたりの口が同時に開いたり閉じたりするとわかって恐ろしくなり，食べるのをやめなくてはならなくなった。それは彼女の口と母親の口が同じものであることを意味していたためであった。彼女はその考えに耐えられず，母親とのつながりを壊してしまわなくてはならなかったのだ。

　翌朝目覚めると，「母親が自分の目の前に」居た。彼女は実家の自分の部屋で床に就いた時は自分の猫が隣に眠っていたと説明した。起きてみると母親は，彼女の向こう側に寝そべって猫と遊んでおり，「患者の目の前」に母親の顔があったのだった。

　自分の身体と母親の身体が文字通り相互に区別がつかないと感じた患者の恐怖を，この話はうまく捉えていた。彼女は母親が侵入的であると感じたばかりでなく，母親の子どもじみた飢餓や貪欲さが彼女の中に実際に押しこまれたと感じたのだった。これは転移において，患者がかつて治療者への依存性を否認して，週末の治療者との分離の体験のために両親のところにひきこもる傾向があったこととつながっていた（彼女には自分の住まいがあったし，両親が自分に良い影響を与えないことを知っていた）。このようにして彼女は，何年もスプリットされ，かなりの憎しみをもって母親に投影していた自分の口愛的な欲求に直面することになったのであった。

この若い女性の母親には，たしかに娘を一種の母親のようなものとして扱うという問題があった。しかし彼女の心のこの部分においては，その不適切な行動はすっかり具象的なものとなり，彼女には狂気の沙汰と感じられた（そしておそらく彼女の幼児体験を表象してもいるだろう）。自分を燃やしてしまいたいという彼女の願望は，母親と母親に投影した自分自身の依存的な部分を破壊しようとする願望の変形であると思われる。そうして彼女はそれを達成するためには自分自身を破壊しなくてはならず，自殺志向性の意志を持ったのだ。しかしながら，そのことは，彼女の母親との狂ったひどく具象的な同一化のなかで失われたと感じていた皮膚境界についての非常に鮮明な感覚を与えることに貢献したとも私は考える。

結　論

本章において，私は思春期における自殺と自殺企図の行動は，Eagle Laufer が私との個人的なやりとりで何年も主張していたように，それ自体に精神病的な構成要素を含んでいることを伝えようとしてきた。思春期の若者はたくさんの生物学的・心理的・社会的変化をこなしていく必要に迫られる。それは一種の人格の転覆と考えられそうなものをもたらす変化であり，もっと言えば巨大な氷山がその下部を暖流に溶かされてひっくり返るようなあり方だといえよう。

思春期の若者は，両親や大人の世界を上に見て指向するような様相の一切合切から，自分が親たりうる大人になることへと移行しなければならない。ということは，パーソナリティの中の不全な部分はなおさら新たな状況への援助を必要とする。このように脆弱な思春期の若者においては，誰の心の中にも存在する人間関係の暴力的かつ殺人的バージョンがその在り処から突出して，現実に演じられるのだ。そのときのあらゆる痛みや絶望は，これらの患者たちとの治療を行う者にとってはあまりになじみ深いものである。

文　献

Bion, W. (1957) 'Differentiation of the psychotic from the non-psychotic personalities', *International Journal of Psycho-Analysis* 38: 266–275.（精神病人格と非精神病人格の識別．松木邦裕監訳：メラニー・クライン トゥデイ①．岩崎学術出版社，1993.）

Fleischmann, A. (1999) *Figures and Facts about Suicide*, Geneva: World Health Organization.

86 第 I 部　理論の発展

Fleischmann, A., Bertolote, J.M., Belfer, M. and Beautrais, A. (2005) 'Completed suicide and psychiatric diagnosis in young people: a critical examination of the evidence', *American Journal of Orthopsychiatry* 75: 676–683.

Freud, S. (1917) 'Mourning and melancholia', in J. Strachey (ed.) *The Standard Edition of the Complete Works oj Sigmmd Freud, Vol. 14* (pp. 243–258), London: Hogarth.（喪とメランコリー．伊藤正博訳：フロイト全集 14．岩波書店，2010.）

Hawton, K., Zahl, D. and Weatherall, R. (2003) 'Suicide following deliberate self-harm: long term follow-up of patients who presented to a general hospital', *British Journal of Psychiatry* 182: 537–542.

WHO (1999) *The World Health Report 1999—Making a Difference.* http://www.who.int/whr/1999/en/index.html

第6章　思春期の自殺企図後の治療で
　　　優先されること

François Ladame

はじめに

　私はこの章で，ジュネーブで同僚たちと開発した治療のモデルについて述べたい。これは思春期の自殺企図の意味に関する精神分析的な考察から発展してきたものである。特に，自殺の危機は過去のコンテインの体験を壊すような外傷である，という発想が中核にある。したがって私たちの治療モデルは，入院によるアセスメントと治療が自殺志向性のある思春期の若者に必要な出発点であるという観点から始まっている。私は治療のモデルについて述べるが，フランス語圏の国々で発達した精神分析的な枠組みを参照しつつ説明したい。

　コンテインへのニード

　経験上，そして精神分析的な展望から，ジュネーブにおいて私と同僚たちは，自殺の危機を心的装置の通常の機能が虚脱するような心的外傷として理解するようになった。すなわち，内的世界と外的世界の間に通常ある境界がもはや存在しなくなることを意味する。同様に，精神内界の構造の間の境界も機能しない。結果として，心的表象ももはや自由に循環できなくなる。こういった循環は心的装置の結合の能力に拠っているためである。私たちの治療的アプローチは，これらの心的表象に言葉による表現を与えて，心に再び象徴の能力を再建することをめざしている。
　したがって私は，救急病棟で生命への身体的脅威が排除ないし除去されたときに，特別な入院ユニットにおける集中的な精神的ケアを強く要請する。こうした集中的な危機における治療は，思春期の若者がわずか数時間ないし数日前

88　第Ⅰ部　理論の発展

に起こったことの意識的・無意識的意味を抑圧または否認するというありがちな傾向に対し，適切な手段をもって戦うことを目的とする。しばしばこの抑圧と否認のプロセスには彼らの親による共謀が存在している。

　この急性期の対処の間にまず第一に優先されるべきことは，患者が自殺企図というエナクトメント [訳註1] を強いることになった内的現実に触れていられるような「コンテイニング」の供給である。内的現実は強い強制力を持っているので，自殺志向性のある思春期の若者は自殺するしかすべがないと感じてしまうのだ。コンテイニングとは，構造化された環境と，内的現実に直面してそれを心に保つことを可能にするアプローチの両方を提供することを意味する。第二に，治療はその内的現実の抑圧あるいは否認を回避することを目的とする。第三に，思春期の若者が自殺志向性のエナクトメントの根底にある制御の喪失に，恥の感覚も伴うことも含めてひとたび気付いたなら，そこで目指すのは，なぜ今の治療がこの病棟から退院した後にも必要なのか彼らが理解するのを援助することである。

　自殺志向性のある思春期の若者が外来治療の勧めに確実に応じるようにするためには，治療とその理由が彼らにとって意味の通るものであることが重要である。ジュネーブでのわれわれの体験によれば，いったん心的機能の連続性が再確立したなら，コンテインの過程で患者は，自分がまた自殺という解決しか選べなくなるような同様の状況に陥るかもしれないという内省を育てることができる。この内省は，外来精神療法に取り組む動機付けを高めるのに非常に有用である。

　精神分析的精神療法の目標は，かつては自分の制御を越えてしまうと思われた内的現実の様相が思春期の若者に制御できるようになることである。さらには，自殺の行為の根底にあり，将来の再発の危険のもとになりうる脆弱性を取り扱うことをねらっている。精神療法的な治療のプロセスは，若者が内的な迫害からは安全であると感じられ，分裂や否認に頼る度合いをより少なくすることを目的とする。内的な迫害者に心をコントロールされても，彼らは疎外の危険から守られていると感じられなければならない。言い換えれば，身体的な死（自殺を遂げること）と同様に精神的な死（精神病）からも守られていると感じられなくてはならない。

訳註1)　本章での enactment は，必ずしも精神療法の転移関係におけるものに限らず広義の意味を示しているように見える。

外傷的な性質

このテーマを述べるために，私は短いビネットを用いて，自殺志向性の危機の**外傷的な特性**を描写しようと思う。ジーナという若い女性の物語である。

　　ジーナは最近母親を亡くしていたのだが，14歳の誕生日を迎えようとするとき自殺を決意した。ジーナの過去は悲劇的であった。父親は暴力的でアルコール依存症であり，1，2年前に初潮を迎えてからというもの彼女を売春婦と呼んでいた。ジーナは死ぬ前に一度は愛がどんなものか知ってみたかった。彼女は初めて仲良くなった男の子とベッドをともにし，その後過量服薬をした。彼女は回復し，しばらくして妊娠に気づいて，それを継続することを決意した。

　　幾年かたち，彼女はもうすぐ18歳で，ある男性と出会って恋に落ち，生活をともにするようになった。その若い男性は子どもを養子にした。ジーナの祖母は**「嬉しいね，これで少なくともお前の父親を黙らせることになるだろうから。あいつはみんなに自分が子どもの父親だって言いふらしていたんだから。」**という反応だった。

　　年月がたった。ジーナはその男性と暮らしていて，いまも彼を愛していた。ふたたびブレイクダウンが訪れて2度目の自殺企図を行ったのは彼女が22歳のときだった。昏睡から目覚めるとすぐ，彼女はその愛する男性が自分を虐待していたことを悟った。そこで直ちに銃を買ってきて，彼女が人生でただひとり愛した男性を殺した。それからジーナはフランスの刑務所の何処かに収監されている。

　ジーナの物語は，内的現実に関しても自殺予防と治療に関しても多くの問題を提起している。さらに，この物語は，「女性と刑務所」（Ginsberg 1992）という何年か前に出版されたフランスの本に載っているため，臨床実践からのケースのように守秘に関するこみいった問題は持ち上がらない。ここにはまた，外傷的な特性に関する要点のひとつが描きだされている。自殺は「自分自身に対する殺人」を意味するのだが，このような「殺人」を実行するのに必須である暴力の方向性については，予測不可能な部分がいつもあるということを思い起こさせられる。つまり，内側に向けば自己に，外側に向けば他者に向けられ

90　第 I 部　理論の発展

るのである。

　ジーナの物語は，Aulagnier（1984）の「圧縮すること（telescoping）」と「ベールを剥ぐこと」という概念を適用することによって理解できる。Aulagnier にとっては，これらの概念は潜在性の精神病（potentiality for psychosis）から精神病性のブレイクダウンへの動きを説明するにあたって中心的なものである。彼女はこう記している。

　　　私はベールを剥ぐことまたは圧縮の現象を，ひとつの体験もしくは出来事として定義する。それは，予期せぬやり方で自己に自分自身の表象を直面させる体験ないしは出来事であり，しかも絶対的な確かさで自我に押し付けるというやり方である。突然の出来事として，重要視された他者の視線がベールを剥がされた像を自我に送り返すのである。その像は Freud 流にいえば「捨てられた自己像の恐怖」を伴っている。

（Aulagnier 1984: 12-13）[註1]

　Aulagnier はそう関連づけなかったが，私はベールを剥ぐことと圧縮することの概念は心的外傷を概念化することにも有用だと考える。特に，外傷的な状態は前意識（Preconscious）と現実検討の両方が機能しない「精神病的な瞬間」であると私は考えている。この議論についてはまた本章の最後に述べる。

　ジーナは自分の伴侶を殺したが，そのエナクトメントの時には自分の父親を殺していると確信していたと後に刑務所にいる間に認識した。思春期以降に放棄しなくてはならなかった過去の幼少時の愛情対象と新たな愛情対象はすっかり混同されたのだった。過去と現在は緊密に圧縮されたので，まるで赤い弾丸のように彼女を「**目覚めながらの悪夢**」（Ladame 1991 参照）の状態に突き落とした。私が悪夢という言葉を強調するのは，多くの若い患者は自殺に至る道のりを尋ねられた時に，直近の生活を描写するのにその言葉を用い，彼らがまさに「目覚めながらの悪夢」の状態を生きていたという感覚を伝えるからである。私の見解では，悪夢と心的外傷の間には多くの類似がある。そう考えると，自殺志向性の行為の時点で何が起こるのかを理解する助けとなるだろう。最も重要なのは，悪夢においては前意識が機能しないことである。したがって，前意識は結合（binding）や置換えのメカニズムによって無意識（Unconscious）のむき出しの本能を飼い馴らすことができない。

ジーナのケースにおいて，問題は，子どもの本当の父親が，彼女が14歳で最初の自殺企図を行う前にベッドを共にした少年なのか，彼女の父親なのかを知ることではない。22歳の若い女性である彼女を圧倒した外傷は，18歳の時に祖母が言ったことと結びついていた。その時に彼女は大人の女性になるために，子ども時代の同一化を再形成する思春期の発達の最中にあったのである。祖母の言葉（「**嬉しいね，これで少なくともお前の父親を黙らせることになるだろうから。あいつはみんなに自分が子どもの父親だって言いふらしていたんだから**」）は神託のように響きわたり，近親姦の少女という受容し難い同一性に無意識的に彼女を縛り付けた。その外傷的な効果はしばし停止して，ただちに破局の引き金を引きはしなかった。しかし，その殺人的な潜在力は，ジーナが自分の認識していない現実の恐怖，つまり彼女が拒まずにいられないもの，近親姦と親殺しを少なくとも無意識的には体験してしまったという恐怖に直面させられたとき，爆発した。私が先に「目覚めながらの悪夢」として言及したのはまさに次のようなことである。その時がくるまで主体が自分の現実に関して無視し続けた何かが突然外傷的に現れて，現実（内的 vs. 外的）や時間（過去 vs. 現在）の混同が生じる。

自殺の危機のマネジメント

ジーナの物語は，多くの患者たちの臨床経過の緊迫した複雑性を描写するためにここに引用したが，ジュネーブにおける治療上の優先事項を理解する助けになる。

ヨーロッパのフランス語圏では，自殺の危機のマネジメントに特化したモデルを開発している。このモデルでは，自殺志向性のある思春期の若者を特殊な入院病棟に入院させ，そこでは精神分析的なオリエンテーションをもったアプローチが行われる。この種の最初にできた病棟は，フランスのボルドーにあるアバディセンターである。短期集中的な初回入院は長期の精神療法への動機付けを提供し，こうしたアプローチの受け入れを促すことを意図している。

PommereauとPenouil（1995）による最初の報告は，ボルドーのその病棟は若者における自殺志向性の行動の経過に良好な影響を与えたことを示唆した。375名——入院した者の85%——の後ろ向き研究では，特別病棟に1994年に入院した後1年間の追跡調査が行われたが，20%が再び自殺を試みており，0.8

92 第Ⅰ部 理論の発展

％は既遂となっていた。これは，この病棟開設以前の1989-90年における同様の研究における，29％の再企図と，1.3％の既遂という率と比較された。この結果において統計学上の有意は報告されなかったが，勇気づけられるものだった。

ジュネーブの自殺志向性のある思春期青年期の若者（16歳から21歳）のための入院病棟は1996年の11月にオープンし，年平均140名の患者が入院してきた。病棟は救急治療と長期的治療の中間的な健康管理の構造を提供しているが，われわれはそうしたものが必要だと確信している。若者は，病院複合体とすぐ近接した共同住宅にある病棟の8床に基本的に常時任意で収容される。精神科看護スタッフが駐在し，24時間対応を基準とする。

治療的アプローチは精神分析的な原則から生まれたものである。平日毎日の精神療法面接は精神科医または心理士によるもので，精神科看護師が同席する。また，週2回の集団療法がある。個人面接は，自殺の危機とその思考過程への外傷的な影響の「今ここで」に焦点を当てる。一方集団療法では，体験と情緒を分かち合うことの難しさを取り扱う。思春期患者の家族は入院48時間以内にソーシャルワーカーの面接をまず受け，その後の家族面接は必要時または求めがあった時に提供される。入院は最長1ヵ月で，平均15日である。思春期の若者とのこの治療の主たる目的は，治療の最初の抵抗を克服することと，治療的介入の長期的受容を改善することである。そうすることで，彼らの生活の質を改善し，自殺企図の再発を減らすような提供を行う。

このアプローチはいくつかの原則に基づいている。この危機病棟への入院は，精神病的ブレイクダウンが自殺企図を通してエナクトされたことを認めるものである。そして外界との「制御された」遮断を提供し，思春期の若者の日々の生活の具体的な重荷からの避難所を与える。したがって，われわれは面会や電話のない48時間の完全な外界との遮断を必ず提案する。

われわれは，自殺を志向させるような出来事の破壊効果と前意識の機能不全によって一時的に「凍結して」しまっている心的機能を促進する。それはつまり，こころを再び象徴形成のレベルまで機能させるために，コンテインという問題に多大な集中を払うことを意味する。そして言葉は言葉の意味をもち，つまり象徴的内容をもたない物や「象徴等価」（Segal 1986）として具象的に体験されるのではなく，象徴として作動するようにさせるのである。

上述したようにわれわれは，いまここで，つまりこの時点における自殺の危

機に特別な焦点をおいている。それは自殺志向性の行為へと導きエナクトメントによって洗い流されたすべての苦痛な情動や空想を若者が否認することを防ぐためなのである。精神療法家は，幼少時の遠い過去を（再）構成するという現在を回避する防衛となりうる罠にはまることを避けなくてはならない。患者にとってどんなに苦痛であっても，恐慌様の不安と制御喪失の瞬間に焦点づけなくてはならない。そして，外傷的に圧倒し，自殺をエナクトするしか選択肢をもたせない狂気への恐怖に焦点付けなくてはならない。こうした技法は，患者が，ケアする環境だけでなく病棟という構造や環境にコンテインされるという保証があってのみ適切となる。内的なコンテインが十分な力を持ち，結合・結合をほどくこと・再結合のプロセスが再び始まると，若者は行為のかわりに意味を考えることへと移行することができる。

　われわれは，患者とその家族が，なぜ病棟を離れてからも長期の治療が必要なのか理解するのを援助することも目的としている。簡単にいえば，底流にある心的・力動的な構造に真の変化がおこらないなら，一度あったことは十分またおこりうるという知見に基づいている。したがって，再発の危険に対して，適切で信頼できる保護的戦略を作り付けることが重要になるということである。入院病棟の毎日の思春期の若者との面接を通して，われわれは病棟外部のセラピストを患者が求め，会うことを後押しする。そして，個人開業でも公的サービスでも彼らが有用な誰かを見つけるプロセスを援助する。われわれの経験では，この病棟に入院した若者の90％がその後の治療を求めた。患者が外部の精神療法家に意味ある接触を作れたら，彼らはある程度安全に退院できるだろう。

　われわれが長期の治療の重要性を強調するのは，いま進みつつある発達の困難や，自殺志向性の危機とエナクトメントを可能にした自己愛の脆弱性に対して強い影響を与えるのはこの方法だけだという確信が基盤になっている。長期の精神療法的な治療は，治療プロセスにおいて必須の第2のステップである。その原則的な目的と焦点は，思春期の若者に主体化（主体となること）（subjectivation）のプロセスを達成可能とすることである。

　主体化とは，思春期に関するフランスの精神分析的思考において重要な概念である（Cahn 1998）。Cahn は主体化について以下のように観ている。思春期の個人個人は，世界の中の自己という感覚（各個の同一性）を持つことや真実の感覚を保つことにつながるような内的な苦闘や社会的プロセスに携わっている。思春期の若者が主体化のプロセスに取り組めずやり遂げられなかったら，

94 第Ⅰ部　理論の発展

果たされないものが残り，「彼らを疎外あるいは監禁し，内的世界を歪曲するような閉鎖的な観念か妄想に誘い込まれるかもしれない」（Cahn 1998: 159）。これは自分自身を知らない，したがって内的現実の制御がはずれるという感覚につながりうる。主体化は3段階のプロセスをとる。すなわち，身体に責任を持ち（大人の性的身体に成長すること），自分自身の思考に責任を持ち，自分自身の衝動と願望に責任を持つことを通して自己と内的真実を知るようになるのである。このプロセスが成し遂げられれば，疎外の危険は去り，思春期や青年期の若者はかつてできなかった制御が可能となり，内的な迫害に対してスプリッティングや否認を使わなくても安全であると感じられるようになる。つまり，彼らが精神的な死（精神病）と身体的な死（自殺すること）から守られていることを意味する。

このモデルの利点と不利な点

　ここで記したモデルは，外傷的な自殺の危機に取り組むうえで強力な利点がある。治療の最初の段階では患者をコンテインすることが優先される。まず心的外傷に注目したケアをすることを通してコンテインに再び導入することができたら，第2段階は，主体化のプロセスを目的とする外来を基本とした長期の精神分析的精神療法を提供することになる。実際問題としては，いくつかの不利な点がありそれをここで述べたい。

　この病棟への入院は厳密に任意を基本としており，主たる限界は入院を拒絶する人々に関連する。残念ながらしばしばこうした若者はいかなる援助も，たとえ外来でも拒絶し，われわれの治療戦略や提案に抵抗する。したがって，こうした若者を引き寄せるという問題は，精神分析的アプローチに限られたものではなく，公衆衛生政策全体と関連するもので，本章の範囲を越えている。

　もうひとつの限界は性差である。われわれの実践における性差は8:2（女性患者:男性患者）である。一方，自殺傾向のある思春期青年期の若者の一般社会における性差は6:4と5:5の間ぐらいである。ここでもまた，問題は精神分析に限られず，精神科にさえ限られない。身体医学におけるエビデンスでも同様である。若い男性は若い女性よりも危険にさらされているので，彼らの将来の精神的身体的健康の点から，われわれは自殺志向性のある思春期の男性への予防的戦略に関するはなはだ懸念される公衆衛生の問題を改めて取り扱わ

なくてはならない。

最後に，われわれは退院後に治療の勧めに応じない患者のことも憂慮する。われわれの勧めに応じない患者はそれでも，病棟によって形づくられるケアのネットワークに包まれる。彼らのほぼすべては携帯電話に病棟の電話番号を登録し，必要な時には昼夜を問わず電話できることを知っている。彼らが最も近しい関係を築いた看護師がその電話に応答するであろう。この方法によって病棟は，スタッフを含めた人的環境として，安全ベルトおよびコンタクトを保つ手段を表しているのである。この機能は予防的戦略としてたいへん有用で，治療作業がさらに行われる機会を可能にする。

結　論

この章で私は，ジュネーブや他のフランス語圏の人口集中地域で発展した自殺志向性のある思春期の若者との作業モデルについて述べた。このモデルは自殺の危機に対して入院によるコンテインを最初に提供し，ついで長期の精神療法に引き継がれる。このモデルは，われわれの精神分析に精通した思考に従って築かれた。自殺の危機とエナクトメントは心的外傷であり，そのため外界と内界，過去と現在を区別する能力が消退するという考えに拠っている。このモデルは自殺志向性のエナクトメントに導くような心的葛藤に取り組むためにいまここでの作業が重要であると認めている。なぜなら，その葛藤は，エナクトメントの外傷的な作用によって，また分裂や否認に頼ることによってすぐに姿を消してしまうようなものであるからだ。コンテインによって心的プロセスが回復した時，長期の精神療法は再発予防と主体化の達成のために必須である。このモデルは，自殺志向性のある若者の治療と再発予防にはいくつかの力強い価値と利点を持っている。

註

1　この一節は全文引用の価値がある。Aulagnier は続ける。「自身の捨てられた像はその人が拒んだ同一性のひとつであったかもしれない。しばしば精神病においては，非代償期の始まりとなった破局的な体験を再発見しうる。「ベールを剝ぐ」現象は精神病以外でも遭遇するものだが，関係のある様式からから別の様式への移行の目印となる体験の最も重要なひとつである。その体験というのは，望んでいた己と今ある己の違いを自我に直面させ，今の自分となりたいと思っていた自分を隔てる溝に直面させるのだ。(Aulagnier 1984)

文　献

Aulagnier, P. (1984) 'Telle une zone "sinistrée"', *Adolescence* 2: 9–21.

Cahn, R. (1998) 'The process of becoming-a-subject in adolescence', in M. Perret-Catipovic and F. Ladame (eds) *Adolescence and Psychoanalysis: The Story and the History* (pp. 149–159), London: Karnac Books.

Ginsberg, G. (1992) *Des prisons et des femmes*, Paris: Ramsay.

Ladame, F. (1991) 'Adolescence and the repetition compulsion', *International Journal of Psychoanalysis* 72: 253–273.

Pommereau, X, and Penouil, F. (1995) 'Détermination du devenir et des taux de récidive des jeunes suicidants, douze mois après leur hospitalisation à l'UMPAJA du centre Abadie (Bordeaux), du 16 novembre 1993 au 15 novembre 1994', *Rapport final de l'Association pour l'Étude et la Prévention du Suicide en Aquitaine*, Paris: Direction Générale de la Santé, Bureau SP2.

Segal, H. (1986) 'Notes on symbol formation', in H. Segal (ed.) *The Work of Hanna Segal: A Kleinian Approach to Clinical Practice. Delusion and Artistic Creativity and Other Psychoanalytic Essays* (pp. 49–65), London: Free Association Books/Maresfield Library.（象徴形成について．松木邦裕訳：クライン派の臨床．岩崎学術出版社，1988；メラニー・クライン トゥデイ②．岩崎学術出版社，1993.）

第 7 章 心の痛み，痛みを作り出す構造，自殺志向性のからだ，そして自殺

Israel Orbach

はじめに

本章ではふたつの問いを取り扱うことになる。何がある人々に自殺したいと思わせるのか，そして何が自らに刃向かって自己破壊的な行動を実行することを可能にさせるのか。これらの問いへの答は，**自殺志向性の心**（suicidal mind）と**自殺志向性のからだ**（suicidal body）^{訳註1)}という領域で見出されるだろう。自殺志向性の心は Shneidman（1993a）の心の痛み（mental pain）という概念を用いて探究される。自殺願望はほぼ，痛みを作りだす内的な構造（pain-producing innner costructs）に由来する耐えられない心の痛みの最終結果であると私は主張したい。痛みを作りだす内的な構造は，喪失・自己愛的な傷つき・罪悪感そして失敗といった，心の痛みを引き起こす状況へのセンサーや感受性によって駆動させられる。その内的な構造はまた，生と死に対する信念や態度を含み，そのもとで人生が生きるに値するものとなる条件や自己破壊傾向と関係している。この内的構造が作動し始めるとき，堪え難い心の痛みが生成され，結果として人は自らを殺めることを願うかもしれない。一方，自己破壊的な行動が自己に刃向かって実行されうるために，特殊なからだの状態やプロセスが始動する。自殺志向性のからだは，解離・知覚鈍麻・アンヘドニア・身体的疼痛への無関心そして知覚の閾値の上昇を特徴とする。このようなからだの状態は，からだへの激しい攻撃を容易にして自殺志向性の行動を促しうるものである。

自殺志向性の行為には心とからだの両方が能動的な役割をとっているので，自殺志向性のある人々の治療においては，彼らの心とからだの両方を考慮に

訳註1) 本章では body は「からだ」とし，physical には「身体の」と言う訳をあてた。

98　第Ⅰ部　理論の発展

入れなければならない。本章で述べる発想のいくつかは他所で（例：Orbach 2003, 2006, 2007）論じているが，ここでは，これらの発想をより統合的に提示したい。

自殺志向性の心：心の痛みの理論

Freud：切望という心の痛み

　Freud（1917, 1926）は心の痛みという概念に関して最初に記したひとりである。彼はこの体験を子どもが母親と再び合一することへの切望に属するとしている。Freud によれば，内的な痛みは子どもが母親との一体化によって母親の存在に喜びや満足を経験した後にのみ生じうる。母親が断続的に現れたり居なくなったりすることは，母親を切望する痛みを呼び起こす。したがって，大人の心の痛みは実質的には，母親への蒼古的な切望の現れである。Freud はまた，心の痛みとそれに似た体験との間に区別をつけた。彼は以下の疑問を提示した。「対象からの分離は，どの場合には不安を，どの場合には喪を，そしてどの場合には，もしかしたら痛みだけを引き起こすのか」（1926）。Freud は対象を失う空想に反応して不安が生起し，うつ病は対象が失われているときに生じ，痛みは母親を切望する体験であると示唆している（Joffe and Sandler 1965 も参照）。

　Joffe と Sandler（1965）は Freud の痛みの定義の試みについて論じているが，Freud はこの概念にふれたのみで，十分には発展させなかったと述べている。そして心の痛みにはさまざまな性質や程度があり，さらに精査されねばならないと提案した。近年心の痛みの概念は重要な，特に自殺志向性の行動に関連する焦点として注目されるようになっている。

Shneidman：「精神痛 [訳註2)]」——最も重要なニーズの挫折

　数年前に Ed Shneidman は著書『精神痛としての自殺』において以下のように記した。「私の自殺学者としての経歴もそろそろ終わりに近づいてきたが，心に浮かぶのはごく短い文章である。すなわち，**自殺は精神痛から引き起こされる**」（Shneidman 1993a）。Shneidman の用語の中の精神痛とは，心の痛みのことである。自殺は，人が心の痛みを堪え難いと思うに至ったときに生じ

訳註2) Psychache：「精神痛」は高橋祥友による訳語。

る。ということは，自殺は心理的な痛みの耐性の閾値に関係することになる（Shneidman 1993b）。ある17歳の思春期の若者は自殺を計画し，Shneidman の主張を反映するような次の遺書をインターネット上に残した。「あまりに自分自身が痛むので私は自殺しようと思う。その痛みをなくすには何ができるだろう。今私は一切をなくしてしまいたい。」

Shneidman（1993a）は，自殺に中核的に関与する堪え難い心の痛みという最も根本的な観点を現代的な自殺研究が無視するなら，実証研究の努力は的外れとなるだろうと論じている。Shneidman によれば，うつ病そのものが自殺を引き起こすのではない——うつ病の臨床症状は衰弱をもたらすが，致死的ではないのである。さらに，自殺を DSM カテゴリーと関係づけることは，自殺志向性のある人の内的体験を理解するには見当違いである。自殺の切迫した原因は堪え難い痛みである。Shneidman は，自殺が心の痛みに対する最後の防衛的行為であると事実上みなしているのだ。

Shneidman によれば心の痛み——「精神痛」——は，以下の要素の混合である。傷つき・苦悩・悲しみ・疼き・みじめさ・恥・罪悪感・屈辱・孤独・喪失・悲哀・恐れなど。さまざまなネガティブな情緒や体験は，堪え難い心の痛みという全般性の体験に転じる。それは一種の情緒的混乱なのである（Shneidman 1980）。Shneidman（1996）は，心の痛みは最も重要な，個人の生死にかかわるようなニーズの挫折によって勢いづけられると述べる。これらのニーズは実際，個人の日常の精神内界および対人関係における機能と構造を規定するものであり，これらのニーズが挫折するなら，その個人にはまさに堪え難いような生存への脅かしとなるのである。

Maltsberger：統合の崩壊の衝撃的感覚としての心の痛み

Maltsberger（2004）は，精神分析的観点から心の痛みを自殺を扇動するものと見なした。Maltsberger の述べる所では，心の痛みあるいは苦悶は，要するに自己の崩壊の体験である。崩壊の経過は外傷的な出来事（たとえば喪失）が自我とその防衛を弱らせるところから始まる。この時点では，自我の統合力は落ち込み，よい自己表象とよい対象表象に翳りができる。さらに崩壊が進むと，苦悩の中で内向きと外向きの攻撃性，自己批判，そして自己嫌悪の氾濫を体験する。外的対象と内的対象は敵意のある恐ろしいものとして体験される。崩壊のプロセスの苦しみ中での体験は，自我異和的で制御不能なもの，いわば

100 第Ⅰ部 理論の発展

狂気の氾濫であるかのようである。狂気の感覚の制御を得ようとする試みが失敗すると，その苦悩しつつある人は死にものぐるいの試みを自分のからだに向けなおす。からだへの攻撃は心を救う試みなのである。私はイスラエル自殺予防協会にボランティアとして参加したいという24歳の女性に出会った。彼女はある日，数時間にわたって，入水する，身体を切る，薬を飲む，といったいろいろな方法で自殺しようとし，そして最後に身体にガソリンを浴びせて火をつけた，と語った。私が彼女に，その自殺しようとした朝何があったのかと尋ねると，彼女はこう答えた。「海辺に私は立っていました。すると突然，自分の心を失いつつあると感じたのです。」

Bolger：壊れ（brokenness）の感覚としての心の痛み

Bolger（1999）は，心の痛みの体験を記述した過去の患者のナラティブを分析して心の痛みの概念を推定した。そのナラティブには，心の痛みが重要な他者との関係の破綻によることが示唆されている。Bolger は心の痛みは本質的には壊れの感覚によって特徴づけられると強く主張する。Bolger は壊れを比喩的に「負傷（woundedness）」と表現し，それは自己が打撃を受けたと感じ，つながりを失い（絆が壊れ，寂しく，孤独であること），自己を失い（意味を失うこと，同一性の喪失），制御を失い（援助も希望もないこと，体験を象徴化できないこと），そして警告（不安，恐怖，恥，恐慌）の感覚を体験するものとしている。壊れの体験は，身体の痛み，重さ，空虚な感じなど身体的に現れることもある。Bolger の分析によれば，破壊され損なわれた感覚として心の痛みを定義することができる。そしてそれは制御の喪失を伴い重要な他者との関係の破綻の結果生じるものであるという。

Styron：制御できない内的な敵意の力としての心の痛み

最も心動かされる心の痛みの体験についての描写のひとつを Styron（1992）が記している[訳註3]。彼は重症のうつ病エピソードを病み，それを自叙伝的に著した。この個人的体験の文書を用いて，私は記述の内容分析を行った（Orback 2003）。その方法は，直接的間接的に心の痛みにかかわる文章をすべて抽出し，それらの文章をいくつかの鍵となるカテゴリーに分類するという手法であった。以下はその分析のサンプルである。

訳註3) William Styron（1925-2006）は，映画化もされた『ソフィーの選択』の著者。

A．**痛みの強さの描写**：（例「私は奇妙な内なる激動を体験したが，それは絶望を越える絶望としか表せないものであった」）

B．**心の動揺**：（例「…持ち上げられ激動している私のシステム」）

C．**情緒的凍結**：（例「私はある種の鈍さや衰弱を感じ…変な虚弱…正常な調和が欠けている」）

D．**自己疎外感（estrangement）**：（例「もうひとりの自己がいるような感じ。それは奇妙な観察者のようで，近づいてくる大惨事に呆けた自分の片割れが抵抗してもがくのを冷静な好奇心をもって見るのだった…」）

E．**痛みの氾濫**：（例「…至高の不快のトランス状態…ポジティブでアクティブな苦痛が認知にとって代わる」）

F．**責め苛む邪悪な力への服従**：（例「…恐慌と混乱，そして自分の思考過程が有毒で言いようのない潮流に呑み込まれていく感覚。そこでは生き生きした世界への歓びに満ちた反応は抹消されてしまう。」）

G．**心の瓦解**：（例「…心は進行性のメルトダウンを続けて」）

H．**自己の喪失**：（例「…私は何もかも失ったと感じた…自尊心の喪失…自分であるという感覚は自己信頼感とともにほとんど失われた」）

I．**知覚の変化**：（例「…かつて私を爽快にさせていた景色や音は…私を恐怖によって立ち止まらせ，私は立ちすくみ，絶望で震えた…」）

J．**身体の痛み**：（例「…うつ病による霧雨のような灰色の恐怖は身体の痛みの性質を帯びている」；「…痛みは溺水や窒息に最も密接につながっていた…」）

　この内容分析が示すのは，Styron の情緒的な痛みの記述で特に顕著なのが，敵対的で自己疎外的な内的な力によって，コントロールされ破壊されるという感覚が溢れかえっていることだった。彼の意識はすっかりその苦痛で占められてしまっているのだ。

Orbach と Mikulincer：自己とその機能における取り消しのできないネガティブな変化の感覚としての痛み

　私は共同研究で，さまざまな自殺志向性のあるグループとそうでないグループの心の痛みのナラティブの分析を行った（Orbach *et al.* 2003）。分析の結果，下記の9要素に分けられる45項目の心の痛みのスケールが得られた。

　(1) 不可逆性（例「私は二度と見つけられないものを失ってしまった」）

　(2) 制御の喪失（例「自分に起こることを自分ではコントロールできない」）

　(3) 氾濫（例「私の気分はつねに移り変わっている」）

　(4) 自己愛の傷つき（例「私は見捨てられ孤独だ」）

　(5) 自己疎外感（例「私は自分自身をなじみないものに感じる」）

　(6) 凍結（例「私は全く何もできない」）

　(7) 混乱（例「私は考えることが困難になっている」）

　(8) 支持（例「私をひとりにしてほしい」）

　(9) 空虚（例「私には何も願いがない」）

　この操作方法を用いると，心の痛みは傷つきを取り返せないという感覚であり，また自己とその機能におけるネガティブな変化の認識であり，ネガティブな感情と認知を伴っていると定義できる（Janoff-Bulman 1992 も参照）。

心の痛みの耐え難さ

　Shneidman（1993a）の心の痛みと自殺の理論の最も重要な発想のひとつは，自殺におけるいちばん有害な要素は痛みの激しさではなく，その耐え難さであるというものである。多くの人々は激しい痛みに耐え，何とか対処できる。しかし心の痛みを耐える閾値が低いと，自殺の危険が出てくる。私は，患者の心の痛みのナラティブに現れる痛みの耐え難さの経験に基づく特徴を以下の3点とした。痛みの氾濫の感覚（例：痛みが押し寄せてくる），痛みを抱えられないこと（例：私はもはや耐えられない），痛みを処理できないこと（例：どうやって痛みを追い払えばいいかわからない）。

　ある若い女性が語った母親の死の想起によって，急激な痛みの耐え難さが説明される。16歳のとき母親と電話で話していると，車が衝突する音が突然聞こえ，電話が途絶えたことを彼女は思い出す。その日の午後，彼女は父親から母親が自動車事故で亡くなったと聞いた。彼女は詳しく述べた。「私は，叫びな

第 7 章　心の痛み，痛みを作り出す構造，自殺志向性のからだ，そして自殺　103

がら庭を走り回った。『お母さんが死んじゃった，お母さんが死んじゃった！』
って。そして私は止まった。」このようなことは，彼女の人生でこの悲劇の記
憶が意識にのぼる時，何回かおこったのだった。

　このビネットが示すのは痛みの耐え難さであり，それは身体的な方法で取り
去ろうとするほどに具象的な水準の体験なのである。これは自殺において実際
に起こる事である。すなわち自殺は，最も身体的な方法で痛みを取り去ろうと
いう試みなのだ。

痛みを作る内的構造

　多くの学説と経験的データがいかなる性質の喪失も心の痛みの源となること
を示している（例：Freud 1917）。私はもうひとつの心の痛みの源として痛み
を作る内的構造を示そうと思う。Bowlby（1973）の作業モデルのように，こ
れらの構造は一群の認知，情緒，感受性および行動傾向から成っている。

　これらの構造には以下の観点が見出せる。(1) 自己と他者のネガティブな表
象。(2) 痛みを惹起する特別な状況や引き金（喪失，自己愛的な傷つき，罪悪
感や失敗など）に対する鋭い感受性。(3) 人生が生きるに値するあるいは値し
ないものとなる条件についての定義づけ。(4) 自らの健康感覚を蝕むような自
虐的な習慣を反映した破壊的な行動傾向。この内的な構造が作動を始めると，
堪え難い痛みを生み出しうるのである。

　痛みを作り出す内的構造は，人生の長きにわたるネガティブな体験の内在化
に由来する。いったんその構造が内在化されると，ネガティブな体験と現実に
対するネガティブな方向付けを作り出す様式によって自分のとらえ方を構成す
るようになる。自殺志向性のある人は，生活状況や自己についてのこのような
とらえ方に対して習慣的で効果のないコーピングによって反応し，それ自体が
心の痛みを生む。やがてこの体験は自己破壊の形をとった行為となる。自殺志
向性のある人は，自分の痛みを作り出す構造に絡めとられ，結局，堪え難い痛
みから逃れるために自己をまるごと破壊することを求めるようになる。

　周囲との取引的関係もまた，痛みを作り出す状況に挑発的にかかわっていく
という要素を含んでいる。自殺志向性のある人々は自らを罠にかけ解けないジ
レンマにはまりこみ，問題を孕んだ状況に巻き込まれることを選んでしまう。
ある人々は，自分には到底達することのできない目標にこだわり，性懲りもな

く失敗に導かれる。認知的に見れば，自殺志向性のある人々は解決もカタルシスも達成されないような方法で葛藤的な内的議論のバランスをとりがちなのである。内的な圧力が増し，生と死の葛藤が強まると，自殺志向性のある人は挑発的に問題のある状況を次々と拡大させ，愛情でつながった人々との関係を壊し，わざわざ自ら失敗するのである。彼らは，命は生きるに値しないときっぱりと証明するような罠に自らを進んで陥れて，問題のある状況をその極限まで押し進める。このプロセスでは，新たな喪失，拒絶，自己への憎悪が創られるという状況を引き起こすことによって，自殺志向性のある人は痛みを作り出す構造を増大させがちなのである。

　　可憐で聡明な28歳の女性シャロンは，3回目の自殺企図の後にセラピーを求めてきた。直近の自殺企図では，予期せず以前のボーイフレンドが尋ねてきて命拾いした。その自殺企図はふたつの最近の出来事に誘発されたものだった。ひとつはボーイフレンドとの破局だったが，それは彼女が口火を切ったものだった。もうひとつは，彼女が指示に従わないと言う上司との争いの結果解雇されていたということだった。上司が彼女とその問題について話し合おうとしたとき，彼女はただ背を向けて歩き去ってしまった。彼女はこう語る。「誰かが私を傷つけるとわたしはいつもこうします。そういう人とはもう話したくない。謝罪を待ちます。配慮のない人々は私にはすぐにわかります。私はまるで母みたいで，それはすごくいやなのです。」彼女はもうひとりの上司のところに行き，助けを期待して，先の上司が彼女に冷淡だと訴えた。その上司は彼女の求めに応じてはくれなかったので，彼女は怒りで反応したが，その後彼女は解雇された。その日のうちに彼女は父親と話し，言い争いになった。帰宅するとまっすぐに浴室に行き，薬の瓶に手を延ばし，大急ぎで飲み始めた。

　　後のセッションで，シャロンは対人関係における過敏さをまとめて述べた。彼女が対人的もしくは個人的な困難を体験するとき，彼女は自分以外の誰かが彼女のために責任をとって問題を解決してくれることを期待する。そうしてくれれば彼女は愛され世話をされていると感じる。誰も彼女のために自ら踏み出そうとしないとき，彼女はそれを誰も彼女を世話したり愛したりしないという意味ととらえる。求めた応答がないとき，彼女はいつも癇癪や不機嫌で反応し，そして自殺に転じるのだろう。彼女はこれらの自己愛的な傾

向を顧みて語った。「私はわがままで子どもじみていると思うけれど，どうにもできないのです。」

　痛みを作り出す構造の特徴はシャロンの描写に明確に見て取れる。第一に，シャロンの自己描写は「子どもじみた」「わがまま」といったネガティブなもので，彼女が配慮なく，冷淡で，がっかりさせるとみなしている他者の表象もネガティブなものである。シャロンは冷淡で期待はずれの人々を見分けられるセンサーがあると訴える。このように，彼女はいつも自分の周囲をモニターしてそういう人々を探しているのである。彼女は愛情や世話や情緒を探し求めている。しかしそれは最も原始的な形であって，面倒を見てもらいたいという彼女のニードに他者が応え，彼女のために全力を尽くしてようやく，人生は満足のゆく，生きるに値するものになるといったことなのだ。彼女のニーズにすぐさま応答がないと，自己愛的な傷つきの形で心の痛みが誘発される。すなわち，愛されていない，無視された，拒絶されたという感覚である。シャロンは制御できない怒り，癇癪，挑発的な交流といった自己破壊傾向を展開し，こうした行動はさらに，自己への憎悪や失望というかたちの痛みの引き金を引き，それは次に自殺志向性の切迫や行動を励起するのである。

自殺志向性のからだ

　堪え難い心の痛みと痛みを作り出す内的な構造は，確かになぜある人が自分を殺したくなるのかを説明する助けになる。しかし，なぜそれらの人々が自分のからだに対して攻撃を遂行できるのかはまだ不明瞭である。自分の命を終わらせる決断が固まった時でさえ，からだを損なうという考えはまだ慎重に検討されている。これを理解するためには，自殺の促進因子という概念を考察する必要がある。

　促進因子は自殺志向性の行動の「原因」ではなく，潜在的な自殺の危険のある状態が現実化するのを促進する経過または条件である（Orbach 1997 参照）。自殺志向性の行動の最も強力な促進因子のひとつはからだの解離である。自殺志向性のある人のからだの特徴はからだの解離に集約できる。身体感覚の閾値が飛び抜けて高いこと，からだに対してことごとくネガティブな態度を示すこと，からだの手入れや防御に対する能動的な無視といったからだの解離の特徴

106　第Ⅰ部　理論の発展

は，からだと自己との間の潜在的な離反を生むかもしれない。さらには，からだへの攻撃を促進する。本来のからだを防御する盾がない場合，からだへの自己保存態勢がある時よりも自殺志向性の行動は遥かに遂行されやすいだろう。

　ヘレンがそれを例証する。彼女は19歳で何回かの深刻な自殺企図歴があった。彼女は私に語った。軍隊の基礎訓練の間，両親と離れてとても辛かった。両親に会うために願った休暇が与えられなかった時，彼女は自分の腕を壁に打ち当てて骨折した。その怪我による傷病休暇がとれて彼女は両親に会うことができた。彼女は身体的な痛みは気にならなかった。それどころか，本人の報告によればヘレンはほとんどいかなる痛みもまったく感じられなかったのである。

　からだの保持や破壊に関する行動は，早期のからだのケアに根ざしている。からだは満足や快楽の源として，生命保持や生命への関心を持つ傾向を強化し，自己破壊に対抗する盾として貢献する。痛みへの反応などのからだの感覚や，内的なからだのプロセスの感覚は，内外の危険によるからだの損傷への警戒システムに向けた警告サインをつくりだす。自己保存態勢に関するこれらの身体的プロセスは，発達早期のポジティブなからだのケアの体験とかかわっている。

　Van der Verde（1985）は，からだにまつわる自己愛，身体的なセルフケアおよびからだの防御は乳幼児早期に獲得されると論じている。Van der Verde によれば，子どもは痛み，飢え，乾きおよび触覚のここちよさの内的な体験を，両親が子どもの感覚に変化を生むような世話をする時のからだの姿勢や合図（授乳する，おしめを替える，撫でるときの）といった外的なふるまいや態度と結びつける。子どもは，自分のからだへの親の愛情表出と一体感を得て，自分のからだを愛し守ることを習得する。早期の身体接触の重要な意義はカンガルーケア（Kangaroo Mother Intervention Technique: KMI）によって証明されている。その方法では，24時間の肌と肌の接触が低体重新生児に対する保育器治療の代替となる。この方法の身体接触という側面は触覚的な相互交流が救命さえ可能にすることを証明している。保育器と比べて，KMI 法は救命的には等価であり，重病のケースでは，KMI のほうがしばしば優れた結果を示している（Sloan *et al.* 1994）。

　からだへの憎しみ，からだの拒絶，身体的な解離，身体的な快感がないこと，からだの徴候に鈍感であること，およびその他のからだの歪んだ体験は，自己破壊を促す。Spitz（1965）は施設の赤ん坊の実例を研究して，子どもたちの心理的な不具合，発達の停止，身体的な悪化，自傷，そして高い死亡率は医療

第 7 章　心の痛み，痛みを作り出す構造，自殺志向性のからだ，そして自殺　*107*

的な不備ではなく，むしろ，恒常的な母性的ケアの欠如に関連していることを
実証した。Field（1997）は，うつ病や行為障害，や自殺志向性の行動などの
精神的な問題で入院している児童思春期患者の一群が，早期の小児期に接触の
放棄や不適切な接触の既往をもっていることを見出した。

　同僚と私は（Orbach *et al.* 2006），早期のケアとからだの体験と自殺志向性
の行動の三項目の関係を以下の二つの仮説を通して検証を行った。

　仮説 1 ）自殺志向性のある若者はそうでない若者と比べると，からだに対し
て異なった感覚と態度を示し，からだに対して異なった様式の体験をする。

　仮説 2 ）自殺志向性のある若者はそうでない若者と比べると，早期のケアに
関してよりネガティブな記憶がある。

　客観的な尺度と自己報告による尺度を用いてからだの体験のデータを集めた。
触覚刺激装置によって触覚を記録し，圧覚と身体的な痛みの耐性を測定した。
からだの体験の自己報告には，身体的な快感がないこと，からだの解離，から
だに関する不安，さまざまなタイプの接触への反応（触覚において防衛的であ
ること）の報告が含まれた。被験者のからだに関連する態度のデータは，ボデ
ィイメージ，からだのケア，からだの保護などの自己報告によって集められた。
最後に，被験者に自覚された早期ケアを，親との絆，ポジティブまたはネガテ
ィブな接触の想起，虐待の既往という形で測った。また抑うつ，不安，病理の
重さ，自殺傾向も数量化した。この研究被験者は思春期の 3 グループすなわち，
自殺志向性による入院患者，自殺志向性によらない入院患者，患者ではない対
照群である。

　結果は上記のふたつの仮説を支持した。自殺志向性のある被験者たちは圧覚
に対する耐性はより高く，からだの体験やからだへの態度がよりネガティブな
ものであることを示した。さらに，自殺志向性のある入院患者のグループにお
いては，早期のケアはよりネガティブな体験として報告され，それらはネガテ
ィブなからだの体験とネガティブなからだへの態度と相関することが見出され
た。（Orbach *et al.* 1996a および1997も参照）

総　括

　本章で私は，自殺の現象学的 - 実証的展望を提示した。取り上げた問題は，
なぜ人は自殺したくなるのか，そして，何がその自己やからだへの究極的な攻

108　第Ⅰ部　理論の発展

撃行為を実行することを可能にするのか，である。

　私はこれらの問題に対して，自殺志向性の心（心の痛み，痛みを作る構造）と自殺志向性のからだに言及して論じることを試みた。Shneidman（1993a）らによれば，自殺願望の直接的原因は現象学的観点からすると，堪え難い心の痛みであることが推測されている。心の痛みのさまざまな報告は心の痛みのさまざまな体験的な様相を示すのだが，これらの報告にはたくさんの共通性がある。Shneidman（1993a）は理論的な報告において，心の痛みは人生の最も重要なニーズが深刻な挫折をきたすことに根ざし，ネガティブな感情の混合に特徴づけられた内的な混乱という結果をもたらすと述べている。結果としてこの構造は，全般的なネガティブな体験となり，その新たな独特な体験は全体として個々のネガティブな感情とは異なるものなのである。

　Maltsberger（2004）は，心の痛みを崩壊の体験として見ており，それは制御を失うこと，狂気，怒り，自己への憎悪を含んでいる。Styron（1992）の心の痛みの個人的な報告は，自己と相入れず敵意に満ちた内からの力に攻撃される恐ろしい体験を示した。Bolgerのナラティブのモデルは，心の痛みの中核に壊れの感覚を特定した。その感覚を，傷つき，断ち切られ，意味を失い，自己を失い，制御を失った恐怖と恐慌として描写した。われわれが示した実証モデル（Orbach *et al.* 2003）は，心の痛みを自己の中から生じるネガティブな情緒と認知を伴ったネガティブな変化によって特徴づけた。

　自殺志向性のある患者たちが表明しているように，心の痛みの臨床的な報告は，本章で示されたさまざまな心の痛みのモデルに述べられた多くの概念的な側面と響き合う。いくつかの共通の特徴は，心の痛みの異なった報告やモデルから浮かび上がる。第一に，その痛みは自己の中の不可逆的でネガティブな変化に根ざす後戻りできない状態と体験される。第二に，自己の中のその変化は，自己の制御を失うほどの情緒的な氾濫をもたらす。第三に，これらの自己の中の変化は，本質的には自己の中で起こっていても，自己と相入れない破壊的かつ敵意のある勢力として体験される。

　痛みそのものではなく，痛みに耐えられないという体験が自殺願望においては重大な要素である点が強調されている。痛みに耐えられないことは，痛みの激しさ，氾濫，そして痛みを包み対処することが不可能なことによって増幅されるのである。

　本章で指摘されたように，心の痛みにはふたつの基本的な源がある。ひとつ

第7章　心の痛み，痛みを作り出す構造，自殺志向性のからだ，そして自殺　*109*

は生活上のストレッサーである。個人個人で生活上のいろいろなストレッサーに対する感受性が異なり，そこで痛みが引き起こされるという点では，これは個別的なことといえる。とはいえ，個別的な違いを認めたとしても，喪失は最も一般的な生活上のストレッサーである。心の痛みのもうひとつの基本的な源は，実際は，内的に作り出された痛みである。内的に作り出された痛みは早期の外傷体験や早期の葛藤によってあらかじめつくられた鋳型によって製造される。痛みが内的に駆動させられると，自己破壊的な傾向も動きだし，よりいっそうの痛みにさえ導かれていく。堪え難い心の痛みは，どのようにして自分自身を殺す願望が現れるかを説明するが，どのようにして自殺の可能性が実際の自己破壊の行為に至るかを十分には説明していない。

　堪え難い痛みから自己破壊に移行するには，さらに促進的な過程が必要である。これらの促進過程のひとつは，自殺志向性のからだを作りだすことである。臨床的な理論家の何人かは（たとえば本書第4章 Bell, Laufer 1995, Maltsberger 1993）自殺はからだと心の分裂なしには起こりえないと主張している。この分裂を生じさせるのは以下のような過程である。すなわち，からだの解離，身体的な感覚の鈍さ，身体的な快感の乏しさ，身体的な痛みや触覚刺激への感受性の乏しさ，からだへの全般的な無関心あるいは否定的な態度である。これらの精神‐身体的な過程を通してからだを疎んじている状態は，身体的に自己破壊する行為の促進を後押しする。自殺志向性のからだは，自殺が行われることの必要条件なのである。

　理論的，臨床的，実証的な知見の統合に基づいてわれわれは，少なくとも自殺志向性のある人々の一定数にみられる独特のパーソナリティの形を同定する方向へと慎重に進むことができる。この形は，身体的な痛みの閾値が高いことと，心の痛みの閾値が低いことが組み合わさっている。この仮説が確証を得るなら，自殺志向性の行動をさらに理解し，自殺志向性のある人々の治療をすることにかなり貢献することだろう[註1]。

註

1　自殺と自殺志向性の行動をこの観点からみることは，自殺志向性の行動の治療は心の痛みと自殺志向性のからだの両方への焦点付けを含んでいなくてはならないことを示唆する。痛みは以下のような治療的な方法で緩和されうる。セラピストが患者の自殺願望に対して共感的な態度をとること，患者の死の空想を探索すること，痛みの変動とそれらの精神的または現実的な出来事との関係

110 第Ⅰ部　理論の発展

を知ること，患者が自分の自己破壊傾向に責任を持つことを援助し，どのようにそれらの傾向が痛みに関与しているかを知ること，そして今後の痛みを処理する準備である（さらなるレビューはOrbach 2001を参照）。自殺志向性のからだに治療の焦点を当てることは，最近発展したボディマインドフルネス（Williams and Swales 2004 参照）などの技法が回復の援助となりうる。

文　献

Bolger, E.A. (1999) 'Grounded theory analysis of emotional pain', *Psychotherapy Research* 9: 342–362.

Bowlby, J. (1973) *Attachment and Loss: Volume 2, Separation: Anxiety an Anger,* New York: Penguin Books.（分離不安〔改訂新版〕．黒田実郎・岡田洋子・吉田恒子訳：母子関係の理論Ⅱ．岩崎学術出版社，1991.）

Field, T.M. (1997) 'Touch therapies for adolescents with suicidal ideation', Paper presented at a symposium, 'Early Attachment in Infancy and Self Behavior in Adulthood', Bar-Ilan University, Israel, December.

Freud, S. (1917) 'Mourning and melancholia', in J. Strachey (ed.) *The Standard Edition of the Works of Sigmund Freud, XIV* (pp. 237–258), London: Hogarth.（喪とメランコリー．伊藤正博訳：フロイト全集 14．岩波書店，2010.）

Freud, S. (1926) 'Inhibition, symptoms and anxiety', in J. Strachey (ed.) *The Standard Edition of the Works of Sigmund Freud, XX* (pp. 75–175), London: Hogarth.（制止，症状，不安．大宮勘一郎・加藤敏訳：フロイト全集 19．岩波書店，2010.）

Janoff-Bulman, R. (1992) *Shattered Assumptions: Toward a New Psychology of Trauma,* Toronto: Maxwell Macmillan Canada.

Joffe, W.G. and Sandler, J. (1965) 'Pain, depression, and individuation', in J. Sandler (ed.) *From Safety to Superego* (pp. 154–179), New York: Guilford.

Laufer, M. (ed.) (1995) *The Suicidal Adolescent,* London: Karnac.

Maltsberger, J.T. (1993) 'Confusion of the body, the self and others in suicidal states', in A. Leenaars (ed.) *Suicidology: Essays in Honor of Edwin Sheidman* (pp. 148–171), Northvale, NJ: Jason Aronson.

Maltsberger, J.T. (2004) 'The descent into suicide', *International Journal of Psychoanalysis* 85, 3: 653–668.

Maltsberger, J.T. (2006) 'Out-patient treatment', in R.I. Simon and R. Hales (eds) *The American Psychiatric Publishing Textbook of Suicide Assessment and Management* (pp. 363–379), Washington, DC: American Psychiatric Publishing.

Orbach, I. (1996) 'The role of the body experience in self-destruction: early attachment and suicidal tendencies', *Clinical Child Psychology and Psychiatry* 1: 607–619.

Orbach, I. (1997) 'A taxonomy of factors related to suicidal behavior', *Clinical Psychology: Theory and Research* 4: 208–224.

Orbach, I. (2001) 'Therapeutic empathy with the suicidal wish: principles of therapy with suicidal individuals', *American Journal of Psychotherapy* 55, 2: 166–184.

第 7 章　心の痛み，痛みを作り出す構造，自殺志向性のからだ，そして自殺　*111*

Orbach, I. (2003) 'Mental pain and suicide', *Israel Journal of Psychiatry and Related Sciences* 40, 3: 191–201.

Orbach, I. (2006) 'The body-mind of the suicidal person', in T.E. Ellis (ed.) *Cognition and Suicide: Theory, Research, and Therapy* (pp. 193–214), Washingon, DC: American Psychological Association.

Orbach, I. (2007) 'Self-destructive processes in suicide', *Israel Journal of Psychiatry and Related Areas* 44: 266–279.

Orbach, I., Palgi, Y., Stein, D., Har-Even, D., Lotem-Peleg, M. and Asherov, J. (1996a) 'Pain tolerance in suicidal psychiatric and normal objects', *Death Studies* 20: 227–240.

Orbach, I., Stein, D., Palgi, Y., Asherov, J., Har-Even, D. and Elizur, A. (1996b). 'Tolerance for physical pain in accident and suicide attempt patients: self-preservation vs. self destruction', *Journal of Psychiatric Research* 30: 307–320.

Orbach, I., Mikulincer, M., King, R., Cohen, D. and Stein, D. (1997) 'Thresholds and tolerance for physical pain in suicidal and non-suicidal adolescents', *Journal of Consulting and Clinical Psychology* 65, 4: 646–652.

Orbach, I., Mikulincer, M., Sirota, P. and Gilboa-Schechtman, E. (2003) 'Mental pain: a multidimensional operationalization and definition', *Suicide and Life Threatening Behavior* 33, 3: 219–230.

Orbach, I., Gilboa-Schechtman, E., Sheffer, A., Meged, S., Har-Even, D, and Stein, D. (2006) 'Negative bodily self in suicide attempters', *Suicide and Ljfe Threatening Behavior* 36, 2: 136–153.

Shneidman, E.S. (1980) *Voices of Death,* New York: Basic Books.（白井徳満・白井幸子訳：死の声．誠信書房，1983.）

Shneidman, E.S. (1993a) *Suicide as Psychache: A Clinical Approach to Self-Destructive Behavior,* Northvale, NJ: Jason Aronson.（高橋祥友訳：シュナイドマンの自殺学——自己破壊行動に対する臨床的アプローチ．金剛出版，2005.）

Shneidrnan, E.S. (1993b) 'Suicide as psychache', *Journal of Nervous and Mental Disease* 181: 147–149.

Shneidman, E.S. (1996) *The Suicidal Mind,* New York: Oxford University Press.（白井徳満・白井幸子訳：自殺者のこころ——そして，生きのびる道．誠信書房，2001.）

Sloan, N.L., Leon-Camacho, W.L., Rojas, P.E. and Stern, C. (1994) 'Kangaroo mother method: randomized controlled trial of an alternative method of care for stabilized low birth weight infants', *Lancet* 344: 782–785.

Spitz, R.A. (1965) *The First Year of Life,* New York: International Universities Press.

Styron, W. (1992) *Darkness Visible: A Memoir of Madness,* New York: Vintage Books.（大浦暁生訳：見える暗闇——狂気についての回想．新潮社，1992.）

Van der Velde, C.D. (1985) 'Body image of one's self and of others: developmental and clinical significance', *American Journal of Psychiatry* 142: 527–537.

Williams, J.M. and Swales, M. (2004) 'The use of mindfulness-based approaches for suicidal patients', *Archives of Suicide Research* 8: 315–329.

第Ⅱ部
実　践

第8章　敵意と自殺：内と外からの攻撃性の体験

Mark J. Goldblatt

　自殺と攻撃性の関連について多くの著者たちが記してきた。Freud（1917）が自殺を自己に向けて戻ってくる怒りとして定式化したことに始まり，多くの著者は，自殺については内在化された怒りという見方をとってきた。後年には，自殺の役割は，重要な他者からの敵意としての体験ともとられている。本章では，攻撃性と敵意についての文献をいくつか検討しよう。自殺は，対人関係と精神内界において体験される自己に対する堪え難い敵意という文脈で発生すると私は述べたい。したがって治療的介入は，最後には自己に狙いを定める患者の内的な攻撃性と暴力的な憤怒を患者が認識するのを援助することに焦点づけられるべきである。同時に，敵対的ではなく支持的な外的な環境を育てることにも注力されるべきである。患者の情緒体験を認識する精神療法は，内界の支持的な資源を発達させることができる。しかしながら，それだけでは十分ではない。自殺の予防は外的な環境も同様に変化させることを必要としているだろう。

自殺志向性の理論的展望

　「喪とメランコリー」において Freud（1917）は，メランコリックな自我は分裂しており，対象に関連する敵意を自身に向けることができると記した。後の論文「女性同性愛の一事例の心的成因について」で Freud は以下のように述べている。「おそらく，次のような人でなければ，自分を殺すために必要な心のエネルギーを見出すことはない。すなわち，第一に，自殺の際に自分が同一化している対象を共に殺してしまう人であり，第二に，それを通して，他の人に向けられていた死の欲望を自分自身に向け変える人である」（Freud 1920）。それ以来，自己に向う怒りという自殺の決まり文句は使われすぎてき

116　第Ⅱ部　実践

ており，臨床的有用性は限られたものになってしまった。

　Menninger（1933）はこの発想を自殺の三つ組み（triad）の論述に発展させた。彼がシステム自我に位置づけた殺したい願望は敵意に満ちた攻撃性の現れであり，自己に向け変えられ，憎しみかつ愛する人からは遠ざけられる。

　Hendrick（1940）は，ある患者においては，自殺は攻撃性を回避する仕組みとして使われると論じた。Menninger のいう「殺されたい願望」が超自我からの罪悪感を処理する方法を表しているのと対照的に，Hendrick は，自殺が内からと体験される攻撃性を処理する方法となっているケースがあると述べた。

　Sabbath は1969年の思春期の自殺に関する論文で，そうした自殺に寄与する親子関係の病理を記した。家族の文脈で生じる自殺は，通常家族のメンバーの側の思春期の若者に対する葛藤を顕にする。問題となる思春期の患者は愛されると同時に憎しみを向けられる。これはしばしば患者の慢性的な自殺志向性があって生じるのだが，それは家族にとっては情緒的な排水のような体験となる。患者への憤怒が誕生の時もしくは妊娠中から存在したことが明らかとなることもある。葛藤はふつう隠されているが，ケースによってはとてもあからさまなこともある。Sabbath（1969）は，「使い捨ての子ども」という概念を提示した。それは親の願望を前提としたもので，その願望とは意識的なことも無意識的なこともあり，口にされたりされなかったりするが，子どもは親たちが自分を排除したい，死んでほしがっているという願望として解釈するのである。子どもはこれを喪失感あるいは見捨てられ感をもって体験し，自分は使い捨てだと感じる。

　Sabbath はこの現象を思春期の自殺志向性の行動の一因と考えたが，他の年代にもまったく共通であろう。この概念は精神科病院にも拡張されており，「使い捨ての患者」として親‐子関係とそっくり同じことがおきうるのである。このような場合，葛藤的な医師‐患者関係（または看護スタッフ‐患者関係）が直接的間接的に患者の自殺企図の一因となりうる。

　Rochlin（1965）はさらにこれを発展させた。彼は，子どもが両親によって遺棄されることが，両親に対しての堪え難く攻撃的な感情を誘発すると示唆する。自己は対象を救おうと努力するうちに，自殺志向性の願望や行為を通して自らが破壊的願望の標的となってしまう。投影によって，敵意を生むものは自己に差し戻され，思春期の若者の命を犠牲にして対象を救うことになるのであ

る。

　攻撃性と自殺の考察にあたり，Richman と Rosenbaum（1979）は自殺志向性のある人に向けられた敵意の大きさに衝撃を受けた。調査した家族はある特定の家族メンバーを非難することによって変化に関連する危機を回避し，その結果，自殺企図がひきおこされた。彼らは，治療のためそしてさらなる自殺志向性の退行を予防するために，患者と家族のこのような攻撃性を直視することを主張している。

　両親への堪え難い敵意を自覚している若者にとって，自殺は時に復讐の表現となりうる。Hendin（1991）は「自殺の精神力動」という論文において，若者にとって通常自殺は堪え難い感情状態からの逃避であり，自殺志向性のある患者をアセスメントする時にはその感情状態の性質と程度が重要であると示唆している。憤怒はこれらの感情状態のひとつで，憤怒と暴力によってずたずたになったと感じている人は，自殺をこの崩壊の感覚を統御する方法として見る可能性があると彼は述べている。Weissman らの研究（1973）は，敵意と憤怒の無防備な表出があることは，抑うつ的な患者のうち自殺志向性のある者をそうでない者から識別すると報告している。

　Novick（1984/1996）は，自殺志向性のある思春期の若者たちの母親の敵意と死の願望の持つ役割にわれわれが敏感であるべきだと喚起する。彼は，母親が死にたがっているという思春期の若者の確信は単なる投影ではなく，「現実に実体的根拠がある」と言及している。

　Asch（1980）は，自殺を合理化し可能にするように他者（しばしば治療者）を引き込む自殺志向性のある患者について述べた。対象喪失を取り戻そうと口愛的に服従するという無意識的空想を通して，自殺志向性のある患者は死という結果を招くように重要な対象の助けを得る。Asch は，精神療法において自殺志向性のある患者はネガティブな逆転移を誘発し，そういう反応を得たという体験を自殺に向かう行為を正当化することに利用すると示唆している。

　Maltsberger（1988）は，自殺志向性の評価において致命的な感情を認識することの重要性を強調している。殺人的な憤怒がしばしば堪え難くなるような患者たちは，他者を自分の殺人的な敵意から守る方法として憤怒を自らに向けると彼は述べている。

118　第Ⅱ部　実践

臨床的な意味合い

　家族の攻撃性の文脈で自殺志向性に陥る患者たちは，他者，特に治療者からも同様な敵意を向けられることの予期をおそらく膨らませるだろう。転移においては，患者は治療者と距離をとり，警戒と疑い，もっといえば恐怖と不信をもって対応することが予想される。

　私はこの臨床状況におけるふたつの異なった側面について考えたい。つまり，患者の転移における敵意と転移ではない敵意の体験（多くは家族や友人や同僚によって）である。

転移における敵意

　転移の中でワークすること，特に治療者との関わりで怒りや恐怖がどのように再現するかを探索することを通して，患者がそれらの感情をさぐることが可能になるだろう。しかしながら，ある患者たちとの場合，転移における治療者への恐怖や憎しみの再体験は治療にネガティブな影響を与え，治療が放棄される場合もある。

　患者が治療者への恐怖や不信を克服するとなると，それはふたつの主要な要素に依ることになるだろう。第一に，治療者とともにワークしてみようとする治療同盟をつくる患者の能力はおおむね，外傷的なひきこもり状況においてさえコンタクトを可能にするような持ち前の要素と関連している。これはしばしば，患者が早期に愛情のある養育的な対象を体験しているかどうかに基づいている。その対象は，主に攻撃的なものを体験していても，価値のある感覚を伝えることができる対象である。気にかけてくれる祖母や姉や叔母がその立場となることがある。また時には関心をもってくれる教師やコーチや牧師であることもある。

　信頼関係を発展させる第二に重要な要素は，治療が行われる安全で養育的な環境を提供できる治療者の能力である。一般にこれは治療の枠組と作り出された境界（boundary）が提供する構造を通して現れる。枠組はセッションの時間や治療的接触の質を制約するものだが，治療者の枠組を定める能力は患者に安全を感じさせる。

　しかしながら，自殺志向性のある患者たちは時折，作業同盟の道のりの障害を乗り越えるのに追加の方法を求める。治療者が言葉や行動で自分が本当に安

全で配慮あるニュー・オブジェクト（new object）であると伝えることができれば治療はうまく続けられるであろう。これはしばしば明確化や解釈といった介入によって達成される。しかしより高い頻度で，これらの患者たちには支持的な方法を追加する必要がある。時には治療者側の**行動**が治療のステップとして必要となる。

　精神分析的な文献では，治療者と患者をまきこむ行動への関心は増しており，エナクトメントという用語が広く使われるようになっている。エナクトメントは当初は何らかの病理的なものを表したが，正常範囲の対人間の出来事を描写するようになった（Frank 1999）。Goldberg（2002）は定義を狭めて，「転移と逆転移の問題として概念づけられるような」交流とした。

　自殺志向性のある患者の治療においては，特別な治療的な調節（accommodations）がしばしば生じ，それは必要なものである。こういう患者たちとはしばしば都合のつきにくい時に会わなくてはならなかったり，セッションとセッションの間に電話で話すことが必要かもしれず，費用を割り引かないとならないかもしれない。こうした治療的な調節を否定することは，患者を見捨てられたり侮辱されたと感じさせることになりうる。無意識的な敵意を解釈することもまた攻撃と体験されるかもしれない。だがしかし，治療的な調節は治療者の側に犠牲をもまた払わせることになる。つまり治療者が普段は費やさない時間やエネルギーをかけるということである。

　敏感な治療者は反動形成のような防衛によって，自殺企図を食い止められることを期待して自殺志向性のある患者によりどんどん供給しようとする方に導かれる。治療者が患者の自殺の脅しの人質になった時（Hendin（1991）はこれを「治療における屈従」としてこれに言及した），その治療は（そしてしばしば患者は）破滅に運命づけられる（Sabbath 1969）。

　治療者は，自殺志向性のある患者にもっと治療の調節が必要だと感じる一方で，エナクトされている逆転移の反応に気づいている，というジレンマに捕われる。逆転移的な憤怒と敵意への気づきが，境界横断（boundary crossings）に巻き込まれる危険をめぐる重要な手がかりを与えるだろう。必ずや患者を傷つける境界侵犯（boundary violations）は危険であり，当然禁忌である。

転移ではない敵意の体験
　家族や友人，同僚からの敵意や拒絶の体験は，非常に頻繁に見られるようで

ある。技法的には，こうした「再外傷化（re-traumatization）」を取り扱うのはひどく骨の折れるものかもしれない。患者たちは，自分が述べたことを自分で認められないことに葛藤を示す。治療者が患者の述べたことを（しばしば逐語的に）繰り返し伝えると，患者はそれを拒絶し否定し，治療者がひどく見当違いだと怒るのである。患者が自分の葛藤を受け入れ，攻撃してくる対象への依存と憎しみの両面について認めるようになるまでにはおおむね多くのワークが必要である。患者が自分の感情と体験を明確にすることを援助することが，こうした痛みを伴う感情を徐々に認めるように導くだろう。

症　例

　ステラは20歳のアフリカ系アメリカ人の大学生で，重いうつ病と深刻な自殺志向性の苦悩の治療のために訪れた。私は彼女が転居して大学院に進み法律家としてのキャリアを目指し始めるまで，週2回の精神分析的精神療法を3年間行った。その時点で彼女にはもはや自殺志向性はなかった。

　ステラは典型的な「使い捨ての子ども」の例といえるだろう。彼女の両親は自分たちの専門的なキャリアを追求するために，彼女をサディスティックな伯母に世話を任せきりにした。後に彼らはステラの4歳下の「すばらしい子ども」である弟に愛情と贈り物を注いだ。しかしステラが金銭と関心を必要としていることは無視された。

　ステラは重いうつ病と慢性的な自己憎悪，自己への攻撃から生じた自殺の危機の苦しみの最中に私に紹介された。彼女は10代の頃に自殺しようとしたことがあったが，それ以後は信仰に没頭することで強い自己嫌悪と自殺念慮をなんとか制御してきた。それは部分的にしかうまくいっていなかった。治療が始まる前の1年かそれ以上の間，彼女の自己嫌悪と自己への攻撃は強さを増し，私に会う1カ月前には深刻な自殺の計画をはっきりまとめて用意していたのだった。

　私が彼女に会ったとき，彼女はカジュアルなジーンズとセーターといういでたちで，身のこなしはぎこちなかったが魅力的な若い女性に見えた。彼女は見えるところにいくつかピアスをつけていた。両耳たぶに二つずつ，舌にひとつ。面接の間中，彼女はほとんど目を合わさず目を脇に逸していた。彼女は十分な感情の幅を持ち合わせていたが，いつもは窮屈そうにその情緒体験のごくわずかしか表さなかった。さもなければ彼女は圧倒され，そういう時にはめいっぱ

い叫んでしまうのだ。彼女は抑うつ気分，焦燥感，アンヘドニア，易労感，睡眠の不良，食欲不振，活力低下を伴っており，大うつ病の診断基準に当てはまった。集中力は乏しく，レポートを書くのは困難だった。彼女は絶望的でよるべなく，無益で罪深いと感じていた。彼女は境界性パーソナリティ障害の診断基準にもあてはまった。彼女が内的に動揺する時，腕を切ることで安らぎが得られた。そうして自分を落ち着かせることができるのだった。始めは浅く切っていたが，どんどん深くなっていった。

彼女の内的な支持的資源の面に関して私が注目したのは，彼女が自分のよいものを見ることができることだった。彼女は，自分が才気があって思いやりがあると認めていた。彼女は最近働き始めたのだが，それは彼女の自己評価を上げ，他者を援助することから自分に価値があるという感覚がもたらされた。子ども好きなところや子守りの能力，料理の技能については自ら評価していた。セックスに関しては，強くそして葛藤的な気持ちを持っていた。彼女は関係を持ちたいが自分が魅力的ではなくて，若い男性は自分のような者を求めないと考えた。ステラには自由な時間を共に過ごしたり，危機的な時に電話をかけたりする親しい友人は幾人かいた。彼女は定期的に両親に連絡をとっており，本当には話せないと感じていても，より深い関係を持つ希望を持ち続けていた。

ステラは，過去の治療の試みは自分が問題——実は彼女が気持を本当にはコントロールできないこと，怒っていること——を持っていることを思い起こさせたので嫌だったと言った。

これまでの経過

ステラはアフリカ系アメリカ人の家族の3人きょうだいの長子として生まれた。4歳下と8歳下の二人の弟がいた。父親は成功した法律家で，専門知識を熱心に探究した。彼はいくつかの専門領域で十分尊敬されていたが，ステラに嫉妬していた。彼は自分の教養が不足していると思っている一方，彼女が聡明な人間だと感じていた。彼はまた，ステラにとても競争意識を持っていた。ステラが並外れた学術的な成果をあげたことを誇りを持って彼に告げた時，彼は精神療法のために捻出しなくてはならなかった支払いについて文句を言ったのである。彼女が執筆して有名な賞をとったとき，父親はその論文を読んでいないのに，自分がその中で言及されていないと侮辱を感じたのだった。父親はバスケットボールをする弟のほうに目をかけた。家族はこの弟がドラッグを用い

122　第Ⅱ部　実践

ていることを見て見ぬふりをした。

　ステラは，最初は私が両親と話すことを拒んだ。「私は彼に治療費を出して
もらうことはできない。私は大きなお荷物のような感じ。彼は教育費は払って
くれる。彼は私のことを誇りに思っているし，私も彼に似て頭は良い。彼らに
はまずいところは見せないので，彼らは私が心気的だと考えている。もしあな
たが彼に話すとしたら，あなたは彼が信じたくないことを言うだろし，彼は私
に電話してきて，私は彼に伝えなくてはならなくなる。」

　治療が始まって3カ月たち，私が父親と話すことにステラが同意すると，父
親は，娘を案じていて援助したいと私に言った。彼は彼女の対処能力を懸念し
ていて，彼女が苦しみながらも高い機能を保っていることに関して，どうやっ
て彼女が対応しているのかわからないと思っていた。彼は彼女のプライバシー
を侵したくないのだが，私が必要な時には連絡をしてほしいと言った。彼は毎
週の精神療法の全額を支払うことに同意した。彼はいつも2，3カ月遅れで支
払い，ステラに（私でなく）膨大な費用について文句を言った。

　母親も法律の専門家だった。彼女は情緒的にはあまり役には立たなかった。
ステラは，子どもの頃ずっと彼女を伯母の世話のもとに預けっぱなしにしてい
たことに母親が罪悪感を感じていると考えていた。ステラは，伯母が彼女を
醜女と呼んだり傷つくことを言うことについて母の前で泣き叫んだことを思い
出した。母も泣きだしたが，その伯母にさらに4年彼女を預け続けたのだった。
「伯母がどんなにひどいか彼らがわかっているなら，どうして私を彼女のもと
においていったのだろう？」

　ステラは身体的に似ている母親に競争心を抱いていたが，「私の年齢」の頃
母親はやせて華麗だったのだと言った。母親は「おそろしく癇癪持ち」で，す
ぐに怒った。学習障害があってうまく読めない下の息子に対しては，特にひど
かった。

　ステラにとって最も重要で破壊的な影響は，父親の姉からだったようだ。彼
女は人生の最後の部分を養老院で過ごし，ステラが私との治療を受けている間
に亡くなった。子ども時代を通してステラは伯母の家にやられ，慢性的な言葉
によるサディスティックな攻撃を経験した。

　ステラが4歳半の時に最初の弟が生まれた。両親はロー・スクールを出たば
かりで，父親の姉とその夫に一緒に住んで子どもの世話を助けてほしいと頼ん
だ。ステラは，自分はほとんどの時間を彼らとともに過ごしてきたので，ほぼ

彼らに育てられたのだと言った。「メアリー伯母さんは意地悪女。」伯母はほとんどずっとステラにひどい扱いをし，彼女を太った醜い役立たずなどと呼んだようだ。「大嫌い。今は年とって死にそうだけれど。家族って愛することになっているみたいだから，私は心苦しい。」

　一方，メアリーの夫のチャーリー伯父はステラから愛情をかなり寄せられた。彼はステラと同様の虐待的な攻撃を長らく妻から受けて苦しんでいたようだ。彼は妻の暴言を黙って受けていたので，ステラはなぜ彼は何か言わないのか不思議に思った。彼は賢くて優しいと見なされていて，メアリー伯母の虐待のせいで彼とのつながりを奪われるように彼女は感じた。

　ステラは人生のとても早期に絶望を感じたことを思い出した。メアリーは繰り返し彼女に太っていて価値がないと言った。彼女は自分が愛される価値がないと感じた。彼女はこの仕打ちを両親には訴えられないと感じ，虐待のひどさを告げなかった。それは子どもの彼女を放り出したことに母親がすでに十分罪悪感を感じていると感じたからでもあり，また母親がすでにメアリーを憎み，死んでほしいと願っていたからでもあった。

　「私には最高の子ども時代ではなかった。子どもにしては太っていたし，子どもというのは残酷なもの。私はいつもからかわれた。子ども時代なんかくそくらえ！」7年生の時にはステラはひどく体重が多かった。彼女は中学に入学し，そこは階層別クラス制で，彼女は知的能力を実感し始めた。彼女は自己評価の手段を得て，50ポンド〔訳注：22.7kg〕減量し，友人を見つけ始めた。若者のグループに参加し，熱心に信仰するようになった。「ほんとうに素晴らしかった，人々は私を好きに違いないのだから。」この宗教的な若者の集団に参加していることもステラが葛藤的な衝動をやりくりする助けになった。「キリスト教徒であることは自身を否定するようなことで，願望に従うことは間違いなの。」

　ステラは16歳のうちに手首を切るようになり，睡眠薬を飲み始めた。そして自殺を試みた。「私は人々に自分を知ってほしかった。助けを求める叫びだった……。良いことが一度にたくさん起こりすぎた。私は関心の中心でありたくて，そうでないと落ち込み，奇妙な具合になった。自殺によって人々がもっと気遣ってくれるように思えた。」彼女はついに友人たちに話し，彼らは若者のグループのリーダーに話すように勇気づけた。リーダーは彼女が母親に話すべきだとやっと説き伏せた。「ひどいもんだった。母は何も言わなかった。ただ

立ち上がり，その場を離れた。私たちは黙ったまま車で家に帰り，床に就いた。母はひどく怒っていて，私と話したがらなかった。彼女はすごくがっかりしたと言った。」

　ステラは彼女を双極性障害と診断した思春期専門の精神科医との治療を始めた。彼女はこの経験を嫌っていた。両親のどちらかと，口もきかず車で50分の道のりだったのだ。父親は小切手を切ることにいつも文句を言った。ほどなくステラは耐えられなくなり，みんなに良くなったと言い，治療をやめることができた。

治療経過

　最初の評価の後に私は，うつ病と激越に対する適切な薬物療法とともに，週2回の精神力動的精神療法を提案した。ステラはどちらの勧めにも同意できなかった。彼女自身は週2回の治療への支払いができず，保険は1年に12回のセッションしかカバーしなかったのだ。彼女は，父親は怒るだろうから治療費を払うことを頼めないと思った。そして，いかに彼女が絶望的になっているかを彼に知らせなければならなかったのだ。彼女は自分がどれだけ自殺しそうになっているか両親に実際に報せたことはなかった。彼女は大学を辞めることを考えていたのだが，家にいても良いことはないことは分かっていた。

　ここに治療における最初の調節あるいはエナクトメントであろう瞬間を示そう。私は費用全額がカバーされるという十分な約束なしに治療を始めることを認めた。ステラは自分の保険がカバーできる範囲（私の個人精神療法費用よりも低額であった）を使うことに同意し，私たちは毎週の面接を始め，父親と治療の支払いについて話し合いを始める方法を考えようという了解の元にあった。ステラは自殺志向性が悪化したら，もっと頻回に面接に来ることに同意していた。私は作業同盟をつくるためには，面接の頻度，支払い，および親との接触に関して柔軟性が必要だと考えていた。私たちがそういう同盟をつくることができたなら，彼女の情緒的状態を見つめ，彼女のうつ病を軽減させ，両親との関係にかかわり，治療の長期的な問題にとりかかれるだろうと私は考えた。

　私たちは，薬物療法についても同様に取り扱った。私はステラのうつ病と激越は薬物療法に反応すると強く思っていた。彼女は過去にたくさんの薬物を試し，結果はぱっとしなかったと感じていた。もう薬物をさらに試すことは望んでいなかった。というのも，必ず副作用があり，ほとんどあるいはまったく楽

にはならなかったからだ。改めて，私はこの件について強いる必要はないと感じた。彼女が私の判断にもっと信頼を感じるなら，または彼女の困難が悪化するなら，彼女は薬物による助けにより許容的になるだろうと思った。

治療における私のアプローチは，第一に，彼女が重症のうつ病を患っていることがわかるように手助けすることだった。彼女の多大なる努力にも関わらずこれは衰弱させる病であって，彼女がどれだけ頑張ったかは評価されるに値するものであった。抑うつ症状の再燃は力を奪うものだが，うつ病は適切な治療には反応しうる。第二に，子どもの頃の心理的なトラウマによって，彼女は過去を乗り越える援助となるコーピングの機序を発達させていたが，今や同様な破壊的な関係を再体験していると彼女が気づいていたことについてである。第三に，私はバウンダリーや限界を非常に明確に認識していた。たとえばキャンセルポリシーである。時に彼女の部分的な再エナクトメントを含むものであっても，彼女が境界侵犯に対しいかに激しい反応をしたかは指摘しておこう。セッションの頻度や薬物の使用などをめぐる彼女との権力闘争に巻き込まれないように努めた。

治療の初期段階の間，私は彼女が持ち込む素材にだけコメントし，彼女が描く相互交流に対する情緒的反応を明確化した。ある種の行動（特に自己破壊的な衝迫）は，彼女にとってひどくやっかいなものだった。私は彼女にそれらを変えるようにとは示唆しなかった。実際，彼女の最大の努力をもってしても変えようとすることはたいへん難しいと認めることになっただろう。私はまた，彼女が他者から向けられたと語る敵意を認めることを重視し，認識されていなかった攻撃性や嗜虐性について言及した。治療において私は，彼女が体験を言葉で語ることを援助しようと積極的に関わった。

ステラは最初のわずか数セッションから改善するように見えた。4回目のセッションまでに彼女は，「この治療はうまくいっている。あなたは私の気分をかなり改善してくれた。あなたは私の感じ方を正当とみなしてくれた。それがよかった」と言った。私は，彼女の過去の経験からしてその内容に対して沈黙や中立性を保ったままではいられないと感じたと答えた。私の側の沈黙や中立性さえも，彼女にとっては敵意や彼女の自己への攻撃を見逃すことだという印象を与えてしまうだろうと考えていた。彼女は自分自身を攻撃し，自分を粗雑に扱ったがそれはおそらくすべて，彼女が他者からそうされたと体験したことなのだろう。彼女は，自分の意見よりも他人の意見に価値を置いていて，もし

126 第Ⅱ部 実践

もボーイフレンドができたら自分が何か価値あるものと感じられそうだから，より幸せになれるのではないかと答えた。といっても，彼女がそれを心の内側から感じることは困難であった。

私は，彼女が表出するものを自分がどう感じるかを判断ぬきで伝えようと積極的に試みたが，これもまた，治療の調節のひとつの例であった。通常であれば，彼女の連想が広がるのを黙ってみていようとしただろうが，私は彼女の情緒的体験を選り分けようとする努力が願わくば伝わるコメントによって早めに踏み込まなくてはと感じていた。

私たちは，彼女が「事態がまずくなるとだめになってしまう」ことに気づいていた。彼女があてにしている人々が頼りにならない時，彼女はその人々のことを心配したのだ。彼女は怒りを体験すると，自分を気にかけてくれるかもしれない人々を失うことになるのではないかと恐れて，しばしつらい時を過ごした。

私たちは，彼女が多くの活動を引き受けていることにも気づいた。たとえば学校の企画，仕事，社会活動である。彼女はこれらの活動に伴うストレスに圧倒されていると感じたが，緩めることができなかった。というのも，そうしようものなら，ひどく悲しくなり，「手に負え」なくなるからだった。そして彼女は激しい不安／激越を感じて「興奮状態になり」カッティングや過量服薬に至ってしまうのだ。こうなると彼女は自分のことを良く思えなくなり，ろくでもないことをする自分を非難することになった。私は彼女が孤独感に敏感なようだと解釈したが，それは子どもの頃の彼女の孤立感を考えれば理解できることだ。彼女が必要とするだれかの支持を失いつつあると感じると，彼女は恐慌状態となり，恐慌を処理するためにカッティングのような行動をすべて行った。そして彼女はそんなふるまいやそれで支持を失う結果になることをめぐって自分を非難した。彼女は自分を切らないようにという圧を感じるとは言ったが，その状態になってしまうと，自殺志向性の切迫はどんどん強烈になるのだった。

第8回のセッション後，4週間後に保険でカバーされたセッションが切れたときにどうやって治療を続けようかと私たちは話し合った。その時点でステラは父親をこのプロセスに参入させることに同意した。彼女は治療が大きな変化を引き起こす手助けになるかもしれないという希望をうっすらと持っていると言った。彼女はすでにコーピングが上手になりつつあることを示していた。彼女は，ものごとがひどくストレスに満ちていても，「いつものようにはクレイ

ジーにならない」と報告した。「私はもう2月のように深刻に自殺に向かいがちではない。……以前私はそのうつ病を特別なものに感じていた。2月には私はそれはいらないとわかった。今回何が違うといって，私はもううつ病がいやになったのだ。」

第11セッションまでにステラは自分をよりよくケアするようになりだした。彼女は，「興奮状態になっている」時はひどい疲れと関連しており，眠りにつくことによってものの見え方が変わることが分かった。寝付くのに1時間かかると告白して彼女は睡眠のために処方なしで買える催眠剤を試すことに同意した。「私は16歳から感じてきたなかで今がいちばんふつう。奇妙なアイデンティティの変化。新しい人のようで，うつ病が過去のもののように感じる。」

父親に毎週の治療を支払うと同意してもらって間もなく，ステラには抑うつ症状が再燃したが，それは寂しさと夏の間つながりを失うことに関連したものだった。彼女は，かつての自殺しそうな状態に退行して戻ってしまうことに怯えた。この時点（17週目）で彼女は，睡眠のための抗不安薬とともに抗うつ剤を試すことに同意した。

ステラは自分の気分の変動には独自の道筋があって，生活の出来事への反応ではないものとして考えているように思えた。「私はかつて慢性的に自殺を志向していた。それが良くなるとは思っていなかったのに，良くなった。何かが作用したのだ。でも，もっと良くなるにはどのくらい待てばいいのだろう。あなたは誰かを生きたいと思わせることはできない。誰も私にそんなことはできないだろう。それはどこかへ消えていったのだ。」セラピーや薬物療法を受けているにもかかわらず，彼女がどれほど改善を偶然のことだとみなそうとしているか私は彼女に直面化した。彼女は治療の経過を熟考することができ，いつも無視していた病気や身体の痛みについて連想した。

彼女は両親の態度を取り入れ，自分自身を同じような否定的なやりかたで取り扱い続けたと私は指摘した。私は彼女の身体的な健康に対して関心と配慮を表すことによって，彼女が自分の身体的および情緒的な要求に気づき真剣にとらえることへのニードを強化しようとした。

この時点（第25週）で，彼女は私への関心をいくぶん示し始めた。彼女は私の詫について尋ねた。彼女は私たちの関係が変わることを恐れていた。そして，私が彼女の感情を妥当なものと認めたので，治療はうまくいっていると感じていた。過去の治療においては，治療者との関係は探索されたことがなく，彼女

は治療者との結びつきというものを全く持ったことがなかった。彼女は私と結びつきを持つことに怯えていた。「私はいらない。もしあなたを好きになり始めたら，あまり執着しないようにしたい。もしあなたが異動してしまったら，あなたの代わりは難しい。トイレットペーパーが切れてしまったら，次のロールでいいけれど，治療者は機能を果たしているものだから。もし私があなたをひとりの人として好きになると心に決めたら，あなたがひとりの人間としての私に好意を持つことに目を向けるだろう。多分あなたは私を好きにはならないだろうし，それは恐ろしいこと。今のところは商取引。でもあなたを好きになることは，それを越えることになる。」

　私は次のように答えた。「このことはあなたが直面し続けている問題で，今ここに現れていることは驚きではない。むしろ，ひょっとしたら整理する方法を見出せるかもしれないから，有益かもしれない。一方，あなたは安全な方法で親密さを感じて自分の感情を体験したいと思っている。自分の情緒体験を興味深く，わくわくする，動かされずにおれないような重要なものと気づいている。しかし同時に，あなたは傷ついたり，いやな体験をすることに自分が脆いと感じている。そうしたことはあなたを嫌な気分にさせ，何カ月か何年か前のひどい状態に引きずり戻してしまいそうなのだろう。」

　彼女は答えた。「私は最初あなたがあまり好きではなかった。あなたはとても真剣に見えた。それによって自分の具合の悪さが本物なのだと感じさせられた。それは気分がよかったけど，私は本当に困っていて，どうにかしなければならないとも思った。あなたは深刻だと考えているし，私は本当にどうにかしなくてはならないのだ，と。そして，お金のことがあった。私は父に頼みたくなかった。でもそれを乗り切った。私は週末のあいだ中まったくもって不安で，あなたに電話をかけてメッセージを残した。私はあいまいさ（友人たちとの関係について）とうまくつきあえなかった。私はただ落ち着かせてくれる誰かと話したかった。あなたの留守録に電話するのは助けになった，そして Xanax〔訳注：アルプラゾラム〕を飲むと落ち着いた。」

　私は次の言葉を繰り返してセッションを終えた。「ものごとが言葉に置き換えられれば置き換えられるほど，あなたにはものごとがはっきりしてきて，そうすると落ち着くことができる。」

　彼女は応えた。「そうね。確かに私はものごとが語られることを必要としている。」

第8章　敵意と自殺　*129*

治療にはアップダウンはあったが，6カ月のうちにステラは機能のすべての領域において改善をみせた。抑うつ的な気分は緩和し，自殺志向的でなくなり，学校でも家庭でもよりよくやれるようになった。

治療のまとめ

治療は，ステラの感情体験と交流における攻撃性を明確にすることを目指した。この治療は彼女のうつ病を扱い，外傷的な体験にまつわる彼女の感情や行動を解釈することに焦点を当てた。私は理解と一貫性を提供することによって，彼女が自分の体験の性質と何が反応のもとになるのかを知ることを援助しようとした。というのは，治療者の沈黙が彼女の自己嫌悪と批判に暗黙の同意を示しているという彼女の印象と戦うために能動的治療態度をとった。からだの安全と価値を認めることに焦点付けした質問も行った。彼女の健やかさという観点での私の関心を示すことによって，からだの統合性の私自身の評価を伝えようとした。それは彼女自身がからだの自己価値を認識し始める援助の方法としてであった。私は，彼女が意識的には扱いたくないかもしれないこの先の落とし穴を指摘することもした。保留された喪失への反応，他者の敵意に持ち堪えること，私たちの関係の性質を理解しようとするニード，私たちの作業が続くまたは終結する可能性などである。

自殺の危機の間，そして3年の精神療法の間に，治療を促進したと思われる治療的な調節あるいはエナクトメントについてここに記した。必要に応じて，追加のセッションや電話やeメールが提案された。すべて感情の激しさに耐える患者のニーズと可能性によるものとみなされた。自殺の危険がもはや問題でなくなったとき，性格的な変化についての問題が持ち上がった。私は週数回に治療の頻度を上げることを提案した。その時点でステラは，父親には支払いを頼めないと感じ，どうやって対処しようかと考えた。彼女は治療をまかなうために，健康保険のある仕事をみつけた。保険の額は私の通常の料金よりは少なかったが，私はそれを受け入れることに同意し，残りの部分は彼女が自分で払った。彼女のニーズの強さは実質上は減っており自我の力は顕著に増したものの，その時点で私はまだいくらかの治療的な調節への必要があると感じていた。

130　第Ⅱ部　実践

結　論

　重要な家族メンバーから患者に向けられた破壊的な攻撃性は，絶望や死への願望を作り出すような内的な欠損を同時にひきおこす。こういった患者の治療は，患者が従属している敵意の力と自己への攻撃に関与している内的な葛藤に自身を気づかせることができる場合，良好に作用する。

　治療者が破壊的な内的および外的な敵意を中和することができるとき，患者は自己価値の感覚を取り戻すことができる。時々これは，そこなわれた患者のニーズを認めるような逆転移による行動を伴う。バウンダリーはいつもこのような患者には欠かせないものだが，こういった患者のニーズは並外れている。自己破壊的な習慣を中和するケアは思慮深さを伴って提供されうるのである。

文　献

Asch, S. (1980) 'Suicide, and the hidden executioner', *International Review of Psychocanalysis* 7: 51–60; reprinted in J.T. Maltsberger and M. Goldblatt (eds) *Essential Papers an Suicide* (pp. 524–548), New York: New York University Press, 1996.

Frank, K. (1999) *Psychoanalytic Participation: Action, Interaction and Integration,* Hillsdale, NJ: Analytic Press.

Freud, S. (1917) 'Mourning and melancholia", in J. Strachey (ed.) *The Standard Edition of the Works of Sigmund Freud, XIV* (pp. 237–258), London: Hogarth. （喪とメランコリー．伊藤正博訳：フロイト全集 14．岩波書店，2010.）

Freud, S. (1920) 'The psychogenesis of a case of homosexuality in a woman', in J. Strachey (ed.) *The Standard Edition of the Works of Sigmund Freud, XVIII* (pp. 147–172), London: Hogarth. （女性同性愛の一事例の心的成因について．藤野寛訳：フロイト全集 17．岩波書店，2006.）

Goldberg, A. (2002) 'Enactment as understanding and misunderstanding', *Journal of the American Psychoanalytic Association* 50, 3: 869–883.

Hendin, K. (1991) 'Psychodynamics of suicide, with particular reference to the young', *American Journal of Psychiatry* 148: 1150–1158; reprinted in J.T. Maltsberger and M. Goldblatt (eds) *Essential Papers on Suicide* (pp. 612–632), New York: New York University Press, 1996.

Hendrick, I. (1940) 'Suicide as wish fulfilment', *Psychoanalytic Qurarterly* 14: 30–42; reprinted in J.T. Maltsberger and M. Goldblatt (eds) *Essential Papers on Suicide* (pp. 104–117), New York: New York University Press, 1996.

Maltsberger, J.T. (1988) 'Suicide danger; clinical estimation and decision', *Suicide and Life Threatening Behavior* 18: 47–54.

Menninger, K.A. (1933) 'Psychoanalytic aspects of suicide', *Inrernational Journal of*

Psychoanalysis 14: 376–390.

Novick, J. (1984/1996) 'Attempted suicide in adolescence: the suicide sequence', in H. Sudack, A.B. Ford and N.B. Rushforth (eds) *Suicide in the Young* (pp. 115–137), Boston: John Wright/PSG Inc., 1984; reprinted in J.T. Maltsberger and M. Goldblatt (eds) *Essential Papers on Suicide* (pp. 524–548), New York: New York University Press, 1996.

Richman, J. and Rosenbaum, M. (1970) 'A clinical study of the role of hostility and death wishes by the family and society in suicidal attempts', *Israel Annals of Psychiatry and Related Disciplines* 8 : 213–231.

Rochlin, G, (1965) *Griefs and Discontents: The Forces of Change*, Boston: Little, Brown.

Sabbath, J.C. (1969) 'The suicidal adolescent: the expendable child', *Journal of the American Academy of Child Psychiatry* 8: 272–289.

Weissman, M,, Fox, K. and Klerman, G.L. (1973) 'Hostility and depression associated with suicide attempts', *American Journal of Psychiatry* 130: 450–455.

132 第Ⅱ部 実践

第9章 生命への攻撃：若者の自殺志向性と
自傷

Jeanne Magagna

はじめに

　エリザは，もはや自分を愛してはいない夫を愛している。赤ん坊は彼女を求めて泣いているが，エリザは踵を返してゆっくりと階段を上る。彼女は木の洗濯バサミがいっぱいにはいった箱を取り，籠から洗濯物を取り出し，一列に吊るすはずだ。そして？　もうひとつやることがある。なぜ？どんな目的があって？　何の理由も，目的もない。そしてその日の終わりに何がおこるのか？　何も。明日は？　今日と同じ。いや，彼女にそうはできない。

　彼女にはひとつの考えがある。待って，あきらめないで，待って！　しかしエリザは考えないし，聞かないし，見ない。彼女は自分をすっぽり囲む奇妙な空虚しか感じない。彼女は愛がなくては，一日たりとも生きられない。

　彼女は前に進み，手を広げ，もはや自分の居場所を見つけられない死んだ世界を手探りする。エリザは両手を上げ窓枠をつかみ，細い窓敷居の上に登る。彼女の身長だと，梁に触れないようにするには，少し頭を下げなくてはならない。彼女は一瞬壁の漆喰に頬をもたせかけ，目を閉じ，晴れやかな顔で，微笑んでいるかのようだ。目は閉じたまま彼女は少し乗り出し，自分を生命につないでいる手を熱情的な身振りで放すだろう。

　エリザは夫ジルの愛を失っただけでなく，もっと重要なのは彼への自分の愛を失ったのだ。彼への愛は彼女の存在を唯一正当化するものであったから，彼女はすでに死んでいるようなもので，奈落の底を覗き込んでいる。エリザがもはや何者でもないなら，彼女はもう何者であることも望まない。

これは Bourdouxhe の小説『ジルの妻』（1992）の一節で，愛が枯れる時にやってくる絶滅を含むような自己への攻撃という本章の主題を描いている。あらゆる自殺つまりあらゆる生命への攻撃において，さまざまな様相を持つ暴力，身体や精神そして殺害衝動の的である特定の（designated）内在化された外的対象の破壊があることをわれわれは認識しなければならない。

　現在私は子どもと家族の精神療法家としてグレートオーモンドストリート小児病院とエレン・ミード摂食障害センターで働いている。これらの治療センターで私は，以下のようなことに立ち会っている。

- 母親が子どもの生命維持に必要な食物をひと匙与えようとすると，いつも頭を母親から背ける18カ月の子ども
- ほとんど目を開けず，食べず，喋らず，動かない15歳の少女
- 「本当に死にたい」と言葉で言うだけでなく，食べず，過量服薬をし，自傷行為を示す12歳から18歳の4人の拒食症の若者

　私はこれら最近の経験すべてを通して，子どもや若者たちは死にたいことを食べないことでゆっくりと，時には自分を切ったり殺そうとして能動的に表現していると理解する試みを行ってきている。本章では，良い内的対象とのLリンク[訳註1]を持ったり維持したりすることができず，内的な破壊力で自分自身を攻撃するこれらの若者との治療的営みを描くことにする。破壊衝動の程度や質のさまざまなバリエーション，内的対象との関係の質，そして自傷や自殺企図の底流にある意識的無意識的な意図を提示することから始める。このアイデアは，個人精神療法家と入院における多領域のチームがうつ的な若者とワークする時の重要な治療的要点とつながるだろう。私は本章のあちこちに，これらの自傷傾向や自殺志向性のある不食の子どもや若者との治療作業を描くビネットを挿入していこうと思う。

転移と逆転移の問題

　心理学的な見地から見ると，生命への攻撃はとても複雑である。自傷傾向や

訳註1）Bion による loving link。一次過程で快感原則に従うつながり。

自殺志向性のある若者を理解するためには，彼らの自分自身や親に関する感情だけでなく，治療にかかわる専門スタッフに関する感情をも理解しなければならない。若者に生命への攻撃が迫っている**その時**，その若者に対する自分や他の多職種のスタッフの今現在の感情をも知る必要があることがわかっている。さらに，生命への攻撃に**引き続く**われわれの態度と，若者の自己破壊的な観念や行動が持続している時に揺れ動くわれわれの構えを理解しなければならない。

転移逆転移関係に関する問い

Henri Rey 博士（1994）は元モーズレー病院コンサルタント精神科医であり，精神分析家であるが，いかなる自傷あるいは自傷の考えに際しても下記の質問が重要であると述べている。

その若者のどの部分がかかわっているか？
どのような情緒状態においてか？
どこでいつ？
何をするか？
どんな動機か？
重要な他者のどんな部分に向けてか？
どのような状態で？
どこでいつ？〔原文ママ〕
重要な他者にとってどのような結果か？
そして若者にとってどのような結果か？

次に示す精神療法セッションにおいて，患者と治療者の関係の分析に役立つように Rey 博士の質問を使ってみよう。

スーザンのセッション

18歳のスーザンは私を苦しめてやりたいと言った。彼女は，私が彼女がいかに傷ついているかまるで理解できないと感じたのだ。スーザンはセッションの時間より早く着き，ひとり前の私の患者がセッションを終えて帰りに母親と一緒に車に乗り込むのを見たのだった。スーザンは情緒的にも性的にも虐待のある家族に育ち，自分自身に頼るしかなかった。前の患者が心地よい車に母親と

乗るのを見て，スーザンの孤独，寂しさと羨望といった感情がすべてかき立てられた。セッションでスーザンは腰掛けると，彼女が人生を通してどれだけ寂しくひとりぽっちか私がわかっていないと文句を言った。彼女は私がそれをまるで理解できないと感じていた。私が中流階級出身で背景が違っていることを確認した。彼女は，私にはたぶんちゃんと世話をする両親がいたのだろうと感じていた。そして彼女は黙った。

　私は彼女の思っている私だと答えた。彼女が母親と一緒のその女の子を見た時，とても不公平に思え，つらかったことだろう。私は彼女が人生で何かをもっと手に入れられるように援助しようとしていた……彼女は治療を見出し，それはよりよい人生が得られる助けになっていた。

　セッションの終わりにスーザンは座ったままで，部屋を去るのを拒んだ。私といつも一緒にいたいのに，今去らなくてはならない小さな女の子の面倒を見てもらうことを彼女が必要としていると私は伝えた。スーザンはまだ自分の椅子から動かなかった。次に私のところに来る人に彼女が場所を渡したくないように見える，と私は付け加えた。スーザンは動かないままなので，私は次のことを伝えた。むしろスーザンは次の人に彼女と私が一緒にいるところを見せて，彼女のセッションがだめになったのと同じ方法でその人のセッションをだめにできるようにしようとしている，と。スーザンは立ち上がりいつもと様変わりして，自分の椅子を閉まっているドアに投げつけた。びっくりするような衝撃音がして，椅子のシートが離れて落ちた。私は見てわかるほどに驚いていた。

　スーザンは「あんたなんか嫌いだ，死んでやる！」と叫んで飛び出した。スーザンはついでに，もういらないと日記を床に置いていった。

　引き続いて，1時間半後にスーザンは私に電話をかけてきた。彼女はあんなにコントロールを失ってしまったことを詫び，ひと呼吸おいてから，自分は大丈夫だと言った。彼女は鉄道の駅から電話していた。私はどうしたのかと問うた。何が起こったの？　スーザンは電車に乗るのに急がなくてはならないから話せないと言った。

　彼女はカウンセリングルームのそばに住んでいたので，彼女がどこに行こうとしているのか，私にはまったくわからなかった。しかし，彼女は友人を訪ねて行っており，次のセッションには無事戻って来た。

　後に，スーザンの自殺の脅かしについてじっくり考えながら自問してみた。

136　第Ⅱ部　実践

彼女のどの部分が話しているのか？	幼い子ども。
どんな情緒状態か？	いつも母親がいる少女に嫉妬心を感じ，セッションの終わりには捨てられた気分になり，この傷の痛みに直面して無力で圧倒的な怒りを感じている。
どこで，いつ？	入室時は私の膝が他者によって汚されていると感じ，退室時は固く閉ざされた扉と冷たい外側の場所を感じている。
何をする？	私の膝つまり椅子と，セッションのバウンダリー，特に終わりを象徴するドアを攻撃し，いためつける。
どんな動機か？	私の配慮のない心と理解のない頭を攻撃して，彼女が感じているものを私が理解できるように。私が深く傷ついた気分を感じるように，「彼女の感情を私の中にたたきこみ」たがっている。
対象のどの部分に対して？	私の膝，心，頭，バウンダリー。
対象はどんな状態か？	私の膝は汚されており，私の心は固く感じられ，私の頭は理解していない。
重要な対象のその後の経過は？	私の心は衝撃を受け，傷つき，私はスーザンを極度に案じた。私は彼女の電話で，彼女が私を「閉め出した」と気づいた。
そしてその若者のその後の経過は？	スーザンは最初悦びと，思考する自己を圧倒した感情からの解放を感じる。続いて，彼女は私が彼女を見放さないか，彼女自身の中にある「良い私」との愛情のある接触を失わないかとひどく心配になった。彼女の電話はスーザンが私の気をもませ，傷つけたことを済まなく思ってもいることを示唆した。

若者が死ぬ（kill herself[註1]）と脅かしている時に，このような問いを行うのは欠かせないことである。このような脅かしは，生命への物理的な攻撃であるとともに，よい内的対象への脅かしであり，若者の生命にとって重要な他者への攻撃なのである。

生命への攻撃における 6 つの観察可能な現象

自殺志向性のある若者が持つ関係について Rey が提起した問いに答える際，私はある程度明瞭な 6 つの関係のパターンを認めている。

1 若者は積極的・意図的に**死を選択する**。
2 若者は自殺の**脅かしを用いる**。
3 若者は自分の人生において虐げられていると感じることから**退避する**。
4 若者は自分に死を要請し脅迫する**破壊的な声によって脅かされる**が，まだそれらの声や考えにすっかり同一化してはおらず，少し距離を持って感じている。
5 若者は**感情や破壊的な声に圧倒され**，死の衝動に受動的に服従する。身体は破壊されるが魂は現世よりもよい場所に入って行く，というある種の感覚がしばしば存在する。
6 若者は身体を傷つけたり殺したりすることによって**自己を回復しようと試みる**。若者はこの時点では離人状態にあり，自己破壊的空想は自己を破壊することとしては十分に認識されていない。むしろ，自己破壊空想は解体した人格を寄せ集め正気の心を構えるひとつの試みを表している。

ここで私は若者によるこういった類いの攻撃のいくつかを描写しよう。

自殺や自傷の底流にある 6 つの関係の型のさらなる探究

1 若者は積極的・意図的に死を選択する

John Bowlby（1969）は，子どもの自殺企図は，外的な愛着の対象との良い関係の喪失への反応であると述べた。自殺企図はまた，良い内的な愛着の対象が欠けていることをも表しているかもしれない。それは，満足のゆく愛着の対象との十分に良い体験の機会が欠けていることに基づく。もしくは，後に内在化される早期の愛着対象への欲求不満とそれに続く破壊的な攻撃に持ち堪えき

138　第Ⅱ部　実践

れずに，内在化された良い親が失われてしまうことに基づいている。これらの
体験はいずれも思春期の若者を刺激して，何も残されていないと感じさせる。
彼らは外的環境が無反応だったり何らかの方法で虐待的だったりするものとし
て認識する。さらに，自殺や自傷に先立って，彼らは良い内的対象を十分に体
験していない。この良い**内的対象**の欠損によって，**外的な愛着対象**に愛がない
とか拒絶されたと感じると彼らは持ち堪えられなくなるのである。

　本章の冒頭にあるエリザの物語でこの「何も残っていない」という体験の例
を示そう。エリザの自殺におけるように，映画『The Story of Adele H.〔訳註：
邦題『アデルの恋の物語』〕や『The Lacemaker〔訳註：邦題『レースを編む女』〕の若い女
性たちは恋人に見捨てられた。それまでに良い内的対象による安全性に欠けて
いたため，ほぼ全面的に恋人に依存している。見捨てられた時に，少女たちは，
いかなる良い内的対象もなく，憎しみの感覚だけに満たされ，それはさらに悪
い見捨てる対象という感覚を作り出す。このように彼女らは「何も残っていな
い」と体験し，自殺志向性をはらむうつ状態になる。おそらく彼女らの体験は
両親に見捨てられたある11歳の子どもの体験と似ている。彼女はこう言う。

　　　愛の美しさは私を見つけてくれない。
　　　その両手は私をしっかりとつかんでくれたことがない。
　　　憎しみの闇が私を覆っているから。

　憎しみは，失われたものへの愛情や悲しみよりも「何もない」という深い絶
望の感覚を作り出す。
　私の勤務する病院で，15歳のアメリアは神経性無食欲症を病み，精神病的な
うつ病に陥っている。復活祭の休暇の間アメリアは，望みは死ぬことだけとい
って，過量服薬をする。彼女は能動的に死ぬことを選んだ。

彼女のどの部分が死を選ぶのか？	アメリアの中の冷淡な大人の部分。
どんな情緒状態か？	幼い子どもの自己は，看護師やセラピストやケースワーカーといった彼女に必須な役割の人々に見捨てられた感覚に苦しんでいる。
何をする？	アメリアは自分を置いて行くような，

第9章　生命への攻撃　*139*

	冷酷と感じられる見捨てる対象と同一化する。
どんな動機で？	彼女を置いていく冷酷な対象を攻撃する。
彼女の内的対象はどうなる？	内的対象はさらに攻撃され，冷酷で冷淡な対象になっていく。
彼女自身はどうなる？	アメリアは自己を身体的にも情緒的にも攻撃する。
外的な援助する他者はどうなる？	アメリアは，「特定の援助する他者」つまり多職種による入院チームに，休暇の間に一緒になって見捨てた影響を強引に認めさせる。後には，彼らはより注意深く間隔をあけて休暇を計画し，不在に対する患者の感情をワークスルーする。

2　若者は死という脅かしを使って自己を救い防衛的な万能的思考の崩壊を避けようとする

　神経性無食欲症の娘との関係が絡まり合った両親は，子どもに固い境界とルールを与えようとするのだが，その時に親たちは，時おりどうしようもなく無力な状態から，禁じていた攻撃性を爆発させ過酷で身体的な懲罰を課すように転じることがある。

　10歳の神経性無食欲症のアリスは，両親が食べなさい，家にいなさい，と説教してもきかない。アリスが従わずに癇癪を起こすと，両親は彼女を部屋に閉じ込める。アリスは反抗で「固い殻」を作って，脆弱な自己を守ろうとしている。

　両親が難しい子どもへの逆転移によって厳しく懲罰的になっているそんな折，アリスは半ば狂言で自殺しようとする。彼女はポリ袋を頭に被り，首の周りに縄を巻き，ナイフで手首を切る。彼女がセラピーのセッションで私からひどく迫害されたと感じた時，彼女は自分のジャンパーの袖で首を締めて死のうとするふりをした。彼女は母親にジャンパーの袖を首周りにもっときつく締めてという。このような行動に私は，アリスが少なくとも3つの暴力的な体験を表現

140 第Ⅱ部 実践

していると感じる。

第一に，アリスは自分自身に対して「氷のように」なっている。彼女は両親や家族や個人精神療法家を，厳しく理解のない対象で，冷たくて，やさしい感情とは隔絶していると感じる。愛情の欠如を感じてアリスは，冷たく無感情な「心の中の氷」になってしまう。彼女は自らに暴力的になる。そして，私たちの固く思いやりのない鎧を貫くような攻撃的で衝撃的な出来事によって，彼女の絶望を私たちに投影で伝え果せる。

第二に，アリスは自分の「狂った」心の状態を分裂排除し，私に投影しようとする。あるセッションで，ひどく歪んだ顔の絵を描く。その顔は私たちに反抗するメッセージを伝える声で満たされている。その間彼女は，情緒的な体験から距離をとっていようとするかのように知性化された口調で語る。アリスは自分が思うように行かないと「混乱しすぎて，自分がてんかんの発作か気違いになるか，自殺しそうな感じがする」と寒々しい口調で言う。アリスが情緒的によそよそしくすることや描画を通して，分裂排除して私に投影し投げ込もうとしているこの狂った状態の恐怖や戦慄を，私がコンテインしなくてはならないと思われる。

第三に，自殺の素振りや自殺の脅かしによって，アリスは，自分の情緒的な安全のために頼りにしている万能的な自己が，外的な権威主義的なコントロールによって攻撃され殺されたと感じていることを示す。彼女が安全のために両親の代わりに頼りにしている万能的な自己に攻撃が加わった時，**万能的な自己**はその冷酷な頭をもたげて「お前は命を必要としない，死が答えだ。それですべてはよくなるだろう。」と指示する。

これらの暴力的な３つの体験すべてにおいて，私はセラピストとしてアリスの死の恐怖を体験する。つまり，彼女の正気の自己の死，彼女を守る万能的な自己の死，死ぬことへの原始的乳幼児的不安につながる死である。アリスにおいては，これら死ぬことへの乳幼児的な不安は十分にコンテインされたことがない。乳幼児の頃から彼女の破局的な死の恐怖は，両親のメンタライゼーション（Allen and Fonagy 2006）の能力や原始的な不安のコンテインに頼ることを通してではなく，万能的な空想によって対処されてきた。

精神療法や入院治療や給食を含む治療的介入は，自己をまとめておく**万能的な防御の鎧**を失うことについての子どもの不安を十分コンテインしないならば，破壊的な行動化につながりかねない，と私は示唆する。Herbert Rosenfeld

（1987）は，乳幼児が心理的な逆境にある時にしがみつく万能的な自己のさまざまな機能について述べている。もともと**万能的な自己**は，虐待的な関係や情緒的にコンテインされない関係をはじめ病理的な愛着の関係に関連して乳幼児に防御を差し出したはずである。しかしそれが過剰になると，**万能的な自己**は**破壊的な万能的自己**となり，健康なパーソナリティを拘束してしまう。それによって，**万能的な自己**はセラピストとの関係に存在する強さ，優しさ，そして活気を攻撃する。セラピストの理解にアクセスすることを許さない。また，熱い感情にふれようとする若者の思慮深い自己をも攻撃する。究極的には，**万能的な自己は自傷および／あるいは自殺によって生命とのつながりを攻撃する**。

3　若者は迫害的対象から退避する

　David Skuse 博士の制作した拒食する子どもたちのフィルムでは，ある18カ月の子どもが見つめられることを拒み，母親から食事を与えられることを拒否している。このフィルムでは，それぞれの拒食する子どもが母親から見捨てられ，または誤解されていると感じている。食物の拒絶はまた，子どもが愛情や養育や喜びやメンタライジングする心を母親に見出そうとするのに，かみあった調律（Stern 1985）を子どもが獲得できていないことを示している。メンタライジング（Allen and Fonagy 2006）は，赤ん坊の健康な発達に必要な母親の要素である。母親が自分と赤ん坊をメンタライズする能力は，赤ん坊が自分自身の生得的なメンタライゼーション能力を発達させる方向へと作用する。私は**メンタライジング**という言葉で，関与する人が情緒を内的に生き生きと保つプロセスや，対人的な相互交流の根底にある願望，ニーズ，感情，信じることや理性に考えることを通して意味を与えるプロセスを指しているのである。

　赤ん坊は，心理的に健康であるために，単純な基本的心地よさだけでなくメンタライジングを必要としている。**母親**は赤ん坊から満足，つまり適切なメンタライジングの関係を奪うと，悪いものとみなされる。結果として母親への怒りは母親や母親が差し出すスプーンに投影される。母親とスプーンは，赤ん坊の攻撃性の投影で満たされ，スプーンと母親の赤ん坊にとっての体験は邪悪で迫害的なものとなる。引き続いて赤ん坊は母親が世話をするリズムを拒み，母親の与える食物に対して口を開けることを拒む。私は，母親が悪いと言っているのではなく，母親と赤ん坊が調和した関係になっていないことを示している。母親との調律のとれない関係とともに，子どもは同時に，関係において偽の自

142 第Ⅱ部　実践

律性（Bick 1968）の一種である**万能的コントロール**を使う様式を発達させ始める。万能的コントロールは感情のメンタライゼーションの代わりに使われる。徐々に万能的コントロールの使用は健康な自己の部分を捕らえる。引き続いて，それは破壊的になり，摂食障害の若者にありがちな強迫的コントロールの基盤となる。

4　若者は死を要請し脅迫する破壊的な声に脅かされているが，その声に全面的に同一化してはおらず，まだ少し分離して感じている

　ある若者たちの破壊的な万能的自己は，彼らの人生における重要な対象への健康で親密な愛着を攻撃する幻声として存在する。カテリーナは14歳の神経性無食欲症の少女だが，つきまとう声について私に話し始める。3種の女性の声である。それらは，『マクベス』の3人の冷酷な魔女像のような感じがする。それらは彼女に何をすべきか告げ，彼女が従わなかったり間違えたりすると，脅すのである。たとえば，魔女のような声は時々，食べること一切を禁じる。彼女が一日の分刻みのプログラムに従わないと，それらは彼女を批判する。治療室を彼女が離れると，それらは彼女が私と話したことを批判する。それらは非常に強力で，冷酷で，押し付けがましい声である。彼女はその声ががなりたてるのに耐えられず，自殺したくなる。

　彼女の状況は極端に過酷だが，うつ的で自傷および／もしくは自殺志向性のある若者は，それほど主張的ではないにせよ破壊的な思考を持っているかもしれない。誰か自分にとって重要な人と意義深い助けになる関係を打立てようとするプロセスの中で，危機に陥ったり，失望したり傷ついたりする時に，そちらの方に舵が切られる。セラピストの仕事は，その若者が，これら破壊的で万能的な思考が現れるその瞬間を認識する方法を見つけるのを援助することである。これが，それらに対策を講じることの第一歩である。結果として，その若者はセラピストの助けを得ながら，誘いの声を退けようと必死になることができる。これらの破壊的で万能的な思考が心の中に抱えられず戦いを交えられることがないなら，究極的には自傷および／もしくは自殺志向性の考えの一種であるうつ病に至る。

　カテリーナは彼女に食べるなと告げる声に気づく。それらは彼女をうつ状態に引きずり込み，彼女を泣かせる。それらは，すべての彼女の困難の解決が入院だと示唆し，彼女が小児科入院病棟に戻ることを誘う。飢餓状態になって小

児科病棟に戻り，ビスケットとお茶をもらい，『お遊戯学校（Playschool）』と
よばれる子ども用の番組を見て，赤ちゃん言葉で話すのは素晴らしい，とそれ
らは彼女に言う。それらは彼女がぴったりしたジャンパーやジーンズを着た思
春期の少女たちのようになることを望まない。

　若者の幻声の状態は，治療の経過の間に徐々に変容し，より敵意の少ないも
のになる。この時期のカテリーナとの治療を詳しく提示する。そこでは，希望
を攻撃する破壊的な声を伴った著しくうつ的な若者における，心理的な発達の
かなり典型的な局面のいささか劇的なバージョンが示されている。これらは5
つのかなりはっきりした破壊的な声との対話である。私はカテリーナがセラピ
ーの過程でこれらと闘うのを援助した。

A. 私が彼女と話しているとき，カテリーナは自分に命令を指示する冷酷な
　　声を聴く。それは彼女が従わないなら完全な飢餓状態に陥れると脅す。
　　それらはあまりの喧噪に彼女が泣き叫ぶまで喚く。彼女は自分がそれら
　　の冷酷な声の無力な犠牲者のように感じる。それらは彼女に死の脅しを
　　かける。それらはあまりに喧しく，彼女は逃れるために自殺したいと思う。

B. 私がそこにいても彼女はその声に囚われているように感じるとカテリー
　　ナは言うが，わずかにそれらへの対抗を感じ始める。彼女はそれらを追
　　い払うことができないが，勇気をだして，本当はそれらがあまり好きで
　　はないと教えてくれる。彼女はそれらにまだ言い返すことはできない。

C. カテリーナは声に従わないようになり，学校の生徒と話しはじめる。友
　　達と一緒の生活ができると幾ばくかの希望を持ち出すが，声は彼女が指
　　令に従わないと彼女を脅し，絶望を生み出し，集中キャンプのようなス
　　ケジュールで早朝起床，飢餓，かつての生活の分刻みの柔軟性のないルー
　　チンに従うこと，などに彼女を追い込む。

D. 声はいくらか優しく，頻度や侵入の度合いや倒錯の度合いを減じている
　　ように感じられる。精神療法のワークが彼女の安全基地になりつつあり，
　　声がカテリーナの関心をつかむ力は弱まっているように見える。問題は
　　彼女が私にがっかりした時，私に敵対する同志として容易に破壊的な声
　　の側に転じるかもしれないことである。

E. 声はおおむね消える。間歇的には出現するが，カテリーナが一人の時に
　　限られている。しかしカテリーナは，それらなしでは自分がひとりで寂

144 第II部 実践

しいと体験するとパニックになる。そういうとき，彼女の内的対象がより情け深く内的な安全の源泉として機能するようになるまでは，彼女はセラピストの「良い声」を寄り添ってくれる代用とした。

カテリーナの体験は，若者にとって，自殺を志向する絶望を誘発する破壊的な声が表象する死の願望を手放すことがどれだけ恐ろしいのか説明している。たとえば，若者の愛着がこの破壊的な部分に向いていたら――カテリーナのケースのように――患者は，**破壊的な部分**を失ったら**自分はばらばらになってしまう**と恐れる。改善することは安全な牢獄から放り出されるように感じられる。著しい昏迷と解決としての死へのしがみつきを伴った囚われの心理状態であっても，監獄は安全と感じられる。カテリーナは懲罰的な声がなく一人でいると，**空っぽの空間**にいるように感じると語る。

5　若者は，死の願望に屈従するよう導く破壊的な声を伴う感情に圧倒される

やせ衰え，すべての対象や人に目を閉ざして，タニカは病院のベッドに横たわっていた。彼女は食物と飲み物を拒み，尿失禁にも気づいていないようだった。目を引く黒髪と，するっとしたモジリアニの描くような卵形の顔をして，彼女は陶器の人形のように見えた。彼女を生命につなぐ紐が切れてしまったように見えた。彼女の存在には情緒的なところが何一つないようだった。彼女は昼も夜も動かなかった。しばらくして彼女は，看護師がわずらわしく刺す蚊のように触ったり言葉をかけたりすると，挨拶を返すようになった。

タニカはうつ病性の昏迷に見舞われていた。彼女は日本人で両親はあまり英語が話せなかったので，彼女が英語を話せるのかどうかさえ私たちは定かでなかった。彼女の目が開いている時でも，彼女が英単語の意味に反応しているのかどうかはっきりしなかった。観察者にとっては，タニカは死んでいるも同然に感じられた。話すことはおろか目をあけるのがやっとという死につつある少女に何が起こっているのか知るのは難しい。私には，死の願望さえもしぼんで，願望ではなく，死か眠りにひたっているように思える。精神科の教科書によれば，彼女には精神療法は推奨されていないだろう。話さないし，精神療法への動機も示さないし，英語を話すことさえないのかもしれない。私が彼女に提供した精神療法のセッションは，束の間成功して彼女は「目覚めて」私を見

たものの，その後タニカは退避してもとの昏睡状態になった。病歴からは，彼女がどうやって拒食的になったのかわからなかったが，今はうつ病性の昏迷か，Lask ら（1991）のいう倒錯的な拒絶症候群であった。

この15歳の日本人の少女は，彼女の文化，友人，そして祖母といったすべての知っているものから突然引き離されたと感じていた。彼女は，このロンドンの新しい世界で自分を繋ぎ止められるものが何もなかった。彼女は，自分のもつ感情について考える能力を本当の意味でまだ内在化しておらず，外的な関係にすがりつくことによって育ってきた。彼女は，激しい感情をやりくりするのに，大規模な否認を用いていた。

私はタニカに，自分の体験について私に話そうとしないか話す準備ができていない感じの子どもたちにしばしば使う方法を用いた。私は毎セッション家族人形を持っていって，親しい友人や祖母，母国，言葉，兄を失っているタニカ人形の物語をゆっくりと話し始めた。私はこれをとても短い物語にして，毎日の15〜30分のセッションの中にちりばめた。私はタニカの目や指の動きに揺らぎを見出すまで待って，彼女の動きが指し示す点についてもっと話しかけようとした。たとえば，ある時一度だけ涙が一筋流れ，またある時は寝入る前にかすかな関心を示した。そしてタニカは次の物語に関心を持ったとき「目覚め」るのだが，だいたい何も話さなかった。

後に，タニカは回復してくると，私にかつて考えていたことをいくらか語った。空気は地球のまわりをくるくるまわっていた。家々はすべて倒れていた。彼女はガラス窓をぶちやぶって飛び出したように感じたという。この時点では彼女はかなり具合が悪く，死んだ対象に包まれて死の衝動に浸されていると私は感じた。しかし，彼女は部分的に私とともに生き返ろうとしていた。うつ病の当初からタニカは話さなかったが，私という思慮をもった存在を，心理的にも身体的にも生命の方へ歩むために求めていた。

ショーンもまた，精神病性のうつ状態の少年だったが，状況はやや異なっていた。彼は眠っていた。彼は眠気が強かったがそれは，薬物のためでもあり，防衛的に眠りに退避していたためでもあった。私は再び家族人形を使った。人形たちを私の両手に抱え，私はショーンにショーン人形を起こせるかと尋ねた。驚いたことに彼は目覚めて，「母親人形」をとり，「ショーン人形」をひどく非情なやり方で目覚めさせた。

私は，自分の望むことだけを子どもにさせる冷酷な母親がいると「ショーン

146　第Ⅱ部　実践

人形」が感じている，と伝えた。この母親人形は，子どもが何を欲しているのか頓着していない，と付け加えた。少年の人形はただ眠って眠ってすべてを忘れたかった。ショーンはひとたび理解されたと感じると，しっかり目覚めてにっこりと笑った。

　精神病性のうつ病では，**自己は死の願望によって浸されている**。可能ならば私は，精神病性のうつ状態の若者が入院したその日から治療を始める。英国で一般的な精神科的見解である，若者の心理的理解は患者がほどほどの健康体重になるか話すようになるかまで待つ必要がある，ということに私は同意しない。私の経験では，コンテインする精神療法を提供するのをこちらが待つなら，若者が生きようとする願望を保ったり再発見したりするのに必要な理解を奪うことになって，病気を長引かせてしまう。私たちが若者から話すことを要求し続けるなら，迫害的な状態に追いやってしまう。**最初はわれわれが理解を与えなければならない**。

　生き返り，死によって圧倒された状態から脱出するためには，このふたりの若者，タニカとショーンはメンタライズする大人，彼らの萎んで消耗した自己に情緒的栄養を与えることのできる大人を必要とした。彼らの死ぬことへの，そして眠りや死に陥りたい願望に対して誰かが理解を提供しようとすることが欠かせないことだと思われた。彼らは，情緒的な生活に彼らを静かに引き寄せる情緒的な綱なしには生きられなかった。タニカは家族人形を用いた自分の人生の物語を初めて聞いた後，食事を与えてほしがっていた。彼女は最初は自分では食べようとしなかったが，口に入れられた食べ物は呑み込もうとした。

6　若者は身体を殺傷することを通して自己を回復しようとする

　外傷における精神状態と自殺志向性のある患者の精神状態には顕著な類似性があるということが観察されてきた（Shneidman *et al.* 1976）。実際，ある種の自殺企図や繰り返される自傷行為は，外傷的状態を遮断し（Simpson 1976），正気の自己を見出そうとする方法に相当している。

　ホロコーストの犠牲者と自殺志向性のある患者はともに，「生命線の破断」「人格の喪失」（Venzkaff 1969）を語る。精神的な鈍麻に陥ると，人は「無感覚と離人感」に気付く。内在化された外的対象像は自己に対して鈍感で無頓着なものに感じられ，自己はこうした硬直した無頓着な内在化された対象像に同一化している。自己は破壊的な狂気と心の空虚感に心理的に譲り渡されてしま

う。致命的に感じられるのは，破壊された内的対象とともにとり残された感覚であり，空虚感の結末の状態である。

　この状況で人はしばしば，自己の喪失の圧倒的な危機に出会う。体験の中断や解離が存在する。自己観察や認知や象徴的思考は極小にまで減じる。自分の生命を積極的に殺してでもこの絶望的で離人の状態から**暴力的な脱出**をしたいという願望が突然現れる。もしくは，自らを切ったりその他の方法で傷付けたりして，この離人状態からの**解放を得たいという願望**があるだろう。それはあたかも，自己を破壊し傷つけることが離人状態の切迫感に解決を提供するかのようである。剃刀は心地よさと安心を表すかもしれないが，それはセルフケアの倒錯したかたちである。しかしながら，繰り返すカッティングは，結局，若者を隷属させる暴君のような破壊的万能的自己へのリンクに妥協し深入りさせるだけである（Gardner 2001）。

　カッティングは若者が「現実的」に感じることを助ける。15歳のアメリアは，言った。「私は自分を切らなくちゃならなかった。前は自分がだれかわからなかった。血を見なければならなかった。」彼女は，**自分が痛みを体験できる生きた対象で，生きた自己である**という感覚を持つ必要があった。彼女が持っていた Donna Williams（1992）の本『誰でもなくどこでもなく（Nobody, Nowhere）』〔訳注：邦題『自閉症だったわたしへ』〕はアメリアに似た体験と感情を記している。

　　家では，相変わらず鏡の前で，何時間も何時間も過ごしていた。鏡の中の自分の瞳を見つめながら，わたしはかすかな声で，自分の名前を呼び続ける。ある時は，自分を取り戻そうと念じながら。またある時には，自分自身の感触さえすべてなくしてしまいそうな感覚に，怯えながら。

　　そう，この頃わたしは，ものを感じるという能力さえ，失いつつあったのだ。わたし自身の世界など，空虚な穴のようなものでしかなかったかもしれないが，それでもその世界はわたしにさまざまな楽しい感覚を味わわせてくれた。慰めも与えてくれた。その世界の取っ手さえ失うのは，地獄の入り口へと突き落とされたようなものだった。

　　わたしは自身を傷つけ始めた。

（1992）

離人に次いで自傷や自殺企図がおこることは，重要な領域に関する葛藤的で苦痛な恐ろしい情緒の体験について考えないで，**暴君のような**万能的自己がとって代わることへの嗜癖的プロセスになりうる。

有力な救援者に関連する自殺志向性のある子どもや若者の動機
死ぬ願望には一般に満たされない救われたい願望が伴っている

若者は自殺企図によって，自分を見捨てた母親を回復させることを試みる。誰が指名された救援者なのか？　明らかにそれは，その若年者が最も愛着する人物（人々）である。**指名された救援者**（the designated rescuer）は同時に，その若者がもともと大量の攻撃性を投影したであろう人物でもある。セラピストは，転移においてはその元となる対象の表象であるが，新旧の外傷が体験される時には**指名された救援者**になりうる。

指名された救援者は自殺志向性のある人が無意識的に自分の差し迫った死の原因だと思っている人物でもある

過量服薬をして母親を責める若者を想像してみれば，若者にとって母親は冷淡だと体験されるがゆえに敵意の対象である。その若者は逆説的に，母親が自分の認識している冷淡なあり方から変化して自分を救ってくれることをまだ願っている。

母親が救うことを通して，若者は自分が本当に愛されていて，愛おしいものなのだと体験することを希望している。同時に，救うことによって母親は，本当に子どもを気にかけており，子どもが「殺して」しまおうとするような「悪い」母親ではないと示す。

指名された救援者への求めには救援者が自殺の脅かしを受容できることへのニードが含まれている

Rey（1994）の述べるように，**指名された救援者**と関連した自殺志向性のある人の動機を査定することは重要である。自殺企図をする若者は内在化された冷淡な外的対象像という認識を持っている。しかしふつう若者は，外的な特定の救援者が変化して犠牲者に手を差し伸べ，犠牲者に共感的であり，自殺志向性のある若者と**指名された救援者**の両方にある破壊的な衝動に気づき認められるぐらい強くあることを願うものである。

危険な指名された救援者

危険な指名された救援者は，言外に自殺に同意したり，無意識的に自殺と共謀する。実際の拒絶の体験や見捨てられたり退けられたりしたという感情によって，前自殺状態にある身体への現実的な攻撃は促進されうる。大切な誰かからの拒絶を体験すると，自殺志向性のある患者は，拒絶を特に強力なあり方として受け取る。自殺の前駆状態にある人が無意識的意識的に必要だと願うように応答することを救援者が拒否した時，自殺は発生する。

うつ的で自殺志向性のある人々とのワークをする人は，そうした人々に拒絶や自殺の空想と共謀するように体験される態度や反応を引き出されたり，知らぬ間に誘い込まれたりする。言い換えると，自殺に先だって自殺の前駆状態にある人は，悪い，冷淡で懲罰的な内在化された対象関係を外在化しており，**指名された救援者**との逆転移関係の中に冷淡さを誘発する。もちろん，ある状況では**指名された救援者**は単に冷淡なのかもしれない。セラピストは，深く感じることに対する職業的防衛に用心していないとならない。それは**危険な救援者**として認識されることを招くかもしれない。一方では，セラピストが逆転移の中で「行動化」しないように，感情は思考や内省によって調節されている必要がある。

自殺の危険をアセスメントする道具としての夢

『臨床実践における夢』において Litman（1980）は，自殺志向性のある若者の夢を深く分析することに取り組んだ。彼は，若者が衝動的で無計画な行動として自殺を行うことはめったにないと示唆する。しかし，自殺の行為はしばしば衝動的だと信じる臨床家もいる。通常，自殺の思いつきは堪え難い心の痛みから逃れる可能性のある手段として考えられる。最初は，自殺の思いつきは受け入れられず，恐れられる。心の痛みへの別の解決策が求められ試されて，それらがだめとなると，自殺の思いつきはしばしばもっと魅力的になってくる。空想においても現実においても自殺の予行演習が行われる。

臨床実践においては，若者の夢や描画を理解することは，彼らが自殺したい気持を口に出し，それに基づいて行動することができないうちに，潜在的な自殺の手がかりを提供する。このため私は常に，最初のアセスメントはもとより，

150 第Ⅱ部 実践

セラピーの全経過を通して若者の描画と夢を見ることにしている。セラピスト
に潜在的な自殺の活動性を警告する描画と夢の基本的なテーマ（Litman 1980）
がある。以下のようなものである。

死と死んだ人のテーマ：
例：「私は燃える家の中で焼け死につつある。」

自己と他者の破壊のテーマ
例：「恐ろしい夢を見た。私は兵隊たちに銃撃されている。私は死ぬ。そ
して彼らも死ぬ。死ぬ方法で一番よいのは何だろう？ ゆっくり死に行く
よりも速射砲で撃たれるほうがよい。」

罠にかかりもがいても逃れられないイメージ
例：「私はかぎ爪のある人間のように見えるライオンに追われてビーチを
走っている。逃げられない。」

世界や重要な他者と別れる平和な夢
例：「ある女性がジェットコースターに押しつぶされて，それから歩いて
田舎のきれいな家に行き，お茶を飲んで友人と長いおしゃべりをする。」

　これらの夢はすべて死に関連していて，臨床家に対して，若者がすべての感
情に終止符を打つために自殺する危険があることを警告していることに注目す
ることが重要である。自傷に関しては，本人が気分の改善を求めているという
点で異なっている（Favazza 1998）。もちろん，セラピストが内的な対象像の
死やパーソナリティのある部分の死といったメタファーとして死を見ることは
重要である。夢の報告を聴く時には，細かく調律した逆転移の利用に依った臨
床的な判断が必要とされる。夢における自殺念慮と結びついた意識的な動機と
意図を知ることは，臨床家が若者の象徴化されうる攻撃性と行動化する可能性
のある攻撃性とを区別する手助けとなる。

結　語

　よく問われるのは「どうしたら自殺を予防できるか？」という質問である。アセスメントや入院・外来の精神療法を行う時，多くの場合われわれが自分の逆転移や子どもの転移を注意深く利用することによって，彼らが自傷や自殺の危険な状態にあることに気づけることは確かである。しかしながら，死の現実性の否認は，専門家や家族のシステムに浸透する。この理由のため，自殺企図をした若者にはその行為後24時間以内に面接をすることが重要である（Campbell and Hale 1991）。死の否認はいとも簡単に出現するので，自傷や自殺志向性のある若者との臨床作業について仕事仲間と話し合うことは欠かせない（Laufer 1995）。若者が過度の憎しみ，怒り，抑うつを抱えているなら，両親，家庭医，教師，そしてその他の専門家たちは，その危険に気づかなくてはならない。また，深刻な葛藤状況において，若者が安全な愛着対象に向かうことや内的な状況を変化させることに「希望を抱け」そうにない時も，やはり危険がある。

　夢と自殺志向性の考えの注意深いアセスメントとRey博士（1994）の鋭敏な質問の利用は，危険を予測し，適切な安全策によって若年者を支援する助けになるだろう。しかし，若者が失望している時，特にセラピストや治療チームや両親といった信頼する重要な他者と分離している時に，破壊的な内的対象は若年者に手招きするという現実がある。

　近年英国において，多くの成人の自殺は，退院して7日以内におこっているということには留意する必要がある。こうした理由により，若年者にとっての重要な他者（両親やセラピスト）の不在は計画的に行い，十分な予告を行うことと，治療からの予定された分離，特に入院治療や精神療法の修了によっておこる情緒的混乱のワークスルーをすることは，とりわけ重要である。

　絶望に囚われていると感じている自殺志向性のある若者との治療作業では，若者の苦痛な情緒を忍耐強く受容し，その打撃に耐えることが不可欠である。そして同時に，現実的な希望と適切で一貫した信頼に足る治療構造を提供することが必要である。個人精神療法家の仕事は，若者が憤怒や憎しみや失望や心的な痛みといった強い情緒を自分で取り扱う方法として，自傷や自殺よりもメンタライゼーションの能力を発達させるのを助けることである。自殺を遂げた詩人Anne Sexton（1981）は，「私はすがりつくものを持たねばならない」と

152 第Ⅱ部 実践

語った。「家族療法家は，若者と両親・仲間・教師・社会的ネットワークの中の重要な人物・より大きなシステムから関わる専門的援助者たちとの間の意味ある連結を築く触媒である必要がある」（Selekman 2002）。

最後に，Donna Williams（1992）が著書『誰でもなく，どこでもなく』で述べていることを引用しよう。

　　どんなにそうしようと思ったとしても，人は他者の魂を救うことはできない。他者の魂が自身を救うために闘うことを励ますことができるだけだ。おそらく愛は励ますことができるが，時に人々は戦いを宣言できるほどに愛さなくてはならない。

(1992)〔訳者訳〕

註

1　本章で女性代名詞を使っているのは，単に執筆に容易であるためである。現在私が会っている摂食障害と倒錯的な拒絶の若者の75％は少女である。〔訳注：女性代名詞の大部分は，若者と置き換えた。〕

文　献

Allen, J. and Fonagy, P. (eds) (2006) *Handbook of Mentalization-Based Treatment*, Chichester: John Wiley and Sons.（狩野力八郎監修，池田暁史訳：メンタライゼーション・ハンドブック――MBTの基礎と臨床．岩崎学術出版社，2011.）

Beck, A.T., Resnik, H.L.P., Lettieri, D. (eds) (1974) *The Prediction of Suicide*, Bowie, MD: Charles Press Publishers.

Bick, E. (1968) 'The experience of the skin in early object relations', *International Journal of Psychoanalysis 49*: 484–486.

Bourdouxhe, M. (1992) *La Femme de Gilles* (trans. Faith Evans), Champaign, IL: Lime Tree Publications.

Bowlby, J. (1969) *Attachment and Loss, Vol. 1*, New York: Basic Books.（愛着行動（改訂新版）．黒田実郎・大羽蓁・岡田洋子・黒田聖一訳：母子関係の理論Ⅰ．岩崎学術出版社，1991.）

Campbell, D. and Hale, R. (1991) "Suicidal acts', in J. Holmes, (ed.) *Textbook of Psychotherapy in Psychiatric Practice*, London: Longman, 1991.

Dare, C., Szmukler, G. and Treasure, J, (1995) *Handbook of Eating Disorders: Theory, Treatment, and Research*, New York: Wiley.

Farmer, S, and Hirsch, S. (1979) *The Suicide Syndrome,* Cambridge: Cambridge University Press.

Favazza, A.R. (1998) *Bodies under Siege: Self-mutilation and Body Modification in Culture and Psychiatry*, Baltimore, MD: Johns Hopkins University Press.

Gardner, F. (2001) *Self Harm*, Hove and New York: Brunner/Routledge.

Green, A.H. (1978) 'Psychopathology of abused children', *Journal of the American Academy of Child Psychiatry* 17: 92–100.

Haim, A. (1970) *Adolescent Suicide,* London: Tavistock Publications.

Hale, R. and Campbell, D. (1991) 'Suicidal acts', in J. Holmes (ed.) *Textbook of Psychotherapy in Psychiatric Practice* (pp. 287–306), Edinburgh: Churchill Livingstone.

Krystal, H. (1978) "Trauma and affects', *Psychoanalytic Study of the Clhild* 33: 81–116.

Lask, B., Britten, C., Kroll, L., Magagna, J. and Tranter, M. (1991) 'Pervasive refusal', *Archives of Diseases in Childhood* 66: 966–990.

Laufer, M. (1984) *The Suicidal Adolescent*, London: Karnac Books.

Leff, J, and Vaughan, C. (1983) *Expressed Emotion in Families*, New York: Guilford Press.

Litman, R.E. (1980) 'The dream in the suicidal situation', in J.M. Natterson (ed.) *The Dream in Clinical Practice*, New York: Jason Aronson.

Magagna, J, and Segal, B. (1990) 'L'attachment et les procès psychotiques chez une adolescent anorexique', in Groupe de recherché et d'application des concepts psychoanalytiques à la psychose (eds) *Psychoses et Création, L'Ecole Anglais*, Paris: Diffusion Navarin/Seuil.

Malan, D.H. (1997) *Anorexia, Murder and Suicide*, Oxford: Reed Educational and Professional Publishing Ltd.

Palazzoli, M.S. (1974) *Self-Starvarion: From Individual to Family Therapy in the Treatment of Anorexia Nervosa*, New York: Jason Aronson.

Racker, H. (1968) *Transference and Countertransference*, London: Hogarth.

Rey, H. (1994) 'Anorexia nervosa', in J. Magagna (ed.) *Universals of Psychoanalysis,* London: Free Association Books.

Rosenfeld, H. (1987) *Impasse and Interpretation*, London: Routledge.（神田橋條治監訳，館直彦・後藤素規他訳：治療の行き詰まりと解釈——精神分析療法における治療的／反治療的要因．誠信書房，2001.）

Segroi, S. (1982) *Handbook of Clinical Interventions in Child Sexual Abuse*, Lexington, ME: Lexington Books.

Selekman, M. (2002) *Working with Self-Harming Adolescents*, New York: W.W. Norton.

Sexton, A. (1981) *Complete Poems,* Boston: Houghton Mifflin.

Shneidman, E.S., Farberow, W.L. and Litman, R.E. (eds) (1976) *The Psychology of Suicide,* New York: Science House.

Simpson, M.A. (1976) 'Self-mutilation', *British Journal of Hospital Medicine* 16: 430–438.

Tucker, C. (1983) 'Proximate effects of sexual abuse in childhood', *American Journal of Psychiatry* 139: 1252–1256.

Turp, M. (2003) *Hidden Self-Harm,* London and Philadelphia: Jessica Kingsley.

Venzkaff, U. (1964) 'Mental disorders resulting from racial persecution outside concentration camps', *International Journal of Social Psychiatry* 10: 177–183.

Williams, D. (1992) *Nobody Nowhere,* Toronto: Doubleday.（河野万里子訳：自閉症だったわ

154 第Ⅱ部 実践

たしへ．新潮文庫，2000.）

Wolpert, L. (1999) *Malignant Sadness,* London: Faber and Faber.

映画

The Story of Adele H. (1975) Director: Francois Truffaut. Based on a novel, *The Story of Adele H.,* by Victor Hugo.

The Lacemaker (1977) Director: Claude Goretta.

第10章　自殺志向性と女性（women）：執着とからだ（body）の使用

Benigna Gerisch

自殺，性とジェンダー

　本章では女性性，執着そして自殺志向性の間のつながりに焦点を当て，それを探索するために，例証となる症例を提示し，いくつかの理論的な考察を行うことにする。しかし，文脈に添ってこの討論を行うために，ここではまず，自殺とジェンダーに関する歴史的研究の観点から手短かに眺めよう。

　注意深く見るなら自殺ほど，自然と文化，性とジェンダーの反映しあう相互作用を内面的にも外面的にも明らかにする徴候は，おそらくないだろう。このような行為を可能にする，というよりもむしろ予防しないような社会的な前提条件を通して，この相互作用は驚くほど屈折し，濃縮する。外界の現実によって形作られた個人の内的世界にも同様なことが生じる（Kappert & Gerisch 2004）。

　これについては後述の私の意見の中で説明したい。一方では自殺という問題の程度はいつも，際立った，華々しいとも言えるジェンダー間の実証的な差異と関連づけられる：男性（male）の自殺は女性（women）の２倍で，**女性（female）の自殺企図は男性（men）の２倍である**。他方では，Durkheim が社会学的研究である『自殺』（1887）を出版した時に自殺学は確立したが，自殺志向性の科学的研究をみれば，性とジェンダー，自然と文化の間の相互作用を記述するのに使われる術語は，特別な圧縮のされ方をしているようである。私はいくつかの論文（Gerisch 1998, 2003a）で，自殺学は現在にいたるまで，「彼女は愛のために死に，彼は名誉のために死ぬ」（Canetto 1992）という神話に表されるジェンダー役割のステレオタイプの焼き直しからほとんど進化していないことを示した。疫学的，医療精神医学[訳註1]的（medical-psychiatric），

訳註1）身体疾患と精神疾患の併存する患者を精神科医が主治医となって担当する米国発祥の方法。

156　第Ⅱ部　実践

精神分析的な説明モデルを詳細に批判的に研究した結果である。われわれの理解はこのように，生物学的な先入観の反映したものをまだ越えていない。女性（female）の自殺の問題の広がりは，いつも女性（women）が男性（men）とはっきり異なっている領域，つまりからだに置かれる（Gerisch 2000）。

　Canetto（1992）によれば，科学者の観点そして伝統的な自殺理論が男性（male）と女性（female）のジェンダーロールのステレオタイプに多大に影響されているという事実の中に，科学的な「悪循環」が存在しているという。これらは規範的で既存の概念に沿った男性的（male）・女性的（female）自殺行動というものを立ち上がらせ，また自殺学の前概念と研究方法を形作る。Canetto は以下のように仮定する。性と文化に依っているのは個人の自殺行動だけでない。むしろ，性の間の違いをもち込み，文化的に条件づけられた前提に型をはめられて「研究者が見る方向に添って『発見』したり，認識されるべく準備された」結果を拠り所にすることになっているのは科学者なのである（Canetto 1992）。

　既婚女性（women）の自殺率が対比的に高いこと——これは今日でも真実である——は，個人の社会的な統合と婚姻の保護的機能が自殺を減らすという Durkheim の中心的な理論とは矛盾している。そのように自然主義的な議論に逆戻りすることは，侮辱に対して科学的に処することに似て奇妙なことだ。女性の（female）自殺志向性の行動について明瞭に扱った論文はごくわずかしかない（Canetto 1992; Rachor 1995; Suter 1976）。そして女性の（female）自殺志向性の行動についての精神分析的な研究においては，さらにその数は少ない。思春期について記している精神分析的臨床家たちは例外である。なかには，ジェンダー特異性の考察を含めて，若者の自殺志向性の行動に関して非常に分化された理論を定式化する向きがある。たとえば，極めて重要な研究としては，Laufer と Laufer（1984, Laufer 1995），Berger（1989, 1999），Campbell（本書第 2 章），Perelberg（1997, 1999）および Bell（本書第 4 章）がある。

　伝統的な研究方法に頼ると，同語反復的な議論において稀ならず用いられる情報が供給される。女性（women）は自殺企図，特に軽度な方法によるものを行いがちであるが，それはなぜなら男性とは異なる，つまり異なった生物学的内分泌学的気質を持っているからである，というような。またなぜなら，彼女らの行動は死を目標とせず，対象喪失をその他の方法で対処できないためであり，だいたいは何らかの見捨てられ体験を与えている対象へヒステリー的で

操作的な圧力をかける行為なのである，というように。

「彼女は愛のために死に，彼は栄誉のために死んだ」

　古代においても，ギリシャ悲劇の中心的なテーマの一つは女性（women）が愛の失意によって自殺するというものであった（Nermer-Pfau 1987; Higonnet 1985）。しかしわれわれの臨床経験は，重要な愛情関係における分離や喪失と同様に，密接に関連する人々との葛藤は，男性（men）にとっても女性（women）にとっても等しく援助を求める主たる理由でありうることを示している。Freud（1917）は，自殺志向性と（対象）喪失は切り離せない不変なものであり，強調されるべきこととして，ジェンダー特異的に対応する意味を持つ，と述べた。Rousseau-Dujardin（1987）によれば，男性（men）の場合，**財産の喪失**と同等の怒りと報復という反応が起こるかもしれない。彼らの目的は，侮辱と喪失の感情を払いのけることである。「男根的な正義」を表明する試みは，殺人的な衝動や脅かしの形をとりうる。対照的に，男性よりはるかに頻繁に女性（women）は分離に対して，自虐的抑うつ的な自己卑下という様式や自己へ向かう攻撃という古典的な形で反応する。慢性的に傷ついた自己愛的な自己の再 - 現実化（re-actualization）が生じるのである。自殺志向性の行為が目指すのは，取り入れられた対象を殺すだけでなく，それを変容させ，守ることなのである（Kind 1992）。

　それぞれのジェンダーの間にはまた別の重要な相違がある。最大のものは，いかにからだそのものが体験されるかに見出される。私は，女性（women）と男性（men）には異なった，ジェンダーに特有なからだに関する備給と使用が存在すると推定する。ここから生まれる中核的な問いは，からだは何を表象し，どのようにして内的な葛藤がエナクトされる場となるのか，である。簡単にいえば，これらの相違は次のように定式化される。男性（men）は表面上は，対象を外在化し操作する傾向がある。彼らにもっとありがちなのは，自己愛的な傷つきを究極的または高度に挑戦的なスポーツの活動によって，また，生きた対象から顔を背け，アルコールや倒錯的といえるほどの生活改善薬（lifestyle drug[訳註2]）の使用といった無生物的なものを好むようになることで修復しようとすることである。

訳註2）生命に影響するような病気のための薬ではなく，生活の質を改善・向上させるための薬。

158　第Ⅱ部　実践

　私の臨床経験では，女性（women）は自殺志向性の有無にかかわらず，特殊で人工的な葛藤解決の方略をからだに投影することによって反応しがちである。この方法によって，女性（women）はからだの中，または表面つまり皮膚の上で対象をコントロールしようとする。同様に，かなり高い頻度で女性（women）は，自分のからだを不適切で欠損があると体験し，それが侮辱や拒絶や対象喪失の原因だと感じる。この不適切と感じることの苦しみはからだのせいにされ，からだと結びつけられるのだが，それがあまりに甚だしければ，特に思春期には妄想的な醜型恐怖となりうる。コーピングの試みは，さまざまな美容整形手術の方法や心身症的反応，そして**嗜癖的な**関係の持ち方を含むあらゆる自己破壊的行動に及んでいる。

決疑論 訳註3）：「あなたのことしか見えない註1）」

　上述の考えを描写するために，Ａさんの精神分析的な治療から少々引用しよう。このケースは，すでに他所（Gerisch 2005）で論じたことがある。

　Ａさんは最初に電子メールで連絡してきた。その時彼女は合衆国で研究プログラムに携わっていた。彼女は数カ月前から年長の既婚の同僚と関わり合いになっていたが，相手が急に情事を終わりにしたのだった。以上はすべて簡潔に電子メールで報告され，最後に私が彼女を援助できるかどうか問うていた。私は勤務先の自殺行動研究治療センターに来るように指示し，1週間後に彼女は来訪した。私はただちに彼女に魅了された。彼女は背が高く細身で，とてもセクシーで，豊かな黒い巻き毛と緑の瞳の持ち主だった。

　「私は彼なしでは生きられない。これまででいちばん素晴らしく，いちばん情熱的な関係でした。知的にも，情緒的にも，性的にもすべてだった。彼を通して私は，自分が本当にどういうものなのかついにわかりました。長い旅から家に戻ったようなものでした。なんとしても彼に戻って来てほしいのです」と彼女は突然話しだした。彼女は，最初から関係がいかにサドマゾキスティックな企てと拒絶によるうねりに特徴づけられていたか語った。それは彼女を「あやうく狂気に駆り立てる」ほどであった。彼は彼女に近づき，内へ入り込む道筋をつけ，そして撤退し，結局は再び彼女との関係を新たなものにした。合間

訳註3）Casuistry：倫理上・宗教上の規範を適用するにあたり，原則だけではなく事例をモデルとして判断を決する方法をさすが，ここでは事例から論じる，といった意味。

の時間はひたすら耐えがたく，何かのサイン，彼の電話，現れを待つばかりだった。携帯電話は彼女の生命維持装置だった。携帯が鳴ると，彼だという希望が立ち上がり，彼女がまだ命脈を保っている保証を与えてくれた。コールがないと，彼女はただちに他のものでは満たされない何か「冷え冷えして黒い」ものの中に落ち込んでいくのだった。待つことが長引くほど，彼女は絶望し空虚で麻痺した状態に陥り，発作的なひとしきりのすすり泣きで中断されるほかは，死んだように生きている状態に捕われていた。

　彼女のセクシュアリティはいまだ体験したことのないような情熱の強さに至り，彼も彼女とそのからだに取り憑かれた。こうした抱擁においてのみ，彼女は彼の愛情や彼女自身が完全に確かであると感じた。彼らを何者かが分つことなど想像できなかった。この歓喜の孤島にあっては，外的現実や待つ間の恐ろしさは打ち消された。彼とのこの「理想郷（never-never-land）」においてのみ，彼が自分を本当に，確かに，完全にわかってくれていると彼女は感じた。

　しかしそれから，Ｘは突然彼女を置いて去った。彼らはちょうど西海岸への調査旅行を共にする計画をしたところだった。実際のところ，彼は彼女から現実的に別れたのはなく，ただ突然消えたのである。単に彼はもはや反応しなかった。彼女の電話にも，ショートメッセージや電子メールにも。彼女は堪え難い狂乱に陥り，最初は事故や死やその他の大災害か何かだと信じて，すべての病院や救急病棟を調べたが，だんだんと彼は生きているが，彼女を求めてはいないと悟ったのだった。

　こうした希望がなく無力で，耐え難いほど脆弱な状態において，彼女は服薬によって最初の自殺企図をした。彼女が自分の陥っていたこの拷問のような状況を終わりにしたかったのは「からだ全体の反応」の欠如ゆえだったが，それよりもっと，自分の生命を賭けて彼に戻って来させたかったのだ。彼女はもはや，食べられず，眠れず，最大限の努力をはらって仕事だけはできたが，生き続けたいとも欲さず，生き続けることも**できな**かった。ついに，彼女は，苦しい絶望の無感覚な待機を数週間続けたのち，憎しみや怒り，憤りをちらつかせることもなく睡眠薬によって2回目の自殺企図を行った。6カ月後，私たちは週4回の精神分析を設定した。

生育歴的な観点
　Ａさんの生育歴には，早期およびそれ以後にも現実上の外傷的な対象喪失は

なかった。彼女は，両親と二人の同胞のいる「普通の」完璧な家族の末子であった。彼女の欠損の体験は隠されて，ほとんど見えずからだに刻み込まれたのだった。母親は必ずしももう一人子どもが欲しいと望んではおらず，娘の誕生の時に対応がまったくできず，自らも喪失の体験に苦しめられていたことが想像できる。母親はこの赤ん坊のためにほとんど内的空間を持てなかったようだ。というのはこの赤ん坊は父親とも競って，襲いかかるようにしがみつき，泣き声はわがまま勝手に母親を攻撃し，母親はついに疲れはてて苦痛に満ちた授乳をあきらめたのだった。したがって，早期の，ずっと存在した悲惨で外傷的な影は，彼女と母親のからだどうしの営みを曇らせた。近づきがたさを伴う強いられた身体的な近さという逆説が特徴的だった。彼女は，母親の女性としての魅力を台無しにし，職業上の見通しを妨げるという点で秘かに咎められる赤ん坊であった。おまけに，母親は自分自身が全く満ち足りたり愛されたと感じることがないにもかかわらず，子どもたちに与えることのできるすべて——ミルク，安全，快適な家庭——に関して羨望を向けられていたことが想像される。

Aさんの父親はまったくの仕事人間で，情緒的でなく，職業的には成功し，しじゅう留守をしている人物だった。彼女は後にこの父親を「家族の明るく知的な太陽」として頼ろうとしたが，失望と挫折に陥った。彼は時々，気のりしない態度で彼女の髪をなでた。しかし子どもたちはそれより繁く，脅迫じみた要求の声というかたちで達成の期待を受け取らされ，それを満たそうと死にもの狂いであった。

嗜癖と性愛化（sexualization）

心的なマトリックスが身体的な近さと不在の影響によって形作られているため，Aさんは届かないとても理想化された愛情対象に固着したままだった。その対象は自ら救済者になるのだが，しかし間もなく彼女の専制と飽くことなき口愛的な貪欲さと留保ない情熱的な激しさに衝撃を受けて退却するのだった。彼女の性愛（eroticism）と性愛化が自ずから紐解かれるさまも印象的であった。それらは身体自我全体および重要な対象関係のどちらにも関わるのだが，私との関係にも顕らかになった力動であった。彼女が関係が深まり出したと感じるやいなや，（届き得ない）愛情対象との関連がもとになり，彼女はいつも挫折してきた早期の融合の空想へ退行するように見えた。彼女はいまやこれを堪え難い剥奪として再体験した。彼女はこの感情をからだの自体愛的な刺激によっ

て防ごうとしていたが，それは反応しやすい早熟な身体自我と早すぎる性愛化によるものであって，生き生きしてまとまりをもっていると感じることができるようになるためなのだった（Khan 1979, Grunbrich-Simitis）。

　身体的には，性愛と性愛化は，対象を拘束して確保するという不可欠なことの暗喩にもなった。絶え間なく恋愛状態にあることにより，存在が確認され，自己が補強された。愛されている状態への常なるニードと「唖然とするようなからだ」は存在の確認と自己の補強を保証した。疑いなく，Ａさんは自ら繰り返し再生する恐るべき性欲を必要としていた。というのは，それは一次対象の「不在」でねじ曲がった存在とどうしようもなく結びついていたからで，また彼女の強い身体的な歓喜の瞬間は彼女にとって「第二の誕生」体験と相似のものだったからだ。

　手厚い対象を求める彼女の欲望は，具象的な性的結合によってしか満たされなかった。彼女は，情熱的な身体的な抱擁に対する絶対的なニードについて生き生きと描写した。それは，感覚のすべてを含み，De Lillo（2003）と私が「からだ - 時間」と述べる時間体験に相当するものだった。からだ - 時間として体験される瞬間瞬間にのみ，彼女は自分が生き生きとして確かで，自分自身の内にも世界の内にも錨が打たれていると感じた。

　Gutwinski-Jeggle も，こう言った状況における時間 - 空間の連続性の歪みについて強調している。

　　　嗜癖と性愛化は，具象的な連続性そしてそれゆえの明らかな無時間性という共生的な状態を回復する試みであるが，意識下に死という重荷を負った試みである。その死とはわれわれを不連続性から連続性に運ぶ最も究極的で強力な瞬間なので，われわれは意識的には回避を願うまさにそういうものなのだ。

（2003）

　分析開始当初Ａさんは，絶え間ない仕事への没頭によりかろうじて日々を持ちこたえることができていた。埋まらない時間のすきまができる時，たとえばたまたま週末だったりすると，彼女は堪え難い寂しさをどうにかしようとして気乗りのしない関係を持ってみるのだが，Ｘとの失われたものを見出すことはできず，当然失望と挫折感があらわになるのであった。「**彼を私の中から追い**

立ててくれるような別の男性を欲したが，同時に，別の人が私に触れているのにも堪え難かった。」だから，しばしば彼女は選択の余地もなく，気を落ち着けてくれる対象を生きたものから無生物に移すことになった。彼女は煙草を吸い，大量に飲酒し，ずっと携帯電話を見つめながら女友達に電話で何時間も話し続けた。しかしこれらの試みは実りがないとわかるだけだった。彼女の恋人はいつも，彼女の考えや感情そして夢の中に，寝ても覚めても存在した。というよりむしろ，存在しなければならなかった。

　彼女はこの想像の存在にしがみつき，こうして歪んではいても，自分が満たされていて，分離していないと体験していた。一瞬でも彼を「忘れてしまう」なら，それは時におこったことなのだが，彼女は自分が彼を見捨て，不誠実になり始めていると恐れて衝撃を受けた。彼女はそれを裏切りの一種と感じはしたが，むしろ，自己が失われていると感じるほうが優勢で，そのため現実または想像の愛着が刷新され，増大することになった。時々彼女は**酩酊して，普段しないような乱れた**自暴自棄で長いメッセージをだらだらと恋人の留守録に残した。常用できる嗜癖的な薬物（特にアルコールと煙草）は，生きたものとは異なり，欲求や願望を投影せず，侮辱や失望を投影もせず，彼女の一体感や果てしない連続性への満たされない飢餓をひととき満足させてくれるものだった（Voigtel 2001）。しかしやがてそれさえ，彼女にとってはやっかいな第三の要素と思われてきた。さもなくば，アルコールの効果は，彼女を隔離する心地よさの波で包み，その心地よさは彼女をゆったりと紡がれた愛情の繭に連れ戻した。

　Ａさんは，現代的なテクノロジー（特に携帯電話と電子メール）を躁的に絶え間なく使用した。それらは伝統的な嗜癖的物質と比べて，内蔵された，明らかな対象との交流機能を持っている。さらにこれは，融合の空想の特別な形を示した。それは空想に燃料をくべるような特殊な時間の操作を励起するものだった。彼女がそのよそよそしい対象を自暴自棄に使うとあたかもそれに生命がもたらされるようだった。彼女は一通の返信によって救われるというかなわない希望を持ちながら，携帯電話がからだの代用品であるかのように，常時テキストメッセージを打ち込んでいた。しかしながら，この方法で対象がいつも手に入ると想像しようとする試みのほとんどは，結局当てにならないとわかり，応答がないと彼女はただちに，まさに逃れようとしていた状態に沈みこんでしまうのだった。

喪，メランコリー，からだ，ジェンダーと自殺志向性

Aさんの自殺志向性の行動化においてからだを用いることは，上述した臨床観察と合致している。つまり女性（women）にとって自殺志向性とは，からだに投影された葛藤解決の方策なのである。そこで明らかな疑問が持ち上がる。女性の（female）発達には，女性（women）にとって分離と喪を飛び抜けて困難にする側面があり，それにより，憎しみや怒りや失望が自身，特にからだに向けられた時には自己破壊的な行動につながるということがあるのだろうか。

男性（male）と女性（female）の発達における重要な違いのひとつは，女性（female）の精神性的発達が，主観的ボディイメージに対して生じる急激な形態学的な変化と，母親と密接につながった特有の身体的な体験によって特徴づけられることである。要するに，少女の分離個体化のプロセスは，ジェンダー特異性によって負担が大きくなるといえる。これによって私はふたつの仮説をたてた。

第一の仮説では，以下を論じた。中心的かつ非常に葛藤的なジレンマが，儚い潜在的な固着点のように女性（female）の発達に偏在しているが，それは少女が著しく両価的に体験する，どこにでも存在する分離や離脱の怒りに続く。それは一次愛対象と女性の本質的な同一性という意味での同一化対象を兼ねる一人の対象に向けられるものである。少女が母親との間に持つとりわけ親密な原初の絆は，互いに流れ込む現象であり，両方のからだの不思議な浸透性であり，ジェンダーの絆であって，事実上解消しない「付着性」同一化なのである。身体的な「象徴等価」（Segal 1957）の傾向は，母親 - 自己 - からだという意味においてとらえると，一般的に同性である母 - 娘の対を育む。第三の人物（典型的には父親）が前エディプス的またはエディプス的三角の対象として有用でない場合は特にその傾向となる（Gerisch 2003）。

間主観的空間または中間領域が脅かされ，収縮し続け，あるいは奪われることは，分離する体験や分離している体験を変形させようとする発達のニードを妨げる。それは，原初的な攻撃性や破壊性が変形され，からだを通したエナクトメントが象徴化によって取って代わられる可能性への侵害にもなる（Fonagy and Target 1996, 1999）。

第二の仮説では，母親と娘の間で共有されたジェンダーは，特に前言語的発達の時期に，からだがその知覚機能によって，母 - 娘における無意識的プロセスおよび間主観的プロセスの構造を提供する中心的な装置として作動するリス

クを増大させると論じている。体験を象徴化し表象する能力の発達が不十分であったら，危機には解離現象が生じるだろうし，特に女性（woman）が喪失に直面した時にはそうなるだろう。からだはその時繰り返し，おおかた無意識的で一次的なからだの感覚的な情報の複合的な残余がエナクトされる場になるかもしれない。困難な分離個体化のあいだに女性（female）の身体に刻み込まれた，葛藤的でかつ外傷的な体験のかけらを私は思い浮かべるのである。

自殺志向性とからだ

結語の前に，Ａさんの自殺志向性の体験におけるからだの使用に戻ってみよう。ここでの私の関心は，彼女の自殺志向性の行動が死を意図していたのかどうかなどということとは関係なく，むしろ彼女の自殺志向性の行動化におけるからだに関連した複雑さを強調したい。

煮詰めていえば「あなたなしでは生きられない」となるが，Ａさんの愛情対象は，やはり失敗した離脱と分離のドラマを指し示す。そのドラマが，この特殊な投影による具象的なからだの使用に通じたのだ。彼女のからだは，２人かそれ以上の登場人物のための熱のこもった劇的な演技が再現されて行われるステージとなる。Ｘが反応しなくなればなるほど，彼が距離をとればとるほど，彼女は自分の疑うべくもなく美しいからだを怪物のように体験するのだった。彼女は，Ｘを遠ざけたに違いない自分の欠点をすべてからだに見出した。そのからだは，かつては彼の欲望を通して情熱的で官能的に燃え上がったものだが，彼女の空想の中ではいびつな奇形に変わってしまい，この「太った怪物」はそんなことに価しないからと，自慰さえ耐えられなかった。

そして，Ｘの不在を否応なく現実と認めさせられることもあって，彼女はたびたび発作的な号泣に襲われた。Ａさんの絶えず興奮状態にあるからだは，彼女の自殺志向性の空想の中で優勢となっている攻撃に苛まれていた。そのからだは絶えずＸの存在を願うため，また何によっても鎮めたりなだめたりできなかったため，撲滅されねばならなかった。この興奮していて，そして興奮しやすいからだは，失われた恋人の堪え難い在と不在の表象となっていた。その恋人は，ひどく葛藤に満ちた母親の取り入れと不可分に融合していたのである。これは，（空想の）死は究極の解決ではないことも意味する。むしろ，欲望する満たされないからだが自己の喪失と体験されて精神の調和をかき乱す脅かしであるならば，抱かれた空想，つまり混乱したからだ——依存的で要求がまし

くしがみつく自己の部分を表象しているという意味において——を根こそぎに
し，その恐るべき解体に逆らう試みがある。

　Freud（1917）は，「極度の恋着と自殺という二つの相反する状況のなかで，
まったく異なる仕方によってではあるが，自我は対象に圧倒されている」と記
した。対象に圧倒されるという考えに基づくと，部分を全体のために犠牲にす
るという解決法がここに現れることや，Ａさんの自殺志向性の空想が時おり中
世の悪魔祓い儀式のように思われたことは驚きではない。彼女は何としてでも，
自分の中からＸを追い払い，悪魔から自らを救いたかった。それは，彼女の自
我の上に落ちる単なる影などではまったくなく，彼女が生き延びるのを妨げる
ものだった。この状況が耐えられなくなるほど，彼女の自殺志向性の空想はよ
り残忍で血まみれになった。それらはしかし，最終的な死という観念ではなく
むしろ，解放に結びついていた。「死はからだにとってのみ恐ろしいのであっ
て，魂はそう考えない」と Marina Zwetajewa（1989）[訳註4] は自殺の直前に記
した。

　要約すると，次のようになる。対象と融合したいという願望によって生まれ
る中核的で複合的（Glasser 1979）な不安と，妄想分裂ポジションと抑うつポ
ジション（Klein 1957）との間の揺れはどちらも女性（female）の発達におい
ては独特でジェンダー特異的な増強のされ方をする。このことは，愛情対象へ
身体的にしがみつきたいという具象的なニーズに結実しうる。この観点は以下
の重要な問いを理解するための視野を広げる。**分離できないことと，結果的に
からだを対象および象徴として使うことが，葛藤を解いて対応する方法として
女性（female）特有であるように思われるのはなぜか？**（Hirsch 1989, 2003）

　こうした問いを提示した上で，これらの発想を「ジェンダー特有のからだの
使われ方：からだ-病理-ジェンダー——学際的研究」という作業タイトルの
もとに，さらに分化した学際的な探究を通して追求することが今や重要である。

註

1　映画『Damage』〔邦題『ダメージ』〕より引用。Louis Malle 監督，1992年。Jeremy Irons,
　Juliette Binoche 出演。

訳註4）Marina Zwetajewa（1892-1941）：ロシアの詩人。西欧に亡命後帰国し，自殺した。

166 第Ⅱ部 実践

文 献

Berger, M. (1989) 'Zur Bedeutung des "Anna-selbdritt"—Motivs für die Beziehung der Frau zum eigenen Körper und zu ihrem Kind', in M. Hirsch(ed.) *Der eigene Körpr als Objekt* (pp. 241–277), Berlin: Springer.

Berger, M. (1999) 'Zur Suizidalität in der Adoleszenz', in G. Fiedler and R. Lindner (eds) *So hab ich doch was in mir, das Gefahr bringt* (pp. 29–65), Perspektiven suizidalen Erlebens, Bd. l, Göttingen: Vandenhoeck & Ruprecht.

Canetto, S.S. (1992) 'She died for love and he for glory: gender myths of suicidal behavior', *Omega* 26: 1–17.

De Lillo, D. (2003) *Körperzeit,* München: Goldmann.

Durkheim, E. (1897) *Der Selbstmord,* Frankfurt: Suhrkamp.（宮島喬訳：自殺論. 中公文庫, 1985.）

Fonagy, P. and Target, M. (1996) 'Den gewalttätigen Patienten verstehen: Der Einsatz des Körpers und die Rolle des Vaters', in M. Berger and J. Wiesse (eds) *Geschlecht und Gewalt* (pp. 55–90), Göttingen: Vandenhoeck & Ruprecht.

Fonagy, P. and Target, M. (1999) 'Towards understanding violence: the use of the body and the role of the father', in R.J. Perelberg (ed.) *Psychoanalytic Understanding of Violence and Suicide* (pp. 53–72), London: The New Library of Psychoanalysis.

Freud, S. (1917) 'Mourning and melancholia', in J. Strachey (ed.) *The Standard Edition of the Works of Sigmund Freud, XIV* (pp. 237–258), London: Hogarth.（喪とメランコリー. 伊藤正博訳：フロイト全集14. 岩波書店, 2010.）

Gerisch, B. (1998) *Suizidalität bei Frauen. Mythos und Realität—Eine kritische Analyse,* Tübingen: Edition Diskord.

Gerisch, B. (2000) '"Auf den Leib geschrieben": Der weibliche Körper als Projektionsfläche männlicher Phantasien zum Suizidverhalten von Frauen', in P. Götze and M. Richter (eds) *'Aber mein Inneres überläßt mir selbst.' Verstehen von suizidalem Erleben und Verhalten. Hamburger Beiträge zur Psychotherapie der Suizidalität* (pp. 78–115), Bd. 2. Göttingen: Vandenhoech & Ruprecht.

Gerisch, B. (2003a) *Die suizidale Frau, Psychoanalytische Hypothesen zur Genese,* Göttingen: Vandenhoech & Ruprecht.

Gerisch, B. (2003b) 'Suizidalität als Ausdruck einer Symbolisierungsstörung', in H. Lahme-Gronostaj (ed.) *Symbolisierung und ihre Störungen. Tagungsband der Herbsttagung der Deutschen Psychloanalytischen Vereinigung* (pp. 313–326)' Bad Homburg: Geber & Reusch.

Gerisch, B. (2005) '"Nicht dich habe ich verloren, sondern die Welt" Liedenschaft und Obsession bei suizidalen Frauen', *Psyche—Zeitschrift für Psychoanalyse und ihre Anwendungen* 59: 918–943.

Glasser, M. (1979) 'Some aspects of the role of aggression in the perversions', in I. Rosen (ed.) *The Pathology and Treatment of Sexual Deviations,* Oxford: Oxford University Press.

Grubrich-Simitis, I. (1984) 'Vom Konkretismus zur Metaphorik', *Psyche* 38: 1–28.

Gutwinski-Jeggle, J. (1992) '"Trauma und Zeiterleben". Theoretische Überlegungen', *Jahrbuch der Psychoanalyse* 29: 167–214.

Gutwinski-Jeggle, J. (2003) 'Wenn Zeiträume nicht zu Spiel- und Denkräumen werden. Die Depression als "Zeitkrankheit"', manuscript.

Higonnet, M. (1985) 'Suicide: representations of the feminine in the nineteenth century', *Poetics Today* 6: 104–115.

Hirsch, M. (1989) 'Der eigene Körper als Objekt', in M. Hirsch (ed.) *Der eigene Körper als Objekt. Zur Psychodynamik selbstdestruktiven Körperagierens* (pp. 1–9), Berlin, Heidelberg and New York: Springer.

Hirsch, M. (2003) *Der eigene Körper als Symbol. Der Körper in der Psychoanalyse von heute*, Giessen: Psychosozial Verlag.

Kappert, I. and Gerisch, B. (2004) 'Einleitung', in I. Kappert, R. Gerisch and G. Fiedler (eds) *Ein Denken, das zum Sterben führt: Selbsttötungen: Tabu und Brüche* (pp. 11–17), Göttingen: Vandenhoeck & Ruprecht.

Khan, M.M.R. (1979) *Entfremdung bei Perversionen*, Frankfurt: Suhrkamp.

Kind, J. (1992) *Suizidal. Die Psychoökonomie eine Suche*, Göttingen: Vandenhoeck & Ruprecht.

Klein, M. (1957) 'Envy and gratitude', in M. Klein (ed.) *Envy and Gratitude and Other Works 1946–63*, London: Hogarth Press, 1975.（羨望と感謝．小此木啓吾・岩崎徹也責任編訳：メラニー・クライン著作集 5　羨望と感謝．誠信書房，1996.）

Laufer, M. (ed.) (1995) *The Suicidal Adolescent*, London: Karnac.

Laufer, M. and Laufer, M.E. (1984) *Adolescence and Developmental Breakdown. A Psychoanalytic View*, New Haven: Yale University Press.

Neumer-Pfau, W. (1987) 'Töten, Trauern, Sterben. Weiblichkeitsbilder in der antiken griechischen Kultur', in R. Berger and I. Stephan (eds) *Weiblichkeit und Tod in der Literatur* (pp. 11–34), Köln: Böhlau-Verlag.

Perelberg, R.J. (1997) '"To be—or not to be—here": a woman's denial of time and memory', in J. Raphael-Leff and R.J. Perelberg (eds) *Female Experience. Three Generations of British Women Psychoanalysls on Work with Women* (pp. 60–76), London and New York: Routledge.

Perelberg, R.J, (ed.) (1999) *Psychoanalytic Understanding of Violence and Suicide*, London: New Library of Psychoanalysis.

Rachor, C. (1995) *Selbstmordversuche von Frauen. Ursachen und soziale Bedeutung*, Frankfurt and New York: Campus.

Rousseau-Dujardin, J. (1987) 'Außer sich" in U. Konnertz (ed.) *Die übertragene Mutter. Psychoanalytische Beiträge* (pp. 53–76), Tübingen: Edition Diskord, 1987.

Segal, H. (1957) 'Notes on symbol formation', *International Journal of Psychoanalysis* 38: 391–397.（象徴形成について．松木邦裕訳：クライン派の臨床．岩崎学術出版社，1988；メラニー・クライン トゥデイ②．岩崎学術出版社，1993.）

Suter, B. (1976) 'Suicide and women', in B. Wolmann and H. Krauss (eds) *Between Survival and Suicide* (pp. 129–161), New York: Gardener Press.

Voigtel, R. (2001) 'Sucht als passiver Selbst-Mord', in B. Gerisch and and I. Gans (eds) *Ich kehre in mich selbst zurück und finde eine Welt. Autodestruktivität und chronische Suizidalität* (pp. 101–118), Göttingen: Vandenhoeck & Ruprecht.

168 第Ⅱ部 実践

Zwetajewa, M. (1989) *Ein gefangener Geist.* Essays, Frankfurt: Suhrkamp.

第 11 章　からだ（body）と心への暴力：
　　　　自殺としての子殺し[註1)]

Carine Minne

高度保護管理設定でワークすること

　本章で私は，自殺志向性のある若い女性で自分の赤ん坊を殺して何年も高度
保護管理下にある病院において治療を受けた症例を呈示したい。このタイプの
設定でみられる患者たちは，自他のからだに暴力を加えた人々で，かつ，自他
の心に暴力的となりうる並外れた素質を持っている。彼らは殺人もしくは自殺
の高い危険を持つと考えられている。まず私は，保護管理下にある設定で非常
に重症の拘禁された患者たちと精神分析的にワークすることの背景について
少々詳しく示したい。次に，著しく障害されたある若い女性との精神分析的な
作業の試みを呈示しよう。

　司法精神医学的設定の場が他の精神医学の分野よりも精神分析的アプローチ
を受け容れているかもしれない，というのは興味深いことである。高度に障害
された，あるいは混乱を起こしている患者たちを相手に働くスタッフへの影響
についての評価が高まっているのである。こういった患者たちをたくさん収容
している施設は，それ自体への長期的な「治療」を要する慢性的に「病んだ」
場所となっていく傾向がある。それは次のような多くの形に反映されている。
スタッフが高率に病気に罹ること，スタッフの入れ替わりが激しいこと，募集
が難しいこと。病棟や廊下や臨床的・管理的ミーティングにおけるスタッフ患
者間・患者間・管理者スタッフ間での不適応的な筋書きのさまざまなエナクト
メント。もし私たちが，このような患者たちの多くが重症パーソナリティ障害
や精神病に苦しんでいて，暴力的なエナクトメントにそれが表れていると考え
るなら，スタッフ特に看護師が日常的に何にさらされているのか，そしてどの
ように患者の障害が多職種チームや組織全体に避けがたく「まき散らされ」る

のか，より明確になるだろう。精神分析的な観点は保護管理下にある病院や病棟において必須のものである。そこでは，施設そのものの不健康にかかわる要素が潜在しており，ある種の精神的な障害は基本的に「伝染性」だからだ。精神分析的なものを投入することで，治療・スーパービジョン・コンサルテーション・訓練を通して無意識的な側面に注意を向けることによって，この伝染性にある程度の免疫をつけることができる。

　こういった設定で精神分析的にワークすることは必然的に精神療法家の働き方に影響を与えることになり，適応（adaptation）を必要とする。厳重な保護管理下に入院している人々は囚人のようにみなされるという誤認はしばしばあるものだ。これは管理や処罰という観点からのおなじみの偏向であり，治療という発想からはかけ離れているが，しばしば社会一般には，厳重保護管理下の入院は犯した恐ろしい罪を看過するものと誤解されている。個々のケースに対して必要なのは，片方にはメンタルヘルスの専門家による治療という位置づけがあり，もう片方の保護管理下の設定での自由の喪失は犯罪司法システムによって与えられている，という両者の間の正しい均衡である。この両方の立場は，いかなる患者の適切なケアに対しても，社会の安全のためにも必須である。この均衡を達成するには難しさがあり，治療の提供と安全とが衝突しうる厳重保護管理状況下で仕事をする時には特別な力動があるといえる。

　たとえば，厳重保護管理下で働く私たちはみな，たくさんの鍵束を腰に括り付けている。このインパクトは，「彼ら」対「われわれ」，あるいは「羨ましがる」対「羨ましがられる」という筋書きを強化するという単純な意味でも無視できないものだ。ここには率直にいって，非常に具象的な分裂が設定されている。そこに居合わせた患者と専門家はそれぞれ相応しい衣装を着て，いわゆる「悪い」人々が収容されている場所でおなじみのサドマゾキスティックな台本を演じる準備ができている。常時これに気付いていないと，こうした転移逆転移現象の磁力に引き寄せられ，患者の内的世界を何度も何度もエナクトするかもしれない。それは患者が自分たちと共に専門家に作り出させることができ，実際に作らせている世界なのである。

　「一般的な」精神療法とのもうひとつの違いは，保護管理下の入院設定では，私たちは患者たちが会いに来られるとは想定せず，こちらから会いに行く。仮に十分な護衛スタッフと使用可能な部屋があったとしても，来訪を見込むことは，実際は患者たちの多くにあまりにたくさんの責任を負わせることになる。

私たちが会う患者が自分が患者であると考えるまでに，しばしば長い時間がかかるのである。

　保護管理設定で働くことのもうひとつの影響は，自分の患者たちに対する守秘義務と彼らをケアする臨床チームへの情報共有の必要性との間の均衡をいつも検討し直さねばならないことだ。同僚との定期的なディスカッションは，たとえば危険な状況の予測や管理や，生じているチームの分裂を処理することに関して必要である。そういう意味では，この仕事は「親的な」存在とのディスカッションが必要な子どもの精神分析的な治療と似ている。まさに多くの患者たちは，曝されてきた信じ難い外傷的な出来事のために発達の面では中断しており，機能面では，しばしば大人のからだをした赤ん坊かよちよち歩きの子どものようにさえ見えるのである。

　このような治療センターの身体的な保護管理は禍々しく制圧的に見えるかもしれないが，実際はこれらの患者たちに必要な堅固な外的な境界を提供する。しばしば彼らは，過去にコンテインを受けたことがなく，ここでの状況が治療を受ける機会を提供しうるのである。現行の精神分析的治療がその後も実行可能で勧められるなら，私たちはときにそれを長期的に継続して，保護管理のレベルが下がり，患者がコミュニティに戻るまで供給に関わる。それによって患者たちに，数年間の治療期間におこるさまざまな移行の状況をワークスルーするチャンスを提供する可能性がある。保護管理レベルの移行の時期は不安が最高に達し，心の状態が退行するのがふつうであり，行動化の危険，特に自殺志向性が高まるもので，そこに継続性は最も重要である。こうした時，患者たちは地理的に離れた棟に移ったり全く新しいチームに入ったりして，これまでに新たにできた儚い愛着や馴染んだ環境をすべて失う。それはしばしば，あれこれ複数の世話役や家庭を体験してきた早期の体験の繰り返しになっているのだが，彼らはそのようなことに対応しなくてはならない。患者が高度保護管理からの退院への不安を示すことをひどく恥と感じることもありうる。高度の保護管理からの試験的退院が失敗する場合はなおさらである。

治療という論点

　高度保護管理の司法設定に関して先に触れておくという意味で，私は治療という論点について述べたい。この種の治療の大きな任務は，心とその機能に気

172　第Ⅱ部　実践

づくことが，私たちの患者である本人にとって役に立つことを可能にすること
である。これは，彼らつまり患者たちが何者で，何をしたのか，その衝撃が彼
らや他者の心に何を与えたかという気づきを指す。診断が何であるかにかかわ
らず，精神的に障害された人々は激しい暴力的攻撃を実行しても，自分が行っ
たことや，行ったことの深刻さに気づく能力は限られている。この欠如や回避
は，精神構造の障害によって自己と対象の認識に欠損があることによるが，精
神病的であれ非精神病的であれ防衛の武器として供給されるのである。これら
は患者が心的に生き延びるためには必要であると思われる。彼らの防衛を取り
扱うことは，「だめになってしまう」大きな不安をもたらし，精神病性のブレ
イクダウンそしてもしかすると自殺志向性や自殺にさえ至るかもしれない。し
かし，その防衛を手つかずで残るままにしておくことは，再び暴力的になるこ
とへの重大な要素をそのままに残してしまうことになる。セラピストに課せら
れることはデリケートで複雑である。第一に，その人の心を暴力的に侮辱して
いると思われずに気づきを養うこと，第二に，そういった気づきが育ちつつあ
ることを臨床的に判断すること，第三に，その人が自分の新たな気づきをどう
やって使っているか継続的に評価すること，である。私たちは自らの仕事をモ
ニターする中でこうした変化を探している。まさにこういう変化，つまり予後
良好を示す内的世界の変化が特に陰性の治療反応をひきおこすことがあるのだ
が，それについては後述しよう。症例によっては，注意深く限局的に抗精神病
薬を使うことが，精神病的不安がさらに深刻になることを押さえるのに役立ち，
精神分析的な治療の継続を可能にすることがある。

外傷化

　私はここで，こうした患者たちがいかに三重の意味で外傷を負っているかに
ついて述べたい。なぜならこのことは，彼らと精神療法的なワークをすること
ととても関わりがあるからだ。彼らの外傷は，第一にこれらの患者たちの背景
にあるすさまじい生育や生活の歴史によって，第二に彼らの犯した攻撃によっ
て，第三に治療の間に彼らが自ら精神障害を抱えていることを徐々に見出すこ
とによって生じる。Leslie Sohn博士と私は，これらの外傷は治療の経過で外
傷後ストレス**型**の障害を発展させ，顕在化させると考えている。換言すれば，
気づきと理解が発展すると，患者たちはこの結果に苦しみ始める。「よくなる
こと」のもたらす苦痛にもかかわらず，これらの患者たちのある者はより健全

な内的世界の方に一応の移行をする。しかしそれは特有の陰性治療反応を誘発
しうるような移行であり，その反応は患者の心をかつての不穏な，しかしなじ
みのある状態に戻すことをねらいとしている。というのも，気づきの重荷に対
応するよりも，記憶の奥に戻してしまうほうが望ましいからなのだ。

症　例

　ここで，ある若い女性の症例を提示して治療の力動を描写しよう。彼女の予
後はひどく不良で，ポジティブな移行を維持することができなかった。私は，
自分の受け持ちの非常に暴力的な若い男性たちよりも彼女が困難例だったと思
っている。私はしばしば彼女の面接に行くことを恐れたし，頻繁にあったこと
だが彼女から「鹹」にされることを歓迎した。臨床チームと私はともに，この
患者と私たちのどちらかが彼女の母親めいた者の役割をとる外傷のエナクトが
常態的に挑発されるのに対応すべく，懸命にワークしなくてはならなかった。
この外傷は，彼女の攻撃，赤ん坊殺し，そして自殺志向性のなかで再生産され
たが，それは彼女が自分を「殺した」母親に同一化するような状況なのだっ
た[註2]。

　Bさんは28歳の女性で，生後9週の娘を殺し，後にはひとりの専門家に重傷
を負わせた。彼女はひどく機能不全の大家族の出身であった。家族には世代を
越えた近親姦関係が複数あって，この拡大家族で誰が誰なのか確かに分かる者
がいないという結果に陥っていた。母親と父親，母親と継父という異なる両親
の間の暴力は通常のことだった。持続的な母性的養育の体験など存在しなかっ
た。この若い女性は思春期の頃にチック障害を生じ，結局は薬物治療を受けた。
彼女は18歳の時に若い男性と出会い，この人のために家を出て，結婚し，子ど
もをもつのだとはっきりと意志を固めた。これに先立って，彼女は真剣につき
あったボーイフレンドはなく，Bさんがどのくらい「白いドレスの結婚」によ
って自分が渦中で育ってきた混沌のいくばくかを打ち消そうとしているのかは
誰にも推測できなかった。彼らの結婚によって，彼女は彼のアルコール症の母
親と同居することになった。

　Bさんはほどなく妊娠を知って喜んだ。しかし，この出来事のストレスは，
健全な備えのない若いカップルには妊娠後期に結婚を破綻させるものとなり，
その時点で彼女は実家に戻り実母と暮らした。健康な女児を出産して数日のう

ちに，彼女の母は赤ん坊の泣き声に耐えられないから出て行ってよそで暮らしてほしいと彼女に伝えた。これはこの母親のきわめて典型的なふるまいだった。母親は後に，たとえば，Ｂさんにこんな厄介ごとばかり起こすなら自殺するほうがいいのじゃないかとたびたび言うような人物なのだった。Ｂさんと彼女の新生児はその後，家族の友人のところに移り住んだ。

　Ｂさんは生まれてすぐの赤ん坊に不安を抱くようになった。彼女は赤ん坊の具合が悪いと確信し，保健師や家庭医に定期的に電話したが，大丈夫と言われても受け入れなかった。あるとき，彼女は赤ん坊が顔面チックを呈し始めており，それは彼女自身のものに似ていて，赤ん坊の呼吸が影響を受けるひどさなのだと述べた。赤ん坊を経過観察するために母子は入院した。最初は赤ん坊は調子よさそうだったが，２日後に状態は悪化し始めた。この悪化の原因は何ら見出されなかった。赤ん坊は危篤となり，集中治療を要するようになり，その後死亡した。

　Ｂさんは赤ん坊を失って，母親とともに家に戻った。赤ん坊の死後検死を経て間もなく，検査報告によって赤ん坊の血中にＢさんの薬物の中毒量が見出され，それが赤ん坊の中毒死の原因と考えられると示された。Ｂさんは子殺しの廉により逮捕された。彼女の不安定な精神状態が検討されて，彼女は再拘留期間を精神科病院で過ごすことになった。彼女は１年以上，裁判の最後まで罪状を否認し，赤ん坊に自分の薬を与えたのは殺すためではなく，医師や看護師たちが赤ん坊をちゃんと看てくれなかったからだというふうに述べた。遡ってみれば，彼女は自分の母性的養育の劣悪な体験を二重に投影していたと考えられる。ひとつは母親に同一化することによって自分の赤ん坊に対して行われ，もうひとつは投影同一化によって，看護師や医師たちが，具合の悪い赤ん坊，つまり彼女自身でありかつ実際の具合の悪い赤ん坊に何がおこっているのか気づかない悪い両親となったということである。

　Ｂさんは最終的には子殺しで有罪となり，裁判所の命により閉鎖病棟に入院することになった。徐々に彼女に自分の責任を持たせるようにし，やがて母親の家に付き添いなしで短期間訪れることなどが試みられた。自宅に一泊した後，彼女は本気で看護師にナイフで切り付けたが，その時は厚着によって傷は限局的であった。その看護師はＢさんの部屋で，「先に進む」ために赤ん坊の写真をすべてはずすことを考え始めてはどうかと示唆していた。おそらくＢさんは自分が失敗した喪の試みを諦めるように要請されたと感じて，そのことが彼女

第11章　からだ（body）と心への暴力　175

の心に破局を引き起こしたのだ。彼女は「思いをいたす」ことができず，暴力的なエナクトメントによってしか対応できなかった。Bさんはそのために高度の保護管理下に移され，週2回の精神分析的精神療法が始まった。

治療の最初の2年間

　治療の最初の数カ月の間，Bさんはそういう状況で期待されると彼女が想像するような迎合的な患者の様相を手本のように呈した。それは，そのような過去のある人に予想される像にほかならなかった。なんと恐ろしいことをしたのだろうと語る苦悩している患者のようにしていたが，これはすべて偽物感を帯びていた。彼女が私にそのように見せていることを徐々に私は示した。そしてそれは，彼女が攻撃する時，そして今この部屋で私と共に居ながら，自身のかき乱された心の状態によって傷つけられ痛めつけられる感覚を回避するひとつの方法だと解釈していった。これはしばらくの間，彼女の自殺志向性や彼女自身への危険がなお増大することを招いた。

　治療早期の数カ月間のいくつかのセッションで，彼女は，何を赤ん坊にしたか，どうやって自分の錠剤を砕いて繰り返し密かに赤ん坊に与えたか，さらに私に話すことができた。こうした時期，彼女の実際の苦しみは明らかだった。ある時彼女は，赤ん坊は看護師や医師たちからちゃんと面倒を見てもらえていなかったという確信でいっぱいだったと述べた。私はセッションでそのような時，彼女がちゃんと世話をしてもらえる赤ん坊でありたいとどれだけ望んでいるか，と言った。彼女は非常に葛藤的な状況だった。つまり，このようにちゃんと見てもらうということが，彼女がとらえている**自分**の家族構造でのちゃんと世話をすることの意味を否定するという問題に直面していたのだ。彼女が治療の流れに乗るなら，家族を裏切る感覚が生まれるかもしれない。私はある意味彼女を侵害する存在としてあり続け，彼女の生育史と侵襲がもう一度エナクトされた。

　患者の心にある病理的な母子の力動は治療の中にも見てとれた。誰にも知られずにあるセッションの前に過量服薬し，現れると彼女はもうろうとした目をしており，両手は震えていた。彼女は身体的に問題があると指摘されると，何度か問題は何もないと否認して，怒り，こんなことを続けても意味がないと叫び，赤ん坊と一緒にいたいと言い張って，再び自殺志向性に言及した。彼女は私を心配させ続けた。過量服薬をしたらしいと推測された（明らかになった特

176 第II部 実践

定の症状の組み合わせのため）後に私は，彼女は私によい母になって彼女の何が問題か推し測ってほしいのだと思う，と伝えた。長い沈黙があった。私が問題を推し測ったら彼女は安心すると信じていると私は言った。そして，過量服薬したことを私に知ってほしいのだと思うと続けた。私がこれに気づかなければ，彼女は自分が正しくて，彼女が（自殺に関して）本気だと誰も気づかないことを喜ぶことになるだろう。私が気づくなら，彼女は私から得るものがあるが，そうやって得ることによって甘やかされてだめになったような感じがするだろう。この状況で患者は，ついに過量服薬を認め，緊急に医学的処置を受けねばならなかった。このセッションでは，侵襲が再び繰り返されている。赤ん坊つまり彼女自身は再び薬物によって危害を与えられ，今回は赤ん坊は助けられている。だがしかし，実際に「助けられ」ると患者は，感謝の大盤振る舞いという躁的な爆発をおこし，実際おこったことの深刻さは薄められ，このように救われることがひきおこす罪悪感の体験は回避された。

　治療におけるこの最初の２年間，Ｂさんは私が彼女を害するに違いない者として認識し，そうした状況の中で私が言葉で彼女に「毒を与え」ようとしているととらえていた。彼女は自傷やその兆候のために頻繁に持続的観察下に置かれた。また別な時には，それは数週間から数カ月に及んだのだが，彼女はすべての困難から躁的に逃れ，治ったから誰からも，特に私からの一切の治療は必要ないと主張するのだった。この時期には，彼女は極度に敵意に満ちて攻撃的でさえあった——実際，彼女は私がこれまで緊急警報ボタンを押したただ一人の患者である。彼女が私を「鹹に」しようとした機会が何度もあったが，恥ずかしながら私はそれを歓迎した。看護師たちとの話し合いや，Sohn博士との定期的なコンサルテーションは，私が復讐も遺棄もしない対象として居続けることを可能にした。それは彼女がかつて経験したことのないことだった。やがて彼女の躁的に「治った」状態はもろく崩れ，再び自傷し，ひきこもってさらに受容性の低い心の状態に入るのだった。治療の休みはしばしば彼女の精神状態悪化の引き金となり，それに続いて自傷の危険のために観察レベルを上げる必要が生じた。彼女の感情と周囲の人間の存在や不在との関連を指し示すあらゆる試みは一切否定された。このようなことに影響されているという考えは彼女にはあまりに恐ろしく「心に置いて」おくことができず，行動に現れた。この時期を通して，セラピーが維持されることにおいて，また，セラピストと看護師の中に引き起こされた，暴力的な復讐や恒久的拒絶をエナクトする誘惑を

回避することにおいて，看護師たちはこの上なく重要であった。

２年目から５年目までの治療

　治療の３年目にＢさんの精神状態は明らかに精神病的な様相を呈し，彼女は当惑していた。スタッフに毒を盛られるという妄想があり，幻覚も体験していた。彼女は飲食をやめ，医療棟に移ることを求め，そちらでは彼女は安心し，経管栄養を拒むことはなく満足しているようだった。それはあたかも彼女が自らを責め苛むニードを，彼女のまわりのセラピストを含む人々に委託しているかのようだった。この精神病的な様相の数カ月後に現れたのは，抑うつ的な患者であり，フラッシュバックや悪夢を訴えていた。その内容はいつも，自分の娘が救命機器につながれた最後の数時間とその後の死体安置所の傷んだ死体であった。多くのセッションは短く，患者はゆっくり足をひきずって部屋に入り，頭を垂れて目を会わさずに単調な声で話した。「私はこれを続けられない。赤ん坊と一緒にいたい。私は生きるに値しない。死ぬに値しない。」最後は決まって，彼女は看護師に来てもらって私から解放してほしいと求めた。私は，いかに彼女が無慈悲に赤ん坊の母親つまり彼女自身を罰しているか，いかに私が懲罰的で赤ん坊の母親を罰すると感じられているかを取り上げて彼女とともに扱いはじめようと試みた。彼女は私に危害を与えられる赤ん坊であり，そしてまた私や看護師たちに救われることが必要な赤ん坊でもあった。Ｂさんの心の中では赤ん坊（または彼女自身）を殺しそれを知る部分と，フラッシュバックを体験し，また当たり前の悲嘆する母（人）でありたいと願う悲しむ部分とが衝突しているように見えた。

　この時期のセラピーにおける基本的な苦闘は，彼女が自分が誰で何をしたのかに直面して変化することができるか，あるいは，知らない状態に引き返すないし留まる必要があるのかであった。私の見立てでは，この二つは彼女の危険性という意味においてリンクしていた。知らないことに留まるという状況では，彼女は実際の赤ん坊たちであれ象徴的な表象であれ，赤ん坊への慢性的なリスクであり続ける。病理的な母子の力動は手つかずのままになる。自分自身を知り，その知を扱う手助けを得るなら，それら赤ん坊たちのリスクは減るが，治療なしでは彼女自身への危険性が立ち上がる。どちらの危険な態勢も，間接的あるいは直接的な自殺志向性のものと考えることもできる。

　この葛藤と平行して，Ｂさんは３つのあり方の間を行き来していた。第一は

178   第Ⅱ部　実践

絶望し，ひきこもり，フラッシュバックを体験し，自傷的になるあり方。第二は被毒妄想のある精神病状態。第三は，躁的にすべての問題から逃れ，ケアを担当する者に敵対的であり，「治った」と主張するあり方。これらの3つのあり方は，治療のその後2年以上，かわるがわる繰り返された。

　この治療の最初の5年の間に，Bさんは病院で2人の男性患者との関わりをもった。最初の関係は男性が退院するまで1年続いた。彼はその後再犯し，強姦と殺人未遂により収監された。この時期は特にBさんには難しい時期であった。なぜなら，Bさんが彼の不在の時に彼への病理的愛着について語ろうと試み，彼と距離をおこうとしたからだ。彼女が普段と異なった（まっとうな）ふるまいをすることによって家族を裏切るという自己認識の歴史を鑑みれば，こういったことを探索することは彼女には極度に困難だった。彼女の母親は余計にことを複雑にした。彼女がこの関係を清算すると，繰り返し，自分が「お前の男のそばに居て」やらなくてはと言ったのだ。まさに母親はこの男の収監先を訪れ始め，それは患者をさらに混乱させた。

　Bさんは次に，高度保護管理の病院にいるもうひとりの男性との関係を始めた。そして二人とも入院している間に結婚した。これは彼女が躁的に「治った」時期の一つにおける出来事で，彼女が悩ましい家族の歴史をいかに繰り返しているかを私が示そうとしても，一切役に立たなかった。妄想と正常さがつるみ合うといえるようなシステムの中では，これをめぐる精神療法的作業はほとんど無意味に帰すことになった。彼は退院し，二人は接触を保った。1年後，彼女は彼から別の女性と会っていると知らされた。彼女は母親に電話してその恐ろしいニュースを伝えたのだが，それを聞いて母親は，**自分が**その女性なのだと言った。彼女は取り乱して姉〔訳注：または妹〕に電話をしたところ，姉は彼女が母親の幸せを願わないことを咎めるのだった。こういったありさまを見れば，Bさんのこれまでの人生と同様，その時々の状況の衝撃がいかに改善する機会を危険に曝し続けるかは知るに難くない。

　Bさんはこの件を知った後，2年以上は母親と連絡を断つようにした。また，離婚の手続きを始めた。この時期には，精神療法はより受け入れられて関係を発展させ精神状態はずっと安定した。彼女の看護師への関わりはこの時期改善し，彼女の関わり方において可能な変化の始まりがまさにちらりと感じられたようだった。特に，彼女が「内的」な母親とかかわる時に習いとなっているサドマゾキスティックな方法をやめはじめたようだったが，それは実際の母親と

第11章　からだ（body）と心への暴力　*179*

の接触を断絶することでのみ可能なのだった。しかし，母親はやがて男との関係が終わると，Bさんと接触を再開した。彼女は娘つまり私の患者に，そんなひどい男と一緒でいることから救ってもらって自分に感謝すべきだと言った。瞬時にBさんの心には理想化された母親が浮上し，セラピストは再び「悪い」人または対象となった。Bさんの進歩はその途上で停止した。この展開は，私やチームにとっては，母親との接触は彼女の精神的健康を本当に悪化させるという明瞭な証拠であった。もし彼女が子どもならば（情緒的にはそうだが，現実的な意味ではそうではない）子どもの健全のために母親との接触を阻止する児童保護法が発動されることだろう。

　運悪く，患者は行き詰まった状態にはまり，いまやしばしば堪え難い精神的な体験を身体化するか，顕在的な精神病症状に至る危険にあるかなのである。こうした構えは，彼女がセラピストと心の内容について定期的に対話することを妨げる。彼女は心の中で理想化された母親を保持し，病理的で危険な母子の力動が残っていることが暗示されている。Bさんが進歩を保てないのは心的構造のダメージによるものである。そのために，私たちが片鱗だけ摑んだより健康な関わりへのさらなる発展を保ったり進展させたりできなくなった。セラピストとスタッフの主な反応は絶望と激怒であり，そのどちらもがもちろん，患者の中にも著しいのである。興味深いことに，Bさんへの他の患者たちの主たる反応は，彼女が最も自殺志向的で絶望している時に向けられる敵対的な憎しみから，彼女が躁的に「治った」というときの無視までさまざまであった。こうした陰性あるいは無視するような反応をひきおこすことによって，Bさんが病棟で母親の存在を感じていられることが保証された。

　Bさんには終身の施設におけるケアが必要になることはかなり確かである。精神分析的な要素の投入はおそらく彼女の状況を改善してはいないが，少なくともケアの提供者が彼女を理解して，彼女のこれまでのそしてこれからも続く人生に意味を与えようとし続けることを援助してきた。看護スタッフの助けを得ながら彼女が呈した変動幅の大きな精神状態に持ち堪えて報復しないセラピストは，彼女の内的世界の幾許かに貢献していることになるのかもしれないが，それが明らかになるとしても何年か後のことだろう。

結　論

　この種の投入を行うひとつの目的は，看護師たちが強力な投影を引き受けるという難しいタスクをやりぬくことと，同様に互いに深く影響しあう他の患者たちをうまく取り扱うことを可能にすることである。このような患者たちに治療全体の一部分としてセラピーを提供することのもうひとつの目的は，彼らの中に自分が何をしたのか，そして恐ろしい出来事の素地となるようなどんな精神生活を以前過ごしていたのかについて，徐々に認識をもたらすことである。患者は心の退行状態にある時に，こうした過去の精神生活や精神状態に再び陥る。治療のプロセスは，彼らが自身について何ら知らないところから，気づき，その深い外傷的な影響を取り扱うところまでの複雑で延々とした変遷を要するようだ。目標は，彼らが理解を得るのを援助することであり，楽観的に言えば彼らの内界における何らかの変化である。これは，病理的に防衛された障害を持ったパーソナリティや精神病の病像から PTSD 型の表れを思わせるものへと変化することも結果として伴う。もしこうした変化がおこるなら，初期の頃には患者は悪化したと感じる。しかし，何が起こったかについての考えと感情，そしてそれに関連した彼らの苦境が心で体験できて，精神的な体験を暴力的な行動化というおなじみのやり方で排除する必要がないような，より健康な内的世界を手に入れることになるかもしれない。

　患者が治療において進展した時におこる大きな困難は，「良くなること」に誘発される陰性治療反応の類いである。長い期間一貫性が保たれることによって，これらの患者たちは抑うつポジションへのためらいがちな移行が可能になるのだが，それはポジティブな移行によって引き金が引かれる陰性治療反応が深刻さや頻度を減じるまで，繰り返し繰り返しワークスルーされる必要のあるものなのだ。

　Ｂさんという特定のケースにどれだけワークが進められるのかには疑問が残される。精神構造のダメージをひきおこすような発達の外傷的な中断は，彼女の精神機能のいくつかの領域に影響を与えている。彼女の自己内省力には限りがあった。自分の情動を調節する能力はひどく妨げられていて，衝動的で暴力的な行動に結びつく。主な防衛機制は原始的で，揺るがず柔軟性がないように見えた。彼女の心は価値下げするか罰するような対象を住まわせており，彼女は良くても悪くてもゆがんだ自分の中のそれらの像を投影した外界の他者に依

第11章　からだ（body）と心への暴力　*181*

存することになる。Bさんの中心的な怖れは，悪い対象が永遠に侵入的に存在することである。あるいは同じぐらい恐ろしいことに，彼女がおおよそ得られなかった良い対象の喪失がいつも差し迫っていることなのである。これらが彼女の自殺志向性や自傷傾向を勢いづける。

　患者たちが異なったセキュリティ水準へと移行していくあいだ中の長期間にわたって治療が継続されることは，維持可能な本当の移行が立ち上がりうるために欠かせない。望むらくは，心の「筋肉」が強化され，かつては心から振り落として身体の動きにしなければならなかったものに耐え，コンテインできるようになることである。

註

1　本章は以下に掲載されている。本章の出版への同意に謝意を表する。
　J. Gordon and G. Kirtchuk (eds) (2008) *Psychic Assaults and Frightened Clinicians: Countertransference in Forensic Settings*, London: Karnac.
2　セラピーからの症例素材を匿名化して使用することには，患者の承諾と精神科コンサルタント医の同意を得ている。Leslie Sohn博士には，それなくしては維持できなかったような治療について定期的なコンサルテーションを与えてくださったことに深謝する。母性本能の倒錯に関する貴重な研究（Welldon 1988）を著されたEstela Welldon博士にも謝意を表する。

文　献

Welldon, E. (1988) *Mother, Madonna, Whore. The Idealization and Denigration of Motherhood*, London: Free Association Books.

第12章　ある分析における自殺志向性の思考[註1]

Elmar Etzersdorfer

はじめに

　本章の目的は，重症患者の精神分析の臨床素材に現れる自殺志向性の思考の意味を探索することである。この分析では自殺志向性は他者に投影されたが，直接的に自殺志向性の思考が表されることもあった。私はこのケースの討論で，底流にある精神病的機序を理解することに焦点を当てる。転移逆転移状況を記述し，分析的作業の経過の複雑さと，患者自身や他者との関係性の中に自殺志向性の本質が埋め込まれていることを呈示する。この探索を通して，自殺志向的であることは精神病性のブレイクダウンの恐れを表そうとしていると理解できるかもしれない。

　私は自殺志向性について，自己愛的な危機（Henseler 1974），あるいは心的経済において調節機能を持つこと（Kind 1992）という伝統的理解とからめて自分の思考を発展させているが，ここで議論するような患者たちを理解するためには，この枠組みは拡張を必要としていると述べたい。

症例の経歴

　私がこれからA氏とよぶ患者は，目下自殺の危機にあり，これまでの人生で繰り返し自殺志向性の状態に陥っていた。しかしながら，今に至るまで自殺の行為には至っていなかった。自殺の脅威を伴うワークは，急性の自殺志向性をもつ患者に限らず，先々の危機への不安を示す患者たちとの往々にしてとても難しい作業を含んでいる。

　A氏は50代半ばの勤め人である。彼はときどきとても尊大で横柄な印象を与えるが，そうでない時にはまったく気さくで人を惹き付ける印象を与えた。彼は身だしなみよく，日に焼けて身体的には健康である。彼は活動的で魅力的な

専門職の人物のよくできたモデルのように見えた。彼は職場では自由時間のイベントをよく組織したし，多くの過去の仕事のパートナーとは親交を保ち，余暇にはいつもリーダーであった。しかし時がたつにつれ，仕事での困難が増していった。彼は，職場の一部の同僚たちによって打ちのめされ，傷つけられたと感じた。彼らはしょっちゅう結婚しているかと彼に問い，ホモセクシャルだという推測をほのめかしたが，それは実際彼が何十年も考え込んでいた疑問だった。最近彼は，みんなが彼をゲイだと思っているとほぼ確信し，気が狂ってしまいそうになっていると感じた。彼が自制を失い，テーブルをどんどん叩いた時，一同は当惑して静まり返った。その結果，彼は精神科医によって精神科病院に送られることになったのだが，彼はその時途方にくれ，もうその状況に耐えられなかったのである。

　分析の長い期間の後にさえ，彼の生育歴ははっきりしない部分が多かった。母親が世間体にとてもこだわっている様子が浮かび上がった。彼女は苗字の前に貴族の"von"を置いていたが，それは正統なものではなかった。彼はそのことを母親の死後発見した。家族は社会的な没落を体験し，彼の祖父の世代の威光に大いにすがって生きたに違いない。A氏が7歳の時に早くも父親は他界した。彼は後に，その父親が本当に生物学的な父親だったか疑わしくなった。そして，父親が同性愛者ではないか，伯父が生物学上の父親ではないかと訝った。後に発見した証拠として，彼は生後半年間孤児院で暮らしてから家族の一員となったのだ，と述べた。彼は母親のもとで成長したが，一時は寄宿学校で過ごした。こうしたことはすべて彼の語りにおいて不明瞭なままで，理解しにくかった。実際，A氏とその物語には映画か演劇のような芝居がかった雰囲気があり，また彼の生活様式はどこか映画の中で生きているようだった。彼の子ども時代の例を挙げれば，「理想的な」家族を作るために彼は妹がほしいと思い，架空の妹をこしらえて妹について話していた。しかし，学校の司祭が，妹はいつになったら初聖体[訳註1]に来るのだろうと尋ねた時に，やっかいなことになった。

　A氏は後に大学を卒業し，責任のある職業に就いた。彼は長い間「みんなのお気に入り」であり，いつも愛され，注目の的であった。しかしながら，彼は長続きする恋愛関係を持つことが困難であり，一度も女性と暮らしたことがなかった。彼は自分が本当は同性愛なのか突きとめようとしたという，短い同性

訳註1）キリスト教で子どもが初めて聖体を拝領する儀式。通常7～13歳。

184　第Ⅱ部　実践

愛のエピソードを述べた。答は見出せず，関係は間もなく破局したのだった。かつて短い年月，彼は別の関係から救い出した女性と交際していた。しかし，彼らは同棲しなかった。A氏はかなり自己中心的で，他者が自律的であることへの理解力が乏しいという意味で，一見して自己愛的であった。彼は平均以上の知性を持ち合わせており，自分のできる限り治療への努力をつぎ込むという印象を繰り返し私に与えていた。

　私は，彼の入院中に高頻度の設定で面接を開始した。デイ病棟（a day ward）での治療期間の後，彼は私との週４回のセッションの外来治療を開始した。それはずっと対面法で行われた。A氏は，視覚的なコンタクトと目からのフィードバックが直接得られないカウチでの治療には，ほとんど耐えられなかった。

　開始時から治療は非常に困難だった。かなりしょっ中，私は自分が彼の物語に食傷し，頻繁にそれを何ら理解できないと感じた。私が何かを理解して解釈すると，しばしばA氏ができるのは，それをとてもあいまいに自分自身や自分の体験に対してあてはめることだけだった。すでに述べたように，A氏はこの時点までは自殺企図を行ったことはなかった。そして，自殺志向性は入院の主な理由でもなかった。しかし入院治療においても早期の危機は存在していた。彼は自殺企図はしなかったけれど，ときどき強い希死念慮をもったことがあり，何度も郊外をドライブして身投げのために最も高い橋を探すようになったのだった。

　以下の分析の素材は，外来でのA氏と私との治療がちょうど１年過ぎたころのものからである。彼は転居して人生で初めて女性のパートナーと同棲していて，ひとまずうわべの落ち着きはあった。やがて状況は再び増悪し，最近の数週間彼は分析を中断することを繰り返し考えていた。治療の延長の申請が数週間のうちに保険基金に対してなされねばならなかった。彼は常にパートナーと破局するにちがいないと考え，アパートを手放す準備はできていた。その数週前に彼は一時的な障害の手当を受け取っていた。

　この最初の記述から，A氏が深刻な障害に苦しみ，それは性的及び情緒的な領域におよび，さらに彼の家族背景や生育歴の疑問にも影響していたことはもう明らかであろう。そして，すぐに治療関係にもこの障害は姿を現した。自殺志向性を疑わせるものは背景に退いているように思えたが，後に臨床素材の中に示すようにたびたび姿を現した。そこには，このような患者たちの自殺志向

性の行動の兆しに分析家が気づきを保っている必要性が示されている。

臨床素材

　月曜日のセッションで——彼は月曜から木曜の毎日訪れる——　A氏は分析をやめることを語る。最後に彼は「それについて話し合うことはできます」と譲歩する。火曜日のセッションの始めに彼は，バックパックから手紙を取り出して，自分の前にあるテーブルに置く。来るのをやめたい。彼はそれをすでに書き付けていたが，言葉は機能しない。つまり意味をなさないようだ。ただちに緊迫感が訪れる。私は，彼が私とここで話し合うことがひどく難しいので手紙を書いたに違いないと言う。その後A氏は，自分の内にはあまりにたくさんのことがあって語れないという。間があって，私がそれを破ることになる。A氏の内にあるものが明らかになり語られたなら，それは私の手に負えないかもしれないと彼は怖れている，と私は言う。私はこの状況を以前のこのような捉え方と関連させる。そして私は，A氏の去りたい願望と残りたい願望の間から生じているジレンマを示すことを試みる。A氏はこの後緊張が解けて，内見してみて手にいれたいと思っているアパートのことを語る。彼はアパートを詳細に描写するが，それには面接室と似た特徴がたくさんある。1階にあり，やや暗い。家主は彼をとても気に入っているのだといい，彼はアパートをきっと手に入れるだろうと考えている。彼は急に，その物件は袋小路にあるのだと付け加える。彼がそれを見ていると，すぐに二人の女性が通りかかり，彼に気づいた。気づかれないように好きに出たり入ったりすることは到底できそうにない。

　私はこのアパートの描写はあるジレンマ，つまり彼がどんなふうに暗く狭くて恐ろしい世界に退避したがっているかを描いていると理解する。彼は私を彼とその内部にあるものを知っている鋭敏な者と捉えているが，また，誰も絶対に気づかれずに出入りさせないような迫害者であるとも捉えている。私はセッションの最中にはこのように考えつくことはできず，後でセッションの素材を検討して組み立てている。私はセッションの中では，彼にとって状況は困難で不明瞭だ，とごく漠然としたコメントのみ伝える。これに対し，A氏は別の連想をする。ここに彼の言葉で再現しよう。

　　「ミュンヘンにいた女性のことですが，前に言ったかどうかわからないけれど。……私たちは週末に会い，彼女はついに私に『私はあなたを愛し

ているけれど，わかってないの？』と言いました。私たちはセックスをし
ようとしたけれど，彼女は神経質すぎてあまりうまくいきませんでした。
私はその夜彼女の家のリビングのソファで寝て過ごしました。私は夜中に
目が覚め，2時間ぐらい横になっていて，だんだん彼女にうんざりしてき
ました。私は2時間部屋をぐるぐると歩き回り，彼女のもとに行って彼女
がどれだけ私をうんざりさせているか言っているところを想像していまし
た。朝6時になって，私は彼女のベッドの所に行って彼女を起こし，『あ
なたにはうんざりだ』と言ったのです。私はこうする前に，彼女が怒って
私のスーツケースと持ち物を窓から放り出すだろうとはっきりと空想して
いました。しかし彼女はそういうことは何もせず，全く静かでただ悲しみ
にくれていました。そして『あなたは病気だわ』と言いました。彼女は朝
食さえ作ってくれて，そうしたいなら今行っていいと言いました。私は荷
造りをして退去したものの，離れることができませんでした。2時間道を
行ったり来たりし，突然彼女が自傷するのではととても心配になりました。
私は家に戻って再び入ろうとしたのです。……しばらくはうまくいきませ
んでした。最初は，建物に入ろうとしている人々が『ここで何が欲しいん
だ，何を探しているんだ』と私を入れようとしませんでした。……やがて
私は中に入り，階段を登りました。部屋はガラスのドア付きで最上階にあ
りました……私はドアの前でかがみ込みましたが何も見えず，彼女が自傷
か何かしているのではと怖くなりました。私が人影を見てノックすると，
彼女は私を入室させました。そして『あなたはほんとうに病気だわ』と言
いました。」

A氏はこのエピソードを考え込んだように時々止まりながら詳細に話す。ひ
と呼吸おいて彼は泣き出す。すすり泣く。「何が間違っているのか……子ども
にわいせつ行為なんかしない！」そして彼は，前述の一番高い橋を探しに出か
けた時のことを語る。彼は，どんなに繰り返し飛び降りることを考えたか，そ
してまた帰宅後に破棄したが遺書を書いたことを話した。そのセッションの後
のほうで彼は，ラブレターに関する映画を想起し，ラブレターがばかげたもの
なのか，とても重要なものなのかをめぐる彼の混乱について語る。

解　説

　この臨床状況は難しい局面だが，この患者には稀なことではない。彼は私との関係では——その他の関係でもそうであるように——ひどい状態にあり，心は引き裂かれている。彼は去らねばならないが去ることができない。彼は手紙を持参しても書いてあることについて話せない。A氏はしばしば，論じては反論するという形をとってまるで演劇のように詳細に語る。これはある意味この患者とのセッションの典型である。自殺志向性が，表立ってはいないが重要な役割をとり，治療に対してだけでなくA氏の生命にも脅威を与えている，これはそういった治療の一例である。この危険を心に留めておくのは極めて重要なことであり，私は転移の特徴が展開するにつれ，それを解釈することによって対応を試みる。

　ミュンヘンの女性との出来事は，A氏が残ることもできなければ去ることもできないという状況を物語っている。私は転移の中でのジレンマとして取り扱おうとする。A氏がミュンヘンでの場面について物語っているのは何だろうか。明らかに，彼にはおそろしい混乱が生じている。彼はその女性と近しくなるが，その状況に耐えられない。その上，彼は彼女が自分を投げ出すのではと怖れるようになる。彼が明らかに病気だという彼女の発言はそこで彼に影響を及ぼす。彼はこのような診断（「あなたは病気」）を下せる者から立ち去れない。彼は去るやいなやただちにその女性のことを心配する。彼の懸念は彼女に自殺志向性があるのではないかというものであり，彼の自殺志向性は彼女に場を借りて現れている。彼女に自殺志向性がないとわかったとき，自殺志向性は彼に在処を戻し，この時点で彼は橋への旅に出る。

　このようにして，彼は私から去ることができないと同時に，去らねばならない。なぜなら私は，彼がいかに病気であるか，少なくとも時々はわかるからである。自殺志向性はセッションのこの時点で，A氏が投影せねばならないようなひどい肛門期的‐性器期的混乱の表現として現れる。心惹かれるかと思えば直ちに強く嫌悪する。彼は，ミュンヘンの女性に混乱を投影し，また私にも投影しようとする。私自身が自暴自棄になることはないものの，逆転移においては混乱や焦燥，理解していない，途方にくれている，といった感覚があり，自分がA氏の何の助けにもなっていないと体験する。

　その状況をさらに考えるなら，A氏にはミュンヘンの女性を攻撃したように私を攻撃したという無意識的空想がおそらくあると推測される。A氏にとって

は，何が彼の内にあり何が私の内にあるのかはっきりしないのではないかという印象を私はしばしば持った。この混乱は，自殺志向性がこの状況での精神病性のブレイクダウンの怖れを表現しているという仮説の元になる。私はこの状況でＡ氏の絶望をコンテインできなかったようだ。Ａ氏はその女性との場面で，絶望を抱えて歩き回っても逃れられない恐怖を物語っていたのだった。しかし彼は，彼を再び内に入れた女性についても語り，私は彼を次のセッションに迎え入れ，そして壊れてもいなければ怒ってもおらず，彼を放り出したりもしない。

　Ａ氏は隠された倒錯的な脚本をも語っている。彼はその女性が彼をどんなにひどい人物か知っているのは当然のことだとみなしている。つまり彼女が彼を愛しているならそのことを甘受するだろうが，そうなると彼女自体は実に嫌気のさす人間になってしまう。この脚本は繰り返しセッションに現れている。彼が子どもに淫らなことをしないと必死に述べたことによって，彼は無意識的には自分の攻撃を知りつつ，対象を破壊したくない，本当は傷つけたくない，と表現している。したがって，彼がセッションに持参した手紙は，同時に，終わりを告げるものでもあり私へのラブレターでもあった。ある意味でそれは密かな自殺の脅し——または遺書——であると理解されるべきだが，また同時に，生きていられるように助けてほしいという願いとしても理解されねばならない。

　おそらく，私がこうした考えをセッション自体の最中に思い浮かべることができなかったことを強調することは意味があるだろう。特に彼が自殺に向かっている時の素材からはこれを認識することは難しい。自殺の危険のある患者を扱うときの，特に自殺の思考がセッションに現れるときの特別な困難であると私には思える。同様に，技法的に困難な状況がおこる。彼の脅かしや絶望の大きさは容易に耐えられるものではないのだ。一方で，「あなたは病気」と言われるごとにいかに迫害感を感じるかをＡ氏は明らかにした。

臨床素材の追加

　水曜日のセッションで，Ａ氏は退院後に接点をもったかつての入院患者の自殺について長い報告をする。自殺志向性は再び現れ，他者を通して扱われているが，観念として顕在化している。彼は自らの自殺志向性について直接的に話し始め，「私は自殺しようとしているのではない」と言った。彼は，これから住むアパートのバルコニーは低すぎるので役にたたないという考えを表す。そ

こで，かつて飛び降りようという思いを抱いて橋に向かってドライブしたことがあったが，「死の危険あり，高圧電線」という警告を見たことが想起される。彼はこれを見て笑わずにおれなくなり，運転してそこを去った。この出来事は，Ａ氏が内的に気づいている高い圧やその圧と関連した死の危険を描写していると理解できるかもしれないが，それはまた，生命を危うくさせうるような彼と私の間の高い圧でもある。

　続くセッションでは，自殺志向性は出現し続け，一部は隠されているが，多くは前のように投影される。彼がガールフレンドにひどい扱いをして，彼女が翌日彼の予想通り電話をかけてこない時に，彼女が孤独のために自殺をしたかもしれないとと言う考えがただちにわく。彼は，自分がひどい行いによって彼女を死に追いやってしまったかもしれないという恐れを表明する。この空想には勝利感の含みがある。これらのセッションでも，しばしば微妙でつかみにくい攻撃の繰り返しがみられる。私はだいたい絶望的になり自分の防衛に影響されているのだが，こういった攻撃から回復する可能性に――たとえばスーパービジョンを通して――望みを持っている。

　続くセッションでは，死や殺人や自殺をめぐって，そして私がこれを指摘してもいいのかどうかをめぐって，さまざまな思考が表面化する。つまりＡ氏がひどく怖れているとしても，私はそれに気づくこともそれを表現することもできないだろう。明確化の試みを迂回するようなサドマゾキスティックなもつれ合いが何度も何度も現れる。この強迫的な防衛はある構造を守る試みであり，再び強調するが，Ａ氏は自殺行為を食い止めなくてはならないだけでなく，精神病性のブレイクダウンをも防がなくてはならないという印象を受ける。Ａ氏が気づいている脅かしに言及することは，とてつもない衝撃をもって――非常に具象的なあり方で――体験されるのだろうと私は繰り返し感じる。ときどき感じるのは，話すことを通してＡ氏が構造を得ているのであって，解釈を通してそれを得ることはそれほどないということだ。彼と話すことで私自身は生気を保ち，彼の侮辱を克服する。同時に，話すことは脅威と迫害であり続ける。私が彼の真実を知ることができて彼にそのことを語るのではないかという恐るべき真実に彼は恐怖している。これもＡ氏が自分の分析を扱う破壊的な方法と関係している。彼は時として，私が考えることができ，彼が耐えられる程度を越えて彼に近づくことができるように感じてきている。彼がそれを知ることや体験することから逃げるのは彼の防御であり，すなわち自殺をしてしまうこと

から自分を防御することなのである。彼は，死の危険のある高圧線が張られた高い橋の描写をすることでこのことを表現する。

A氏は結局は分析を中断した。実のところ彼はこれ以上近づいたり，分析でこれらのことを話したりすることに耐えられなかったように見えた。ところが，彼は数カ月後に私のもとを訪れ私は驚いたのだが，それはクリスマスのすぐ前だった。彼は突然現れて，秘書のデスクの前でわれわれにメリークリスマスと祝ってくれた。彼はまだ生きていて，彼なりのとても限られた方法で生き延びていられることを示したいのだろうという感じがした。おそらく私がここに居て，攻撃を生き延びているのを知りたくもあったのだろう。

討 論

ここでは臨床素材に一歩距離をおいて，それをどのように理解するかを考えよう。A氏の自殺志向性に関しては，素材はまだ散らばったままである。治療はさほど進んだとみなすことはできないし，十分に理解が及んだとはなおのこといえない。それでもやはり，非常に重篤な困難を抱えた患者であるということは明らかになった。A氏の内界は恐ろしい空想に満ちていて，脅かしと迫害で一杯になっており，彼は暴力的な投影や取り入れという手段でこれらを常時追い払っている。

これら迫害的な内的側面を取り除き，かつ対象の中のそれらをコントロールする大規模な投影同一化によって関係は占拠されている。対象は時として，A氏のこのような恐ろしい情緒的プロセスのいくばくかを知っているまたは気づいている者としてとらえられる。この患者においては特徴的に，自殺志向性は対象の中にしばしば現れ，時々その対象が自殺するのではないかという恐れとして表現された。自殺志向性というのは，精神病性のブレイクダウンの恐怖と，A氏が投影という手段で排除できない混乱によって圧倒されることへの恐怖と，自我境界喪失の恐怖，そして何が内で何が外かの感覚を失うことへの恐怖を表象することが示されていた。

A氏とのセッションにおいて，私がしばしば堪え難い逆転移に直面させられ，何がおこっているのかについて考える余裕を保つことがいかに困難であったかを記してみた。しかし，スーパービジョンや同僚たちからの重要な援助によって精神的に生き続けている能力は，この患者に重要なインパクトを持ったと思われる。彼の感情への攻撃と彼にとっても堪え難い経過を私が生き延びたこと

を彼は体験したのだ。

　とはいえ，疑問が湧く。われわれは，彼が治療中断を決断したことをどのように理解できるのだろう。彼が自分の堪え難い感情と空想を投影するニードを体験することから距離を置くのは，破壊的な力があまりに大きいからだと単純に理解できるだろうか。彼は分析の中断の時点で，自分の困難の厳しさについて許容量を越えて垣間見てしまったのではないかと私は考える。現実的な意味では，彼は保険に治療延長を申請し，支払い不能の通知を受け取ったことを通して困難に直面しなくてはならなかった。治療自体においては，彼の自殺志向の考えにつながっている混乱した恐ろしい空想をよりいっそう知ることに近づいてきていた。

　われわれはこの治療が患者の心的機能における改善が認められるような状態に導いた成功例であったとはいえない。とはいえ彼の内界をある程度持ちこたえられる対象を体験することが，彼の機能水準が不安定でかなり低いとはいえ，それに対してどうやって安定化の効果を持ちえたか，という問いがあり，それにはまだ答えが出ていない。彼の自殺の危険に対してもまた影響を持った可能性がある。これは，自殺も他者への暴力もともに対象によって圧倒されると感じる体験を解決する試みであるという Perelberg（1999）の主張となじむものである。この時点で治療関係に留まることは，A氏に堪え難い圧力を課することになったのかもしれない。圧力とはすなわち彼の暴力的な投影で充満した対象によるものであり，彼が自分からそれら投影物を遠ざけておく余地を圧倒するようなものである。自殺の行為は，特に自殺志向性の行動を伴う思春期の若者たちにおいては，身体と同一化して体験される内的対象に対しての距離を調整する試みと見なせるという Moses Laufer（1995）の見解とも関連するだろう。Tilman Grande（1997）もまた，自殺志向性の行動は，身体を攻撃することにより自己とともに対象（またはその部分）を破壊する一撃であり試みであると理解できることを強調した。このように，彼自身の暴力的で自殺志向性の感情は主に分析家に投影されていて，A氏の分析の中断はそれに圧倒されるというはるかに破壊的な脅威を避ける必死の試みであったかもしれない。

　A氏には安全な対象は存在せず，十分な防御と安全を与えるよい内的対象も存在しない。ここで生じるのは部分対象関係の優勢であり，完全な外的または内的対象との関係性ではない。これらの部分対象の質とそれらに伴う感情によって状況は複雑になる。A氏に関しては，思考と感情のすべてのプロセスは攻

192　第Ⅱ部　実践

撃され，全面的な統合の解体によって脅かされており，彼の自殺の考えはそれに密接に繋がっている。

　A氏のような患者の場合，理由が何であれ，自殺の衝動が増強する最中には，分析家として考えたり機能したりすることはとても困難となる。こうした分析状況の困難が，自殺志向性の分析的学説の一部がかなり図式的・理論的なものに留まっていることに関与していると推測できるだろう。このような臨床状況における理論への退避はまた，分析家にとっての防衛でもありうる。

　この状況において，私はそもそも自殺の危険を Heinz Henseler（1974）が記したような自己愛的破局とみなしてはいない。彼は自殺企図を調和のとれた原初状態への退行に対応するとみなしていた。A氏については，そのような調和のとれた原初状態そのものが幻影であり，恐ろしい内的な真実を逃れる防衛なのである。

　最近ではFeldman（2000）が，死の本能の学説に臨床的でそれゆえ実践的な視座を付け加えた。彼は，死の本能の目標は心的な破壊であるとともに，あるいはそれよりもむしろ活力や意味の破壊であると示唆する。それは分析家の思考，理解し機能する能力への攻撃である。Feldman はこう書いている。「ある意味ではもちろん，これらの活動は殺人的で自殺志向性であるが，私はそれらのもともとの目的は全面的に生命を破壊することではなく，生命を奪い取ることだと述べたい」（Feldman 2000）。したがってA氏については，この線で考えるなら，自殺志向性の行為は死の本能の直接目的ではなく，ここに理解されたように，実際は死の本能の「偶発」であったかもしれない。この文脈でいうと，治療関係がこうした攻撃をコンテインできずに再取り入れを押し付けるなら，自殺企図は生じるかもしれない。それは分析家がコンテインをもはや供給できないか，引きこもるような場合であろう。このような引きこもりは，治療を終える決定として，またはより微かには情緒的な引きこもりにより分析家が自身と患者との距離をとり過ぎることとして顕在化する。

　私たちはここに描かれているA氏のような患者たちと分析的治療において繰り返し出会っており，それはおそらく数十年前よりもより頻繁であろう。Freud が定式化したような神経症の分析理論によってはそのような患者を十分に理解することはできない。同様に，自殺志向性に関する分析的理論は，少なくともドイツ語圏においては，Heinz Henseler と Jurgen Kind によって指摘されたように長い間このような患者たちを明らかに排除してきた（Henseler

1974, Kind 1992)。

　Freud はその晩年にかけて自殺について記したが，それは没後「精神分析概説」の中で発表された。彼は自殺には大量の破壊的衝動の放出を伴う本能の拡散が必要と推測し，こう付け足した。「ともあれわれわれはこのような例がわれわれにとって未だ完全には説明できていないものだということを認めざるを得ない」（Freud 1940）。われわれは，いまだこの見解に同意しなければならない。自殺志向性の問題は，Freud がこれらの言葉を記してから60年以上たった今日でもたしかに，多くの点でまだ十分には解き明かされていない。

結　語

　本章では，実際にはなんら自殺企図を行ってはいないものの自殺志向性が治療の大きな要素である分析中の男性における詳細な臨床素材のいくらかを検討した。彼の自殺志向性は部分的には他者に投影されたが，自殺の考えや発想としても表れた。臨床素材においては彼の自殺志向性の理解は不明瞭で断片的に留まったが，自殺志向性は彼自身との関係の複雑で混乱したパターンに埋もれており，特に精神病性のブレイクダウンの怖れと結びついていることを私は示した。分析は患者の心的機能の明らかな改善なく不十分に終わったが，彼の破壊的な攻撃に持ち堪えることを通して，いくらかの安定性を提供したと考えられる。

　Feldman は死の本能について意味と生気への攻撃を目的とすると考える。A氏の基調となる自殺への没頭は広範に及んでいたが，Feldman によって自殺志向性の行為がどのように死の本能の「偶発」でありうるかを理解し始める道筋が提供されるように思われる。

註

1　この研究は，ウィーン医科大学の精神分析・精神療法部門のかつての同僚である Melitta Fischer-Kern, Katharina Leithner-Dziubas, Henriette Löffler-Stastka, Eva Presslich-Titscher, Kitty Schmidt および Peter Schuster との交流による触発に依っている。重篤な患者たちの分析的治療を検討することがそこでの重点的な研究活動であり，英国の精神分析家，特にスーパーヴィジョンに訪れる Patricia Daniel のサポートとともにある。彼女のサポートにも特に感謝したい。旧版の翻訳は Robert Lightner によるものである。

194 第Ⅱ部 実践

文 献

Feldman, M. (2000) 'Some views on the manifestation of the death instinct in clinical work', *International Journal of Psycho-Analysis* 81: 53–65.

Freud, S. (1940) 'An outline of psychoanalysis', in J. Strachey (ed.) *The Standard Edition of the Complete Psychological Works of Sigmund Freud, Vol. 23* (pp. 139–207), London: Hogarth. （精神分析概説．津田均訳：フロイト全集 22．岩波書店，2007．）

Grande, T. (1997) *Suizidale Beziehungsmuster,* Opladen: Westdeutscher Verlag.

Henseler, H. (1974) *Narzisstiche Krisen. Zur Psychodynamik des Selbstmordes,* Opladen: Westdeutscher Verlag.

Kind, J. (1992) *Suizidal. Die Psychoökonomie einer Suche,* Göttingen: Vandenhoeck. *Suicidal Behaviour: The Search for Psychic Economy,* London: Jessica Kingsley, 1999.

Laufer, M. (ed.) (1995) *The Suicidal Adolescent,* London: Karnac.

Perelberg, R, (ed.) (1999) 'Psychoanalytic understanding of violence and suicide: a review of the literature and some new formulations', in R. Perelberg (ed.) *Psychoanalytic Understanding of Violence and Suicide* (pp. 19–50), London: Routledge.

第Ⅲ部
実践，予防，ポストベンションにおける応用

第13章 病院における自殺予防について：
実証的報告と精神力動的考察

Frank Matakas and Elisabeth Rohrbach

はじめに

　本章では，治療中の患者における自殺の現実的な危険を同定する自殺予防戦略について述べる。これは精神科病院で開発されたもので，自殺企図を行った患者を20年以上調査した結果に基づいている。この研究では，ある病院におけるうつ病治療の方針を変更する前と後の自殺率の変化を比較することができる。1999年から，中等度ないし重症のうつ病の治療は患者の退行的ニーズに相応する方針に基づくことになり，自殺率は減少した。この治療モデルについて，そして自殺におけるうつ病の役割の理解に与える影響について本章で検討する。

精神科病院設定における自殺の危険

　もし現実的な自殺の危険を伴った患者を同定できるなら，自殺予防戦略は最も効果的であろう。ここでいう「予防」とは，伝統的な意味ではないことを断っておく。治療中の患者およびリスクがあるとわかっている患者について検討しているので，厳密な意味では一次予防でも二次予防でもない。しかし，臨床科学がこれ以上危険予測の精度を上げることができないような状況では，われわれにはこれがなお適切な表現であると思われる。気分障害や統合失調症の診断（Sharma *et al.* 1998; Martin 2000），絶望（Fawcett *et al.* 1987），そして過去の自殺企図（Powell *et al.* 2000）のようないくつかの要素は自殺の危険を増やすと知られている。しかしこれらの要素では高リスクの患者の数を十分に絞り込むことができず，的を狙った予防対策がとれない（Appleby *et al.* 1999; Eagles *et al.* 2001）。さらに，すべてではなくても多くの中等度ないし重症の

198 第Ⅲ部 実践，予防，ポストベンションにおける応用

うつ病の患者は自殺志向性の考えを持っているが，率直にそれを表現するわけ
ではないのである（Gladstone *et al.* 2001）。

そのため，治療的実践に関しては，中等度ないし重症のうつ病の症状のある
いかなる患者も自殺の危険にあると想定しなくてはならない。したがって，必
要なのはうつ病の症状のある多くの患者に適用できる自殺予防治療戦略なので
ある。

しかしながら，そのような戦略を探すにあたり，自殺は精神医学においてさ
え稀な出来事であることを心に措かなければならない。ドイツの精神科病院
における自殺率は患者十万人に対し約250人である（Wolfersdorf *et al.* 2003）。
つまり精神障害によって精神科病院に入院した患者が自殺を遂げる確率は
0.0025である。この確率は，病院への入院や精神科診断と自殺との間の因果関
係がないことを示している。したがって，自殺志向性の行動と関連した要素の
探索は精神障害そのものという枠を越えて行われなくてはならない。

ある精神科病院において，すべての自殺した患者について，その精神状態と
それに対応して医師が行なった症状軽減のための取り組みに関して分析された
後に，この自殺予防戦略が開発された（Matakas and Rohrbach 2007）。

病院設定とその治療手順

ここで参照されている病院（Matakas 1992）には，３つの入院病棟があり，
そのうち一棟は閉鎖病棟で，計40床である。この病院には４つのデイホスピタ
ル（day-patient）病棟もあり，それぞれには14人が利用できるようになってい
る。患者のための治療プログラムには，内科医師やコンサルタントとの日々の
予約，家族との面会および，それぞれの患者との話し合いにおいて作成された
治療計画による個人治療が含まれる。治療計画では薬物療法のタイプが決定さ
れるほか，社会的，そして適応があれば精神療法的な目標が決定される。病棟
での共同生活や社会的問題，芸術療法と運動療法，心理的問題を扱うグループ
セッションもある。入院患者はその精神状態によって，グループセッションに
はしばしば参加できない。時として彼らは集団での散歩や食事に加わることさ
えもできず，個別のケアを受けるのである。平均治療期間は入院患者で25日間，
デイホスピタル患者でだいたい55日間である。

1999年10月１日から，うつ状態の患者に対しての治療原則が変更された。治

第13章　病院における自殺予防について　*199*

退行的治療	発達的治療
・入院 ・個別の日課 ・監督なしの離棟は不可 ・セラピストと家族の葛藤を話しあうことは不可 ・患者の社会的な問題を取り扱うことは不可 ・職業環境との接触は不可	・外出は許可 ・自宅を訪ねる ・患者の社会的な状況を話し合う ・適切なら雇用主と接触 ・病院での治療終了後の患者の生活の計画をたてる ・純粋な支持的精神療法よりも葛藤志向性の精神療法 ・デイホスピタルまたは外来（out-patient）治療

療方法は退行的方法と発達的方法に分けられた。「退行的」治療戦略は，患者は自他への責任を一時的に解除された。一方「発達的」治療は，患者にその責任性を戻す方法に基づき，患者を平常の生活へと再統合することを目的とした。

うつ状態にあるすべての患者に対して最初は「退行的」方法が行われた。「発達的」方法は，すべてのうつの症状が消失したときに徐々に導入された。中等度から重度の抑うつ気分があるならうつ状態と診断された。「中等度」ないし「重度」は，社会的あるいは家庭内の活動を達成し続けることがかなりの困難を伴いつつようやくできるかまったくできないことを意味する。発達的方法においてうつ的症状が再燃したら，その方法は中断し，再びうつ状態が消えるまでいったん別の方法が試みられた。この手続きは改善が持続するまで続けられた。

デイホスピタルは軽度なうつ病エピソードや気分変調症にある患者や，中等度あるいは重度のエピソードがおさまった患者に適用可能であった。しかし，うつ症状が2週間以上悪化し続けるなら，入院体制で治療が続けられた。デイホスピタルにおいて，もともとうつ病エピソードや気分変調症がなかった患者がうつ症状を呈するようになったら，デイホスピタルは中止し，適切な入院体制で治療が続けられた。これらの原則はもとの診断によらず，すべての患者に適用された。上述の治療コンセプトはそれ以外変更されなかった。

抗うつ剤の投薬に関しては1999年10月の前も後も治療は標準処方に従っており，基本的に違いはなかった。相違点としては，この時点より前は，患者の対人的葛藤と社会的困難を話し合い，ともに取り組み続けるかどうか，また患者がまだうつ状態にある時でも家族を訪れるための外出を許容するかどうかは

200　第III部　実践，予防，ポストベンションにおける応用

医師の決定によるものだったことである。1999年10月以降，「退行的」および「発達的」治療の方法は細部まで定められ，中等度か重度のうつ病の場合はどの治療形式が用いられるかを定めた基準があった。

患　者

　本研究は1984年1月1日から2005年12月31日までにこの病院の病棟を利用したすべての患者を網羅している（表13.1）。

　退行的治療と発達的治療を区別したアプローチの導入前の時期は15年9カ月で，患者は6891人だった。治療戦略変更後は6年3カ月で5,149人だった。

　病院における診断はDSM III，III-RまたはIVにより，2000年以降はICD-10の基準による。1999年10月以前は21％が統合失調症と診断され，42％が「気分障害」，6％が「依存」を伴い，つまりアルコールか処方薬依存で（ここでは違法薬物依存は取り扱わない），1％が認知症，そして33％がその他の障害（主に重症パーソナリティ障害，特に境界性パーソナリティ障害）であった。

　性別や年齢構成，診断の分布には基本的な違いはなかった。唯一の違いは，デイホスピタル患者の入院患者に対しての比率で，51：49（％）から35：65（％）となった。その理由は1996年に第3の入院病棟がオープンしたことである。

表13.1　患者と診断　1984. 1—2005. 12

	1984. 1–1999. 9	1999. 10–2005. 12
利用者数	6,891	5,149
男性	35%	35%
女性	65%	65%
18-44歳	76%	73%
45-64歳	22%	25%
64歳以上	1%	2%
デイホスピタル	3,514 (51%)	1,802 (35%)
入院	3,377 (49%)	3,347 (65%)
統合失調症	21%	18%
気分障害	42%	48%
依存症（アルコール）	6%	10%
認知症	1%	1%
その他（主に重症パーソナリティ障害，特に境界性パーソナリティ障害）	33%	23%

第 13 章　病院における自殺予防について　*201*

表 13.2　自殺

	1984. 1–1999. 9	1999. 10–2005. 12
自殺	22	5
入院	14	5
デイケア	8	0
統合失調症	5	1
うつ病	16	3
アルコール症	1	1
自殺率*	319	97

＊入院または退院 10 万件あたり

結　果

1984年 1 月 1 日から1999年 9 月30日まで6891人の患者が病棟を利用し，そのうち22名（女性13人，男性 9 人）が自殺で亡くなった。これは入院10万あたり319の自殺率となる。これらの自殺で 5 人の患者は統合失調症と診断されていた。16人はうつ病，ひとりはうつ病と慢性アルコール乱用だったが最初の診断はうつ病だった（表13.2）。22人のうち，8 人はデイホスピタル体制で治療され，14人は入院だった。

22例のうち 9 例はカルテによれば，うつ状態は自殺に先立つ 1 週間は改善していなかったことが明瞭である。持続する抑うつ気分，妄想的思考，あるいは激越への言及がある。残る 3 例の精神状態は明確ではない。後ろ向き評価によると，自殺で死亡した22例すべては死の時期には発達的治療の下にあった。22例中 1 例を除いては，自殺前数日に自殺志向性の意図は否定されていた。

1999年10月 1 日から2005年12月31日までは，5,149人が病棟を利用し，5 人の入院患者（女性 2 人，男性 3 人）が自殺の結果死亡した。自殺率でいえば，入院10万あたり97となる。3 人の患者は，状態が不良であるのに離棟を許可されていた。これは前述の治療原則に明らかに反していた。

1999年10月の前後で自殺率を比較すると，明瞭な違いがあらわれる[註1]。図13.1は，自殺率を 3 年間のローリング平均として示している。傾向線は，1984年から1999年の数値の対数関数である。対数関数の価と1999年10月から2005年12月の期間の実際の価との違いは，ウィルコクソン検定によれば p 値0.001未満のレベルで有意である。

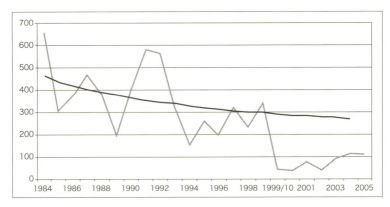

図 13.1 自殺率（3年のローリング平均による10万あたり）1984-2005。傾向線（対数）は1984-1999の価に基づく自殺の予測を表す。

自殺率の変化についての説明

　第一の，そして決定的な問いは，自殺率が319から97に変化したのは治療戦略の変化に帰することができるか，というものである。この問いについてはオリジナルの論文（Matakas and Rohrbach 2007）に詳説した。すべてのエビデンスは，治療の変化の前後の違いは偶然ではないことを示している。著者らは，治療的介入がその減少を説明すると推測するのが理にかなうと考える。

　第二の問いは，われわれが見出したことから自殺志向性の原因と考えられるものに関する結論を導けるかどうかである。精神科病院における患者の自殺が稀なことは，自殺がもとの精神障害とは独立した要素によってもたらされることを示す。自殺をもたらす要素の探索を，心理的な不調だけでなく別な領域へと広げることが賢明であろう。

　われわれの探索は自殺の原因になる要素を直接的に同定するには至らなかった。しかしわれわれは，患者を自殺から守るよりよい戦略を発見した。この病院の性質上，自殺症例の分析によって裏付けられたように，集中的な治療を頻繁に受けていたのはまさに重症で難治性のうつ状態の患者であった。特に，うつ病が重症で長期化しているほど，医師は患者と，そして次には家族たちとともに，うつ病の原因と考える葛藤をなんとかして理解しようと多大な努力をはらう傾向を呈した。しかしながら，このアプローチは明らかに自殺の傾向を増した。対照的に，逆のアプローチはより成功した。重症のうつ的な患者は安息

と治療の退行的な様式を必要とし，それは他の論者たちがすでに提唱していることである（Clark 1995）。極端な症例では，患者が長期間世話をされ，薬物療法を除いては特別なリハビリテーションや精神療法過程を経ないことを意味する。このため，セラピストには患者の長期化したうつ病に持ち堪える忍耐と力強さが求められる。

うつ病の精神力動に関するある論文（Matakas and Rohrbach 2005）でわれわれは，うつ病と退行との間には近いつながりがあることを示すことができた。うつ病はつねに退行と連結している。成熟した精神機能は放棄される。うつ状態の人は，最も単純なことに対してもしばしば決断をするのがたいへん困難で，自分のためにさえ責任をまるでひきうけられない。作業は不可能でないにしても困難である。結果としてうつ状態の人は自分のために不可欠なことができない状態に至る。Freud の「喪とメランコリー」（1917）によれば，退行は自己中心的な行動となって現れる。うつ状態の人はまったく自分のことでいっぱいになってしまう。

これらは観察される症状であって，自己愛的な安定性を保証する人物を必要とするという事実に基づいている。うつ状態の人は，まさに自我機能を免除してくれる誰かを必要とする。母親や父親との関係に依存している子どもと同じような状況が生じる。

われわれの研究はうつ病の典型的な症状——抑うつ気分，欲動の減少，そして結果として無価値感——は，退行後のうつ状態の人のニーズが受容されないような状況から，あるいは彼らが退行を許容されない状況から派生することを示した。（これらふたつの可能性は，うつ状態の人が退行のための環境を見出していないか，自分に許容しないかなのだが，Blatt（1998）の「依託（anaclitic）」うつ病と「取り入れ（introjective）」うつ病の区別に符合する。）

典型的なうつ状態の症状は，うつ状態の人に成熟した自我機能が要請された時にもたらされる。彼らはこうした要請を自身に課し，精神機能を調節するつまり自己愛的安定性を支持するような他者からの援助を受け入れない。われわれの研究によれば，自殺衝動をもたらすのはこの構図なのである。Leenaars（2004）は，自殺傾向のある人の精神療法の論述において，「自殺は……愛着のニーズ（願望）の挫折の結果である」とまとめている。

病棟に入院することを通して，たとえばうつ状態の人は退行の機会を得るし，取り入れうつ病の場合は強制入院によってそうなるだろう。そして激しく苦痛

204　第Ⅲ部　実践，予防，ポストベンションにおける応用

な症状，抑うつ気分，欲動の欠如および自律神経症状は，完全に消えないとしても改善する。うつ状態の人に退行は全般的な効能を持つが，自殺衝動の減弱は特別な効果である。しかしながら，うつ状態のプロセスは退行によって止められることはない。より目立たなくなるだけである。うつ病に関連した退行への衝動と，抑うつ気分・欲動の減弱などの典型的なうつ状態の症状はふたつの別々の特徴である。適切な治療手順によって退行はうつ状態の症状から分離されうる。これがわれわれの研究の最も重要な発見である。

　自殺予防の効果的な戦略のひとつは，患者がうつ的である間は必要な限り退行的な状態を許容することである。退行的な治療は，処理できない自我機能を患者から遠ざける必要がある。これはうつ病の程度によって異なり，またしかるべき期間うつ状態の人の責任を剥奪する誰かがいなくてはならない。両方の必要条件は精神科病院において十分満たされる。うつ病の陰性の症状は退行が可能であることによって緩和するので，退行はうつ状態の人を自殺から守るのである。

自殺志向性と対人関係的な要素

　上述のように退行が意味するのは，うつ状態の人はその自己愛的安定性を調節することを援助する対象を必要としていることである。それが使えないなら，極端な場合はその人は自殺志向性を生じることになる。とすると，自殺の理由をその患者よりもむしろ，自殺志向性のある人の周りの人々との関係に見出すべきであるように思われる。

　自殺は実際はうつ状態の人と身内や援助職の人々との間の問題であることを示す実証的なデータはかなりの量存在する。自殺は身内や援助職の人々に罪悪感を生み出す。それはよくあることだが，その罪悪感はすべてが不当なものではないと仮定することができるかもしれない。セラピストの治療の失敗が原因だったかもしれない。このようなことは決して稀ではないように思われる。われわれの研究ではたとえば，1999年に治療戦略が変わった後に3件の自殺が生じたが，そこでは治療のルールが遵守されていなかったのであった。

　Heller と Haynal（1997）は，医師と自殺企図によって入院した患者との初回面接のビデオ記録を作成した。患者たちのうちの何人かは後に再び自殺を試みた。ビデオの分析によれば，2度目の自殺企図の徴候はインタビュー中の患

者の表出のあり方ではなく，医師の顔によって見出されることが明らかになった。2回目の自殺企図をする患者たちとの面接では，医師は「眼の周りの顔面筋をより長い時間収縮させ，より長い時間眉をひそめ，より多くの時間患者に向かい合い患者を見た」のであった。治療を不首尾にさせて，引き続く罪悪感に導くような被面接者の意識下の死の願望が存在すると推測することは可能だろうか？ Menninger（1938）ははるか以前にそのような疑いを表明していた。

その病院のスタッフはインタビューでうつ状態の患者を取り扱うことにどんな考えを抱くか，と問われた。彼らは多かれ少なかれ一致して，患者から決して免れられないという怖れがあると答えた。この発想はうつ状態の人が持つうつ病は決して消えないという感覚と相応する。われわれの力動的な観点から見れば，うつ状態の人は自分の自己愛的な問題を助けられるような人を見出すことができないことを怖れている，ということになる。この信念はおそらく子ども時代に，外傷，すなわち必要な身体面情緒面での支持的ケアを受けなかったというような形をとって始まる。これは子どもの心には，「絶対ない」という意味となる。スタッフの側には逆転移を招く原因になりうることであり，彼らは，自分の子どもに何をすべきか知らず，子どもを解放されない重荷として感じる母親のような感覚を持つだろう。

われわれの調査の結果と知見が示すことに驚きはない。自殺志向性のある人はうつ状態の経過が続くうちは良好なケアを必要とし，彼らのためにそこに居る人を必要とする。うつ状態の人を自身がうまく対処できないような状況に追い込むことほど危険なことはないと思われる。これはすべて逆転移の状況からあまりに容易く生じる。そして自殺志向性のある人の保護とケアへのニードは拒絶されるのである。

この解釈は，自殺志向性に攻撃性が特徴的な役割をとることについてもよりよく説明する。自殺志向性のある人や自殺企図をした人を取り扱わなければならない側では，自殺のおびやかしを攻撃性と受け取り，しばしば同じく攻撃的に反応する。しかしうつ状態の人に攻撃的な衝動に気づかせようという努力はことごとく失敗するのである。うつ状態は深まり，自殺の傾向は高まる（Makatas and Rohbach 2005）。われわれの知見は，自殺傾向はそれ自体逆説的な状況であるという仮説を補強する。うつ状態の人は他者との近しい接触を必要としている。この重要な依存が危機にさらされると，うつ状態の人は暴力的な行動で自立を手に入れようとし，自殺を行うことになる（Fonagy 1999）。

206 第Ⅲ部　実践，予防，ポストベンションにおける応用

このように，表出してくる攻撃性は自殺志向性のある人の体験においては，自身を救う方法なのである。そこにはその人が必要とする対象と再統合するという空想も生じている（Schachter 1999）。当事者にとっては攻撃的な気分は，同一性の救済と等しい無意識的な意味をも持っているかもしれない。

　何が最終的に自殺に至らしめるのかという疑問にはしかし，まだこれによっては答が出ない。われわれの実証的な所見からはこれ以上いかなる結論も導けない。だがわれわれは，もうひとつの推測を付け加えたいと思う。自己愛を支えるような支援が与えられなければ，続いて自殺が生じうる。とにかく生きることのためには，誰もが社会的な受け入れを必要とするという推測に導かれるであろう。これは単に社会的に認められることだけではなく，母に対する子どもに見られる愛着に似たある種の愛着を意味する。子どもは早期に母親と分離させられて代わりをすぐに見出せなければ死んでしまう。Spitz と Wolf（1946）の研究はこれを裏付けた。この愛着は，母親が赤ん坊に感じる愛情とは異なると思われる。赤ん坊は愛情がなくても生きられるが，愛着の状態がないと生きられない。自殺の場合，このような重要な愛着が周囲の人々によって，あるいは，うつ状態の人自身によって断たれているのである。これらはしかし，実証的な観察からのみ生まれうる理論的な推測である。

　気分が良くなるからという理由で患者の責任性を徐々に戻すことを求めるのはしばしば患者自身であり，また患者が責任性を戻されるべきだと強いるのは患者の家族である。受け持ち患者の苦痛な症状を軽減させなくてはならないと感じ，患者を助ける機会を逃すまいと決心している医師は行動に移して彼らの要請に屈服させられる圧力を感じる（Maltsberger *et al.* 2003）。しかし，患者の状態が改善している客観的な徴候がない限りは，医師は患者にもっと活動的になることを促すべきではない。特に，まだうつ状態にある患者たちに対しては，家族の葛藤にふれるような家族と同席の話し合いは援助にならないことがわかる（Makatas *et al.* 1999）。家族はうつ病の進行に著しく影響する。しかしながら，これはまだ十分には理解されていない。われわれがこのつながりがどういうものか特定できないうちは少なくとも，患者と家族の両方を安心させるのが最もよい方針であろう。

　退行的な治療は，家族や仕事における問題を扱うために患者がひとりにされることを意味するのではない。彼らが中等度以上のうつ病であるならむしろ，その症状の大部分が克服されるまではこれらの問題に取り組むべきではない。

重症のうつ病はしたがって，二段階で治療されるべきである。まず第一にうつ状態の症状が治療されること，しかるのちに患者が社会的な，家族と仕事の葛藤に対処することを援助されるべきなのである。

結　論

本章ではわれわれは，精神科病院という環境においては，自殺予防戦略を中等度および重症のうつ病の適切な治療に基本を置くことが重要であることを示した。この治療の根本は退行的であることで，そのアプローチを通して患者は一時的に社会的なストレスから解放され，自己愛的な安定性の保証が提供されるなかで患者の退行的なニーズが満たされる。この治療モデルによって，病院における自殺は減少した。それは，中等度および重症のうつ病患者の治療をするときに退行的なアプローチがどのように不可欠であるかを理解することによって申し分なく説明されうる。

謝　辞

著者らは本稿の改訂にあたり，John T. Maltsberger 博士と David C. Clark 博士に多大なる援助をいただいたことを深謝します。

註

1　1999年10月の前と後の自殺率をクロス集計表でフィッシャーの正確確率検定の両側検定版によって比較してみると，1 ％レベル（p<0.01）で有意差が出た。1999年10月以前と以後の自殺率の一元配置分散分析は，年入院あたりの自殺率に基づいて p=0.038が見られた（1984/1-1999/9：中央値396; 95 ％信頼区間：217,574. 1999/10-2005/12：中央値82; 95 ％信頼区間：2,162）。3 年間のローリング平均をとると，p=0.001（1984/1-1999/9：中央値391; 95 ％信頼区間：295,486. 1999/10-2005/12：中央値103; 95 ％信頼区間：46,160）。

文　献

Appleby, L., Shaw, J., Amos, T., McDonell, R., Harris, C., McCann, K., Kiernan, K., Davies, S., Bickley, H. and Parsons, R. (1999) 'Suicide within 12 months of contact with mental health services: national clinical survey', *British Medical Journal* 318: 1235–1239.

Blatt, S.J. (1998) 'Contributions of psychoanalysis to the understanding and treatment of

208 第Ⅲ部 実践，予防，ポストベンションにおける応用

depression', *Journal of the American Psychoanalytic Association* 46: 723–752.

Clark, D.C. (1995) 'Epidemiology, assessment, and management of suicide in depressed patients', in E.E. Beckham and W.R. Leber (eds) *Handbook of Depression* (pp. 526–538), London and New York: Guilford Press.

Eagles, J.M., Klein, S., Gray, N.M., Dewar, I.G. and Alexander, D.A. (2001) 'Role of the psychiatrists in the prediction and prevention of suicide: a perspective from north-east Scotland', *British Journal of Psychiatry* 178: 494–496.

Fawcett, J., Scheftner, W., Clark, D., Hedeker, D., Gibbons, R. and Coryell, W. (1987) 'Clinical predictors of suicide in patients with major affective disorders: a controlled prospective study', *American Journal of Psychiatry* 144: 35–40.

Fonagy, P. (1999) 'Final remarks', in R.J. Perelberg (ed.) *Psychoanalytic Understanding of Violence and Suicide* (pp. 161–168), London and New York: Routledge.

Freud, S. (1917) 'Mourning and melancholia', in J. Strachey (ed.) *The Standard Edition of the Works of Sigmmd Freud, XIV* (pp. 237–258), London: Hogarth. （喪とメランコリー．伊藤正博訳：フロイト全集 14．岩波書店，2010.）

Gladstone, G.L., Mitchell, P.B., Parker, G., Wilhelm, K., Austin, M.P. and Eyers, K. (2001) 'Indicators of suicide over 10 years in a specialist mood disorders unit sample', *Journal of Clinical Psychiatry* 62: 945–951.

Heller, M. and Haynal, V. (1997) 'The doctor's face: a mirror of his patient's suicidal projects', in J. Guimón (ed.) *The Body in Psychotherapy* (pp. 46–51), Basel: Karger.

Leenaars, A.A. (2004) *Psychotherapy with Suicidal People. A Person-centred Approach,* Chichester: John Wiley and Sons, Ltd.

Maltsberger, J.T., Hendin, H., Haas, A.P. and Lipschitz, A. (2003) 'Determination of precipitating events in the suicide of psychiatric patients', *Suicide and Life-Threatening Behavior* 33: 111–119.

Martin, B.A. (2000) 'The Clarke Institute experience with completed suicide: 1966 to 1997', *Canadian Psychiatry* 45: 630–638.

Matakas, F. (1992) *Neue Psychiatrie,* Göttingen: Vandenhoeck & Ruprecht.

Matakas, F, and Rohrbach, E, (2005) 'Zur Psychodynamik der schweren Depression und die therapeutischen Konsequenzen', *Psyche* 59: 892–917.

Matakas, F. and Rohrbach, E. (2007) 'Suicide prevention in the psychiatric hospital', *Suicide and Life-Threatening Behavior* 37: 507–517.

Matakas, F., Schmitt-Voss, T., Rohrbach, E., Vogtt-Kemp, A. and Churan, J. (1999) 'Effect of the family relationship on in-patient treatment of severe major depression: is family therapy always appropriate?, *Family Therapy* 26: 201–211.

Menninger, K. (1938) *Man Against Himself,* New York: Harcourt, Brace and Co. （草野栄三良訳：おのれに背くもの，上・下．日本教文社，1963.）

Powell, J., Geddes, J., Deeks, J., Goldacre, M. and Hawton, K. (2000) 'Suicide in psychiatric hospital inpatients', *British Journal of Psychiatry* 176: 266–272.

Schachter, J. (1999) 'The paradox of suicide: issues of identity and separateness', in R.J . Perelberg (ed.) *Psychoanalytic Understanding of Violence and Suicide* (pp. 147–158),

London and New York: Routledge.

Sharma, V., Persad, E. and Kueneman, K. (1998) 'A closer look at inpatient suicide', *Journal of Affective Disorders* 47: 123–129.

Spitz, R.A. and Wolf, K.M. (1946) 'Anaclitic depression. An inquiry into the genesis of psychiatric conditions in early childhood', *Psychoanalytic Study of the Child* 2: 213–242.

Wolfersdorf, M., Klinkisch, M., Franke, C., Keller, F., Wurst, F.M., Dobmeier, M. (2003) 'Patientensuizid—Ein Kontrollgruppenvergleich Suizidenten versus nach Behandlungszeitraum parallelisierte Patienten eines psychiatrischen Fachkrankenhauses', *Psychoanalytic Praxis* 30: 14–20.

210 第Ⅲ部 実践，予防，ポストベンションにおける応用

第14章 侵され[訳註1]ずに心動かされ[訳註2]ていることについて：学生相談において自殺志向性の考えをマネージすること

Ann Heyno

われわれの集団的な心理において，学生と自殺というのは何か非常に象徴的なものを表すようになっている。自らを殺める若い人々が特に学生であれば，何不自由ないのになぜそうしたのかという果てのない不安を呼び覚ますような問いにわれわれを直面させる。

(Coren 1997)

高等教育課程の学生のメンタルヘルスに関する王立精神医学校の報告(2003)は，学生は「一般人口に比べ，高い自殺のリスクはなく，むしろ低めのリスクであろう」と記した。報告は続けて「報告された自殺念慮の重要性は早急な評価を必要としている」と述べた。衆目，特にメディアからを中心として凝視が学生の自殺の方に集まり続けるなか，私たちの大学における自殺念慮の蔓延についてはまだ取りあげられていない。

本章は，この隔たりについて焦点を当てる。大学では比較的稀である自殺の既遂に対して，もっとありがちな自殺念慮よりも注目が集まるのはなぜなのかを問いたい。この注目が，大学や学生相談サービス，そしてカウンセラーの臨床の仕事に影響を与えていることについて考察したい。

本章が重点とするのは大学という設定内での自殺予防であり，第一にカウンセラーの役割について組織の期待と投影という観点から，次に予防の臨床的な側面に目を向ける。逆転移に用心を絶やさずにいることによって，カウンセラーと学生の持つ自殺志向性の部分とのつながりが保てるなら，自殺の危険が減少しうることを示す。自殺をめぐる投影にカウンセラーが持ち堪えることがで

訳註1) be infected
訳註2) be affected

きるなら，自殺志向性の考えが自殺の行為に至ることを防ぐのに大きく寄与できることを明らかにしよう。

最後に，高等教育の近年の広がりとテクノロジーの急速な成長は，今日の学生たちをうつ病や自殺志向性の考えに脆弱な状態で放置する学習課程の離人化をもたらす要因のひとつであることを示唆する。

大学におけるカウンセリングサービスの組織的役割

学生の自殺は，ほぼ1世紀の間，関心と懸念を集めてきた。1910年の「自殺について」というウィーン精神分析協会（VPS）のシンポジウムでは，学生の自殺に特別な言及がなされたし，自殺に関する文献には学生の臨床例が数多く載せられている。Alex Coren は著書「教育への精神力動的アプローチ」において「思春期と青年期には自殺への脆弱性が増すのに，自殺する学生に対してはそれにふさわしいだけの関心がはらわれていないようだ」（1997）と述べている。Coren はなぜそうなのかを述べてはいないが，彼らは生きるのに何不自由ない特権的な集団とみなされているからかもしれないと示唆する。しかしながら特権の一方では，社会や学生自身から大きな期待が生じる。こうした期待がどちらの側でも満たされないなら，心理的な問題が続くことだろう。

大学での学生の自殺の実数は最近示されていないが，RaPSS プロジェクト（2006/2007）の研究者たちは，大学が数を出すのが困難であると認めている。それでも数字を出すことへの圧力はまだ残っており，そして学生たちは学生ではない同年齢者よりも自殺傾向が高いわけではないという客観的な事実にもかかわらず，学生の自殺は常時監視されている。

Coren（1997）は，Freud を含めウィーンでの1910年のシンポジウムに参加した精神分析家たちは，オーストリアの厳しい教育システムが学生の自殺を招く影響を与えているかどうかという議論を行ったと述べている。Coren は，自殺は怒りと結びついており，両親への攻撃的なアタックであるという VPS における Wilhelm Stekel の示唆に言及している。彼は Stekel の「誰かを殺すことを欲さない者は自らをも殺さない」（Friedman 1967）という有名な示唆を引用している。

「自殺を敵意や陰性の考えをしばしば伴いがちなコミュニケーションと捉えることの難しさは，このような厄介な感情の存在を否認することの試みかもし

212 第Ⅲ部　実践，予防，ポストベンションにおける応用

れない」と Coren は述べている。

　　　自殺の行為の本質は否認され，自殺する学生は無辜の「殺人」の犠牲者
　　に変えられてしまう。そして「殺人者」狩りが煽動され，教育が直ちに容
　　疑者となる。この探索で教育が有力容疑者であることは，VPS の議論へ
　　の Freud の発言においてほのめかされている。「……学校は生徒を自殺に
　　駆り立てるよりほかの何かをしなくてはならない」と彼は示唆している。
　　　　　　　　　　　　　　　　　　　　　　　　　　　　　（Coren 1997）

　教育システムへの同様な暗黙の批判は現在も根強い。学生が自殺するときに
はたいがい，集中的なメディアの関心や，非難すべき誰かや何かを見つけたい
という願望が存在する。この監視は非難や投影された罪悪感という観点からす
れば，大学にとっては，刑務所やその他の公の組織にとってと同様扱いにくい
ものである。それは自殺について語ったり考えたりすることに対して大学をひ
どく用心深くさせ，自殺がタブー視されたテーマとなりうるような怖れの雰囲
気をつくる。こうした事態が生じ，学生が自殺したら責められるという怖れに
大学が侵されるようになると，自殺の危険と自殺志向性の考えもまた語ること
が難しくなる。自殺による現実的な死と自殺志向性の考えを混同することは，
自殺志向性を感じている多くの学生を助けるために私たちがなすべきことにつ
いて考えることを妨げる。自殺しようとしている危険な状態にある学生がいつ
もいくらかはいるという現実的な不安に対する防衛として，万能や否認が使わ
れるような状況をもそれはつくりだす。
　Coren が示唆するように，学生がわりあい特権的な立場にいることは彼らが
自殺する時に注目を集める一因かもしれないが，学生たちの集団における自殺
志向性の考えの重要性がなぜ否認されているのかは，それほど明瞭ではない。
学生たちは明らかに生きることには何不自由ないのに，その多くが，行動に移
される危険のある自殺の考えを持っているとはとても受け入れ難いから，とい
う可能性もある。もしこうした自己破壊的な考えの発生が学生集団の中で増え
つつあることが察知されるなら，自殺既遂例の方に焦点を当てる方がより害が
なく扱い易く感じられるのかもしれない。このようにして，自殺志向性の考え
につきものの考えることのできない攻撃性と絶望は個人の外に置かれ，大学に
投影される。そして大学は学生を取り落としたことを非難されるのである。学

生たちが自殺志向性の考えを抱くときに体験する絶望の水準について考えるよりも，組織が人を自殺に追いやると理解するほうがたやすいことだろう。

David Bell は本書第 4 章「誰が何を，誰を殺すのか？　自殺の内的な現象学についての覚え書き」で，「誰かが自殺することを完全に予防することはできない」と認めている。しかしながら「スタッフは，すべて自分の責任だと押しつける万能感に同一化しやすい」と彼は続ける。自殺が生じた時，大学が公的に非難されることを怖れるなら，すべての自殺は予防可能で学生を生かしておく全責任は大学にある，という万能的な空想につながるかもしれない。言い換えると，大学はある学生たちが自殺志向性の考えを実行に移すかもしれないという現実的な不安に心動かされるよりも，自殺のために非難されるという怖れに侵されかねないのである。

大学にとって学生の自殺を防止することは不可能な任務なので，それができるという万能的な空想は学生カウンセリングサービスに投影される。このサービスは，学生の自殺によるあらゆる望ましくない評判や，不名誉や，心的な苦痛から組織を守ることを期待されるのである。この組織的な投影はカウンセリングサービスの臨床に影響を与える可能性がある。大学が学生の自殺に責任があるという空想にカウンセラーが侵されるなら，その投影に同一化しうる。そして彼らは「スタッフは自分たちがこの使命のために特別に選ばれたと信じ，患者を救うという決意は狂信的となる」（Bell 本書第 4 章）ような状況に，気づくと陥っているかもしれない。あるいは，カウンセリングサービスがその不快な投影に心動かされることを拒むことによってそれから自らを守ろうとするなら，学生の集団の中に深刻な自殺志向性の危機があることを否認する危険に陥る。どちらにせよ，大学や学生カウンセラーが実際の学生の死を怖れることによって，自殺志向性の考えを体験しつつある援助の可能な多くの学生たちに気づくことが妨げられるだろう。

以前私は，大学がカウンセラーを雇うことには意識的無意識的両方の理由があることを示唆した（Heyno 2004）。意識的には，学生の福利への純粋な配慮からである。より意識されないレベルでのカウンセラー雇用の理由は，組織の混乱したあるいは不穏な部分が日常的な構造の中では管理できないことを怖れているからかもしれない。したがってある程度大学は，組織の認めがたい厄介で望まれない面や自覚しきれない気遣いの乏しい部分の受け皿をカウンセラーに提供してもらうことを必要としている。

214　第Ⅲ部　実践，予防，ポストベンションにおける応用

　著書『組織　不安と防衛』（2002）において，R. S. Hinshelwood と M. Chiesa は社会における精神科病院の心理的な機能について述べている。そこでは，患者たちはしばしば以下のような想定に基づいて入院させられているという Elizabeth Bott Spillius の論述が参照されている。

　　狂気は，ふつうの個人的または社会的な生活の一部には含まれたり収容できたりはしないものである。それは常軌を逸したもの，あるいは度を超しているに違いないものである。もしもふつうの生活の中に置かれたら，狂気は個人や家族，組織や社会を破壊するだろう。どんなことをしてでも分け隔てられ，他所にやられなくてはならず，精神科病院の主な役割は「どこか他所」であることなのである。

（Bott 1976）

　私は，教育においてまったく共通したものがあると考える。無意識のレベルでは，学生カウンセリングサービスは Bott が精神科病院に関して言及した「どこか他所」であることを期待されている。

　Hinshelwood と Chiesa（2002）は，精神科病院における精神療法家の位置づけを，怖れられつつ貶められてもいる「カウンターカルチャー」を表象するようなものと表現している。大学でのカウンセラーの位置づけも同様である。カウンセリングは教えることと学ぶことというカルチャーに対抗する。Hinshelwood と Chiesa（2002）は，精神療法家が刑務所では「システムの脆弱で，だまされやすい弱点」として見られるような状況について語る。あるいは，精神科病院における精神療法家は「理想化され，魔法を求められるかもしれないが，それは精神療法家自身がついのりだしてしまいそうな態度でもありうる」。学生カウンセラーについてもこれはまったく真実であって，彼らは他の誰もうまくやれないような，メンタルヘルスの問題や自殺の恐れを含むような状況を取り扱う権限を与えられていることが多い。

　学生カウンセラーが受ける投影は結局，Donald Meltzer（1967）が「トイレットブレスト」と呼んだ，すべての排泄物が棄てられ処理されずに流されるものになってゆく。カウンセラーがこの排泄物に侵されてしまわないことは重要である。なぜなら，その投影は個々に向けられたものではなく，カウンセラーの個別の仕事の質やカウンセラーが個別に提供しているものの価値を全く反映

していないからだ。（集合としてのカウンセラーは：訳者補足）大学のカウンセラーという単なる組織の役割の一部でしかない。かつて経理部長が「大学の優しい顔が来た」と私を出迎えたとき，それは不愉快に響いたものだ。その時彼に異議を唱えても的外れであったろう。投影を受けても復讐することも侵され汚染されることもなくそれに持ち堪え生き延びるカウンセラーを組織は必要とするのである。

　学生カウンセリングサービスが組織の投影をどうやって処理するかは，自殺志向性のある学生たちへの対処に影響を与える。組織の期待は，自殺の危険についてのすべての心配や責任を負ってほしいというものである，ということにカウンセリングサービスは気づいている必要がある。カウンセリングサービスはこの期待を受けざるをえないが，行動に移さなくてはならないわけではない。彼らは自身に向けられる投影に心動かされる必要があるが，脅かされたり侵されてしまう必要はない。カウンセラーたちが組織の圧力に対する未処理の不安や，学生が死んだら非難されるという恐れをあまりに多く抱えるなら，あるいは，学生たちを生かしておく全責任を負っているとあまりに煩うなら，それは治療関係に影響し，臨床活動を汚染することもありうるのだ。

学生の自殺の危険への対処における逆転移の使用

　ここまでに私は，非難されるという恐れがすべての学生の自殺を大学が防ぐ責任があるという万能的な空想を湧き起こし，この万能的な空想がカウンセリングサービスに投影されることを示唆してきている。ここで学生の自殺にかかわる組織の力動から転じて，個別のクライエントとの臨床に目を向けよう。逆転移を用心深く見ていることが自殺の危険についての重要な情報をカウンセラーに与えることに焦点を当てることにする。

　ロンドンのウェストミンスター大学において，私は学生カウンセラーおよびカウンセリングとアドバイスサービス長として勤めている。われわれは1年に700名の学生に会うが，全国的な傾向と一致して，最も高率（33％）な問題はうつ病である。これら抑うつ的な学生はかなりの割合で自殺志向性の考えを持っており，年間に来談する5～10％の学生がその自殺志向性の考えを実行に移す危険にあるとカウンセラーはみなしている。

　私がウェストミンスターに勤めてきた20年の間に，自殺は比較的僅かであっ

たし，幸いにもカウンセリングを受けている間に自殺企図をした学生が多くはなかった。しかしそれにもかかわらず，私はいつも自殺企図や自殺がおこる懸念を心に抱いている。同僚たちは時々私を自殺の危険に関して心配し過ぎだととらえる。しかし私は学生がカウンセラーにひき起こす万能的ではなく健全な不安は望ましくないものであるどころか，危険の対処においては有用な役割をとると今や確信している。自殺はつねに「解離または一過性の精神病状態において実行される」という Laufer（1995）の考えにヒントを得るなら，自殺志向性の考えは意識的な現実からは分裂排除されうるが，消えているのは一時的なことかもしれないということにわれわれは気づいている必要があるのだ。AA（Alcoholics Anonymous）の「ひとたびアルコール症になったならずっとアルコール症」という概念に例えることが有用である。学生がひとたび自殺志向性の考えをもったり，自殺の危険に陥ったりしたなら，そのリスクはいつもあるということにカウンセラーは気づいている必要がある。たとえそれが消えてしまったり，自殺の危険がまだあるという証拠がごくわずかであったとしても。

　ちょうど組織の文脈の中でのように，カウンセラーたちが自殺志向性のある学生から受け取る不快な投影に心動かされつつも侵されずにいられるなら，カウンセラーたちはこれらの感情を使ってクライエントの自殺志向性の部分とつながったままでいられるだろう。自殺の危険の客観的評価が比較的低い時であっても，カウンセラーが学生の分裂排除された欠片と能動的に結びついていることによって行動化を防ぐことができよう。カウンセラーがいま進行中の自殺の危険から心を離したと学生が受け取るなら，行動化の危険は増すであろう。学生カウンセリングからの臨床素材と私のカウンセリングサービスの管理者としての体験を用いて，この逆転移状況とそれを学生たちとの仕事にいかに使うことができるかを描き出すことにする。

　自殺志向性のある学生との作業において，自殺を企てつつある学生たちは，こうした堪え難い感情を扱う方法として言葉を避けて通るような行為を考えているので，逆転移は非常に重要になってくる。彼らは，言葉を使ってそのような感情に安らぎをもたらすことができない代わりに，コミュニケーションを試みようと，怒り，絶望や不安を外界に投影する前言語的な妄想分裂状態に戻る。これらのコミュニケーションが聞き取られなければ，言葉にならない感情が行動化される危険に陥る。感じていることを表現する言葉を避けて通ろうとして

いるクライエントに関しては，カウンセラーは，言語的に伝達されえないヒントを拾い上げるために，なおのこと逆転移の感情に気をつけていなければならない。そんなわけで，自殺志向性のある学生とのワークに関しては，逆転移に絶えず注意を払うことが中心におかれるのである。

　次に挙げるのはカウンセラーをとても不安にさせた学生の例だが，そのあり方は，カウンセラーがクライエントの自殺志向性の考えをコンテインするのに有用であった。この例では学生の大学での最後の年に，カウンセラーが逆転移を使って彼の自殺志向性の部分とつながり続けた。その学生は思春期の頃に家族のトラウマで苦しんだことがあった。自殺志向性の考えがピークにあった時，カウンセラーは彼に週2回の面接を行っていた。数週間にわたり，彼女は本当にその学生について心配していた。というのも彼はとても孤立していて，ひどく抑うつ的でいつも自分の命は生きるに値しないと言っていたからだ。この時期その学生はカウンセラーの心を深く動かしていたので，カウンセラーはたびたび彼が心配になって早朝に目覚めていた。ある意味，カウンセラーは自分を学生が接するただひとりの人間だと感じていた。彼女は逆転移において，自分がいなければ生き残れないような脆弱な赤ん坊を取り扱っているような感じがしていた。

　この時点でカウンセラーは，自分のクライエントから侵されるおそれがあった。現実的には，母親が本当の赤ん坊に責任があるのとは違い，彼女はこの学生の生存に責任があるわけではなかった。彼女は自分の感じている不安が逆転移に属するものだと気づくと，それを適切に使えるようになった。この方法でカウンセラーは自分の感情を「有用な不安」に転じることができたのであり，これは侵されずに心動かされていることのひとつの例である。専門家としてのバウンダリーを維持しながら，同時に逆転移を通してその学生の自殺志向性をもった抑うつにつながり続けることは，カウンセラーにとっては落ち着かず難しかったし，特に学生が予約に遅れたり，来なかったりするといつも，彼女の不安は頂点に達した。しかしながら，自分の不安に圧倒されてしまわず，彼女はそれをクライエントの心の状態の投影であり，クライエントの最も深い自殺志向性の感情と接し続ける不可欠な方法であると認識した。月を重ねてゆっくりと，そして精神科的介入の援助を受けながら，学生が行動化する危険は減少していった。ある日，休んだ予約のあと，この客観的には危険が減った時期に，彼は面接に来て，過量服薬できるように薬物をくれる友人の所に行くところだ，

218 第Ⅲ部 実践，予防，ポストベンションにおける応用

と言った。彼は，休んだ面接の時にその友人と飲酒し，健常な状態から自分を切り離そうとしたが，その時にはカウンセラーとつながる牽引力もまた強かった。学生は面接に来て，自分が企てていることをカウンセラーに話すことによって自分が行動化することを止めた。「ぼくが友人から薬を手に入れようとしているんだとあなたに言ったなら」と彼は言い，「その時はあなたに話してしまったからもうしないだろう」と続けた。

逆転移を通して拾い上げられた初期の生と死のコミュニケーションは，この学生に命綱を与えていた。カウンセラーが彼の自殺志向性の部分とつながり，非常に深刻だととらえていると信じることが彼を救っていた。これによって，彼が感じている絶望の淵と通じるのに自分で言葉を使い始めることができる地点へ，彼は促されて移動したのだ。彼はまだ危険な状態にあり，カウンセラーは彼をとても心配し続けているが，行動化の危険は減少した。

この例はカウンセラーの抱く不安が，いかに学生がカウンセラーとつながっていると感じさせ，行動化の危険を減弱させたかを示している。「あなたに話してしまったからもうしないだろう」が示すように。また，危険は去っておらずいつでも再び現れうるとカウンセラーに思い出させることに不安は貢献している。ある学生たちは，客観的には自殺の実際の危険がこのケースより可能性が低い。しかし，だからといって，必ずしも自殺の危険についての不安を喚起する感情がカウンセラーに投影されなくなるわけではない。

次の例は，自殺の危険に関する深刻な不安を数カ月間だけカウンセリングに持ち込んだ学生である。この23歳の女子留学生は，怒りを使って自分のうつ状態から自分を守り，この方法で自殺志向性の考えを寄せ付けないようにしていた。しかし，彼女が自分のうつをもっとわかるようになったとき，カウンセラーは彼女の自殺志向性の部分に警戒し，能動的にそれとつながっていなくてはならなかった。その学生は大学の2年目にカウンセリングに来た。前の春に母国での家族の危機の後に彼女は過量服薬をしていたが，それは思い出すのも堪え難いものだった。表面的にはこの学生は自信がしっかりあるように見せていた。時々彼女は攻撃的で敵対的に見えることがあったが，特に母国の状況や家族の問題に関してそうだった。年末が来ようとするとき，彼女は怒りが弱まり，より思慮深くなった。彼女は学科課程の課題と試験を心配しはじめ，ある日，自分が空虚で孤立して孤独だと感じると言った。彼女は自分が怒らなくなったらひどく抑うつ的になるのではないかと怖れた。彼女がこう言っている時，カ

ウンセラーは，何がなんでも彼女の抑うつに触れてはならないという感覚に圧倒されるようになった。そして彼女は，カウンセリングがどのくらい援助になってきたのだろうか，その学生はカウンセリングを受けない方がよかったのではないかと自問自答した。その学生は長い間自殺志向性の思考を語ることはなかったが，カウンセラーは自殺を常に警戒し，そして過去に彼女は過量服薬の既往がある故に，彼女に今ふたたび自殺したい感じがあるかと尋ねた。その学生は，それが自分の怖れていることなのだと応じた。彼女は，自分がうつ的になったら自殺したいと感じることを恐れていたが，そんなふうに感じることを望んではいなかった。逆転移感情を用いることと，自殺の危険について常時警戒していることによって，このクライエントが行動化に駆り立てられかねないことを言葉の形にするのを援助できたのだった。

　三番目は，有用な不安をうまくカウンセラーに喚起できなかった学生の例である。初回のセッションで，彼が道路上で死の危険があるような状況に自分を置いてしまうことを怖れていると言ったにもかかわらず，カウンセラーはこの深刻さを拾い上げそこなった。彼の自殺志向性の部分はひどく分裂排除されていたため，カウンセラーもクライエントもカウンセリングが終わろうとする時までそれを見失っていた。その学生は，ガールフレンドに別の人とつきあっていると言われたところなのだと率直に語った。彼はこの予期せぬニュースに圧倒されていて，自分が赤信号なのに自転車を運転し続けたものだから，自分におこることを怖れているのだと言った。表層的には，ガールフレンドに拒絶されたために大学の最後の学期にカウンセリングに来た冷静な青年である。この短期のワークの主な焦点は破綻した関係であり，彼がそれについてどのように感じたかであった。彼の自殺志向性の考えやうつ状態の程度は探索されなかった。カウンセリングが終結しようとするときにようやく，カウンセラーは何か深刻な誤りがあると適切に悟った。彼はカウンセリングをうまく使い，地元に戻ってカウンセリングを続けるであろうと彼女は考えた。しかし，驚くべきは彼が良好な愛着をつくりながらもカウンセリングを終えることに全く頓着を持たなかったことであった。

　この時点で，何か理解されていないことがあることは明らかだった。その学生の母親が彼のガールフレンドとの問題を深刻に捉えなかったので彼は動転したと言ったときに，そのことがはっきりした。カウンセラーも彼の自己破壊的な考えを深刻にとらえなかったと彼は感じたのだろうか，と彼女は思い，彼に

220 第Ⅲ部 実践，予防，ポストベンションにおける応用

投げかけてみた。彼はそのように自分が感じていたと認めた。カウンセラーは
また，彼が自己破壊的な考えを最初に語った時になぜ医師を受診することを勧
めなかったのだろうと考えた。ふつうなら彼女はそうするようなことである。
ついに大学の精神科医にかかったほうがよいのではないかと提案されると，彼
はそれを喜んで受け入れた。翌週，精神科医にかかってもいないうちに彼は，
ずいぶん気分が改善したと言いにきた。彼の恐れは，自らを傷つけ，死に至ら
しめる可能性もあるというもので，ついにとても深刻に受け取られたという事
実が彼にとっては大きな安心であった。

　そこにはさまざまな警告信号があったのに，見落とされた。関係の破綻，両
親が互いに愛してはいないと彼が感じているという事実，彼は誰も愛せないと
感じていると語ったこと，未来に絶望していること——すべてうつ状態の徴候
だが——この未来ある青年はカウンセリングの終わり間際まで，何ら不安をも
たらさなかった。

　危険に関する不安をいつも心に保っていることは，自殺志向性の考えをコ
ンテインし，そのような考えが行動化される危険を減じることの助けになる。
「喪とメランコリー」において Freud（1917）は，失われた対象への両値性と
敵意が優勢であると，喪は妨害され，メランコリーの状態が引き続いて生じる
と述べている。自己に体内化されている対象，そして対象であるかのように攻
撃されている自己，という発想を彼は導入した。学生相談のカウンセラーの経
験からわかったのは，自殺志向性の考えにおける危険因子は対象への攻撃のみ
でなく対象とつながる希望を失うことでもあるということだ。こうした学生た
ちの自殺志向性の部分は，対象とつながることにある程度希望を失ってしまっ
ている。

　この学生は内なる空虚感を感じていた。ガールフレンドからの拒絶は，彼が
つながれないことの具象的な確証であった。社交的な彼の態度は，孤立して孤
独で自殺志向性のある彼の部分を偽装した。逆転移に不安が存在しなかったこ
とは彼の自殺志向性の部分が分裂排除され切り離されていることの徴であった。
これはおかしいと感じて理解したことこそが，カウンセラーにクライエントの
自殺志向性の部分と再びつながることを可能にさせたのだった。カウンセラー
が侵されすぎていないことの一つの例である。

　この症例では，精神科医によれば客観的な自殺の危険は高くなかった。しか
し，この学生が感じていることの深刻さが気づかれなかったら，彼が自殺志向

性の気分を行動化する危険はもっと重大なものだったろう。彼を精神科医に紹介することによって，彼の恐れが生々しいことと彼の自殺志向性の考えが深刻に受け取られたことが知らしめられたのだった。彼が無意識的に示していたのが弱い信号であり，皮肉にもそれが最初のふたりのクライエントたちよりも行動化の危険を大きくしていた。カウンセラーがなぜ自分は不安を感じないのかと考えたときやっと，彼の自殺志向性の部分に接触できたのだった。

　最初のふたりの学生に関しては，逆転移の中にある不快な投影が学生の自殺志向性の部分と接触し続け，コンテインするのに必要な有用な不安を提供していた。三番目の症例では，自殺志向的な感情が分裂排除される様相と逆転移に欠けているものに注意が払われねばならなかった。最初の2例は，カウンセラーは投影に侵されないように注意深くしている必要があった。3番目の症例では，彼女はなぜ自分が侵されないのか自問する必要があった。

　描写されたどの症例でも，大学やカウンセリングサービスは学生の持つ自己を殺そうという考えに責任を持ってはいないのである。大学は学生たちが自らを殺めたり自殺志向性を感じることを招いたわけではない。しかしながら，組織やシステムの運営方法には，学生たちをより危険にさらしうる，孤立して孤独で離人的であると感じさせる側面がある。そのような場合，学生たちの自殺志向性の気分は前面にでてきて，自殺志向性の考えが行動化されるようなもっと大きな危険に彼らがおかれるかもしれない。大学が人員的な面でも，学生に提供する1対1の接触——たとえば個別指導，望ましい新入生研修システム，助言者制度，適切に供給されるカウンセリングを含む学生支援など——に関して個別的対応をする面でも，より手厚ければ，学生たちはつながりを感じ，陰性で自己破壊的な考えを体験したときに助けを求めることがもっとできやすいであろう。組織が非個人的であるほど，個人はあてどなくつながりなく感じる。この状況で学生は，誰かとつながり交流しようとする方法として，おそらくふとしたことから自殺志向性の考えを行動化する高いリスク状態にあるのだ。

結　論

　学生の自殺志向性の考えという深刻化しつつある問題に，大学職員やカウンセラーが取り組むのに適した心の状態でいなければならないとしたら，彼らはすべての自殺が予防可能であるという万能的な空想を保持できないことを受け

222 第Ⅲ部 実践，予防，ポストベンションにおける応用

入れる必要がある。彼らができることのすべては，リスクは常にそこにあるということを受け入れることによって自殺の危険を最小にすることである。彼らがこの「有用な不安」のレベルに持ち堪えられるなら，かなりのことができるだろう。自殺志向性の考えのあるものは精神病的であり，それらは分裂排除されることもあるので，カウンセラーは自殺の危険を見つけ出すときに言葉だけに頼ることはできない。逆転移の中でヒントが取り出せれば，危険は減じるかもしれない。すべての学生の自殺に責任を持つように要求するという組織の空想に侵されることにカウンセラーが抵抗できるなら，自殺志向性の考えをもった学生に伴う「有用な不安」に心動かされるような余地ができる。

自殺の危険のこの非言語的な側面は，すぐにはわからないようなあり方にカウンセラーがいつも用心深くしていなくてはならないことを意味する。たとえば，抑うつ的だと語る学生はすべて落ち込んで死にたくなってはいないかと尋ねられなくてはならない。自殺志向性の考えの吐露はすべて明らかにされ，詳細を話し合われなければならない。自殺志向性の考えが語られたらすべて非常に深刻に受け取られなくてはならない。客観的なリスクがどうであれ，これらの考えがひとたび語られているなら，表面上は消えていたとしても，リスクは間違いなく心のなかに抱えられ続ける。このような方法を取ることで自殺志向性の考えは，恥や孤立や攻撃的な行動化の源になりにくくなる。

本章では，比較的よくみられる自殺志向性の考えに比べて，比較的稀である自殺既遂に対して不均衡に関心が寄せられていることについて述べた。大学がいかにして学生が自らを殺めることのために非難され，そして自殺は予防できるという万能的な空想が採用されるかを見てきた。この空想は次に学生カウンセリングサービスに投影される。カウンセラーたちはしばしば，クライエントの心の恐ろしい状態を新陳代謝させるとともに，組織のこういった投影をマネージせざるをえない。自殺志向性の考えをもった学生によってカウンセラーに生じる「有用な不安」にいかに注意をはらうか，そして常時逆転移に関して用心していることが自殺の危険を減じることを理解して来た。自殺の危険の非言語的な側面については，カウンセラーが危険に関するヒントを取り上げて，学生が堪え難い考えを言葉にするのを積極的に援助する必要があることに言及した。

最後に，生きるのに何不自由ないけれども私たちの大学の中で自殺の考えを行動化しうる学生が増えているという考え方は，受け入れるにはあまりに困難

なものなのだろうと述べた。心の自殺志向性の状態に関与するような，攻撃性や希望の惨めな喪失は個人に属するということを否認するほうが安全に感じられるのかもしれない。こうした感情の原因を大学に置き，大学が学生を取り落としたと非難できるほうが好まれるのかもしれない。

　しかしながら，この込み入り慣行化された考え方が定着しているなかで，どのような社会的外的な力が現実に学生を危険に追いやるのか，大学がこれらを軽減する方法があるならどのようなものなのかを解明したり議論したりすることは難しい。このような難しい議論のひとつが，学生層の拡大や大学定員の拡大である。これは一方では，かつての世代のエリート主義とはかけ離れた優れた発展であった。しかし同時にそれは，大学が，学生たちが容易に離人化して誰にも知られていないと感じられるような巨大な場所になってしまう状況へと導く。自殺志向性の考えに脆弱な学生たちにとって，学術的なスタッフとの個人的な接触が欠けているのは助けを得られないことになり，自殺の危険を悪化させる。それは彼らの内的世界の抑うつ的で空虚な部分やつながりを作る希望の欠落と共鳴し，自殺志向性の考えを立ち上がらせてゆくのである。

文　献

Bott, E. (1976) 'Hospital and society', *British Journal of Medical Psychology* 49: 97–140.

Coren, A. (1997) *A Psychodynamic Approach to Education*, London: Sheldon Press.

Freud, S. (1917) 'Mourning and melancholia', in J. Strachey (ed.) *The Standard Edition of the Works of Sigmund Freud, XIV* (pp. 237–258), London: Hogarth. （喪とメランコリー．伊藤正博訳：フロイト全集 14. 岩波書店，2010.）

Friedman, P. (d.) (1967) *On Suicide*, New York: International Universities Press.

Heyno, A. (2004) 'The counselling service as a container', presentation at the Counselling in Educational Settings Course, London, British Association of Psychotherapists.

Hinshelwood, R.D. and Chiesa, M. (eds) (2002) *Organisations, Anxieties and Defences: Towards a Psychoanalytic Social Policy*, London: Whurr.

Laufer, M. (ed.) (1995) *The Suicidal Adolescent*, London: Karnac Books.

Meltzer, D. (1967) *The Psycho-Analytical Process*, London: Heinemann. （松木邦裕監訳，飛谷渉訳：精神分析過程．金剛出版，2010.）

RaPSS Project (2006/2007) 'Responses and prevention in student suicide' conducted by Papyrus, University of Central Lancashire and King's College London.

Royal College of Psychiatrists (2003) 'Report on the mental health of students in higher education'.

224 第Ⅲ部 実践，予防，ポストベンションにおける応用

第15章 老年期の自殺志向性

Reinhard Lindner, Astrid Altenhöfer,
Georg Fiedler and Paul Götze

はじめに

老年期の自殺志向性というのは総じて文献の中ではあまり注目されておらず，精神分析的な考察においては特にその傾向がある。年配の人々と精神療法的な作業をするときに生じるこの特徴的な問題は，十分に語られてこなかった。老年期の自殺志向的な人々は，治療的な援助につながることが困難だと思っているのである。本章では，自殺志向性があっても専門的な援助関係の中でそれを話すことができないと感じた60歳以上の人々との面接からの知見について検討する。これらの面接における転移と逆転移を論じることを通して，援助となる治療的な関係に導入するにあたって難しさを与えるような問題を探索し，この作業にどのようにして治療者がより効果的に取り組めるか判断することをを目指したい。

老年期の自殺：概観と治療的考察

高齢者の自殺志向性は，真剣に注目することが必要な精神保健および社会政治的な問題である。ドイツでは他の西欧の国々と同様，年齢が上がるにつれて著しく自殺率が上がる。老年期の自殺**未遂**率は，自殺既遂に比べると明確に下がっている，つまり，若年者に比べると，高齢者は過去の自殺未遂歴がなくても自殺を行う傾向がある。高齢者の自殺志向性は特に高い致死率をともなう。精神力動的精神療法においては，高齢者の自殺志向性は顧みられない話題であるように思われる。

Teising（2001）は，からだは老年期に再び精神をまとめる役割となって，その重要性が増すと述べた。自殺志向性の精神力動は，加齢のプロセスに関す

る堪え難い感情に特徴づけられる。そしてその感情はからだに投影され，救済空想において分裂排除されるが，それは思春期にも同様に生じる過程である。ドイツでは広く伝統的に自殺志向性を症候として，自己愛的な危機の致命的結末として（Litman 1969; Henseler 1974; Henseler and Reimer 1981; そして本巻第12章の Etzersdorfer も参照）概念化しているが，それに基づいて Teising は，自我理想を減弱させる自己愛的対象や重要な自我機能の喪失とともに始まる自殺の可能性について述べた。高齢になることの最も脅威となり案じられる可能性は，ケアを必要とすることである。他者への身体的および情緒的依存を避けねばならないとか，内在化された親対象が依存する願望を持ち堪えて無害化できないと感じられるために，ケアを要することに耐えられないなら（Martindale 1989），自殺はたったひとつの選択肢のように感じられるかもしれない。「最も重要なことは，実際の身体的な限界や，ケアにおいて頼っているという事実ではなく，それにまつわる内的で個人的な自己愛の体験の重要性なのである」（Teising 2001）。

　高齢の自殺志向性をもつ男性で，心理社会的または身体的な出来事を誘因として男性としての同一性が再び脆弱になるような人々には，発達における特別な精神力動がある。この脆弱性は，父親との安定した関係性が発達することによって母親との一体化から脱する段階が促進されなかったことの結果である。このような理論的な仮定は，高齢の自殺志向性のある患者たちとの作業における転移にとって重要な意味を持っている。患者が自分の子どもとの関係の部分を無意識的に年下のセラピストに投影している時には，転移は難しいものになる。たとえば，ある（ドイツ人の）患者は激しくセラピストに叫んだ。「あんたはあの戦争で戦ってないじゃないか！」ここで患者は無意識の殺人衝動を現実化したいのかもしれない。年下のセラピストは自身の両親への攻撃性があるためにそれを避けざるを得ないものである。すると結果として，セラピストは不安と罪悪感を感じ，引きこもって患者の治療を引き受けない方向に向かうかもしれない。あるいは，精神療法的な理解の代わりに現実的な社会的援助を提案するという行動化をするかもしれない。

　自殺志向性のある高齢者が精神療法的および精神医学的治療によって恩恵を受けることには実証性がある。欧米諸国では，高齢者の自殺既遂の危険が増加していることと，高齢者の自殺志向性による専門的な援助の利用の少なさの間に顕著な乖離がある。この乖離は特に高齢男性で著しい（Canetto 1992, 1994）。

226　第Ⅲ部　実践，予防，ポストベンションにおける応用

60歳以上の人々はすべての自殺死亡率のなかでの大きな比率となる38％を占めている。しかしながら，ドイツとアメリカ合衆国においては援助を求めている集団については，危機対応の施設の外来患者のせいぜい10％程度の明らかに小さい比率なのである（Erlmeier 2002）。この乖離に関係する要素は，上述のように，治療関係の両方の側で見出される。

高齢者の自殺志向性に関する研究：サンプルと方法

　自殺志向性のある高齢者の内的および心理社会的な状況に関する大掛かりな研究の一部としてわれわれは，自ら自殺志向性があると判断しつつもそれを専門的な援助関係において話せないと感じる60歳以上の30人に詳細な面接を行った。参加者はいろいろな方法で募った。たとえば，ハンブルクの日刊紙掲載の調査プロジェクトに関する新聞記事を通じて，自殺企図後の精神医学的検査の後に，介護者が利用者の自殺志向性の意志や行動を把握していた老人ホームにおいて，あるいは老人向けクリニックにおいて。すべての参加者に最初，生活状況と自殺志向性に関する詳細な対話に入る機会が与えられたが，精神療法的な治療の提示はしていない。面接者は二人とも経験のある精神力動的精神療法家で，精神分析的なオリエンテーションの研究者の立場と今後セラピーを担当する可能性のある立場というふたつをバランスさせる複雑な営みを成し遂げる必要があった。参加者には，それが治療的関係ではないから参加したことが明らかな人々もいた。最終的には，30人のうち2人だけが実際に治療を開始した。サンプルの特徴は表15.1にまとめられている。

　面接の目的は，第一に，精神療法の到達可能域の外縁を探索することである。第二に高齢の自殺志向性のある人と治療を担当する可能性のあるセラピストが精神療法的な接触と有益な精神療法的な関係を達成することを妨げる特徴的な転移逆転移パターンを調べることである。

　この調査プロジェクトで使われた質的調査方法は，別途論じている（Gerhardt 1990, 1994; Stuhr and Wachholz 2001; Lindner 2003, 2006）。質的な凝縮とグループディスカッションの過程では，5人の精神力動的な訓練を積んだ研究者（二人の面接者を含む）が，30件の面接から理念型[訳註1]の布置（ideal typical constellation）を系統的に作り上げた。Max Weber（1904）によれば，

訳註1）理念型とは，Max Weber により一般化された社会学における方法概念。

第 15 章　老年期の自殺志向性　*227*

表 15.1　被験者の特性

項目	総計（%）	女性（%）	男性（%）
計	30 (100)	18 (60)	12 (40)
年齢			
60–69	16 (53)	8 (44)	8 (66)
70–79	8 (27)	6 (33)	2 (17)
80–89	5 (17)	3 (17)	2 (17)
> 90	1 (3)	1 (6)	0 (0)
学歴			
解答なし	7 (23)	6 (33)	1 (8)
中卒	7 (23)	1 (6)	6 (50)
高卒	9 (31)	8 (44)	1 (8)
大卒	7 (23)	3 (17)	4 (32)
婚姻状態			
独身	5 (17)	2 (12)	3 (25)
既婚	11 (36)	6 (33)	5 (41)
別居	1 (3)	1 (6)	0 (0)
離婚	4 (14)	2 (12)	2 (17)
死別	8 (27)	6 (33)	2 (17)
解答なし	1 (3)	1 (6)	0 (0)
同居者			
なし	18 (60)	10 (56)	8 (66)
配偶者	10 (33)	6 (33)	4 (32)
友人	2 (7)	2 (12)	0 (0)
子あり	22 (73)	15 (83)	7 (58)
孫あり	15 (50)	10 (56)	5 (41)

　こうした理念型は現実が描かれたものではなく，各ケースそれぞれの現実が比較されうるような臨床素材の延長である。それぞれの理念型にはプロトタイプが存在する。すなわち，理念型を最もよく説明するようなケースである。本研究では 3 つの理念型だけが提示されているが，それは特徴的な転移逆転移パターンを描いている。その他の特徴的な様相は生育歴・生活歴や，具体的な心理社会的援助によるパターンと関連している。

　この方法は，一般化を行うのに単一のケース提示よりも大きな可能性を作り出す目的をもっており，より多くの素材（本件では30の詳細な面接）の収集から特徴的かつ総合的で重要な力動を同定し，説明することを可能にする。したがって，目的はそのプロセスを説明することであり，この方法によってより理解，証明，反証がしやすくなっている。

228 第Ⅲ部 実践，予防，ポストベンションにおける応用

転移関係における理念型の布置

「圧力のもとで攻撃的な」[註1]

「圧倒的」と受け手に体験されるような（たとえば，少しも助けと感じられ
ない，とか「害悪になる」援助を提供されたと言って責められるなかで）強い
陰性転移の差し出し（negative transference offer）[註2]は，差し出す側の追い
立てられ，脅され，閉め出されるような苦痛な体験を回避するようにはたらく。
ひとりぼっちにされているという圧迫感を伴う無意識的恐怖は，自殺志向性の
空想によってのみ振り払うことができる。人を拒絶する衝動は，逆転移の中で
体験される。

この理念型のプロトタイプ的な例は，A夫人である。彼女は64歳の既婚女性
の経済専門家で，匿名を希望した。研究プロジェクトの新聞記事に応じた最初
の電話連絡でこの参加者は，いかなる種類の援助も期待しないし，実際，精神
医学には苛立たせられ，失望させられたということをきわめてはっきり述べた。
彼女はずっと恵まれない立場にあった。それは父親が1942年に連座を強いられ
て懲罰部隊に入れられた（叔母と叔父はユダヤ人を匿った廉で処刑された）こ
とに始まり，戦後家族はソ連占領地域を離れることを許可されず，長い間放
浪した。さらに追い打ちをかけたことには，彼女の夫の鉄道職員という職業
が，その種の仕事が軽蔑に値するという感覚を引き起こし，また夫は長期不在
のために家族を顧みないことにつながったのである。ついに彼女は，精神科医
たちが，深刻な精神疾患を病んで自殺志向性のある夫と共に彼女を孤立無援に
し，その上彼女への医療の援助もなく見捨てたと感じたのだった。彼女は，追
放と排除と止めるわけにはいかない自己主張，そして拒絶に満ちた人生，すな
わち，脅かす外界から守る必要がある「幸せな家族」を作ることを空想するこ
とさえもできなかったような人生を物語った。それに反して，重荷を背負った
家族のメンバーは彼女に侮蔑的で破壊的に振る舞った。そんなわけで彼女は自
分の体験に対応する自殺志向性の空想を発展させた。失血死や窒息死，あるい
は喘息や心不全を患っているために単に心臓が止まることである。彼女は，自
殺は「もはや私が選んだものではありません。政治や保健改革が責任を取って
くれるのでしょう。私はもはや，薬すべてをまかなう余裕がありません」と言
った。

彼女は長々と話し，面接者は聞いているしかなかった。彼女は面接者の短い

コメントさえも修正する必要があると感じた。しかし彼女は徐々に自分自身についてオープンに語れるようになった。しかしながら，非難や怒り，そして失望の感情は終始残っていた。彼女は自分がどんなふうに救われうるのか思い浮かばなかったが，教会のような平和で静かな公共の場は，人が何も説明したり統制を怖れたりしなくてもよいので，助けになるし，カフェもただすわってふつうの人々を眺めていられるので同様だと言った。精神療法的な関係が何らかの援助になると彼女には想像できないのだった。

「自分を止める」

　表層で回避的な転移が示されることは，二者関係への性急な願望と（あるいは）圧倒され消耗させられて後に追い払われる恐れという葛藤的な体験への防衛に関わっている。そこには，依存できて効果的で実体のある援助への部分的に避けられた願望がある。自立への葛藤的な苦闘が，逆転移において関係のなかでの自己効力感の不全のようなかたちで体験される。

　調査された男性全員の中で41％がこの理念型にはまった。このタイプにあてはまった参加者7人のうち5人は男性であった。これは，対象を回避する転移というこのパターンが男性に優位に多いという仮説を支持する。

　この理念型のプロトタイプの例は62歳のS氏で，彼は配偶者とは死別していた。S氏の予約は，その数日前に彼が自殺企図後の対応を受けた精神科によって設定された。何日か前に妻が有害量の薬物を摂取して以来彼女を生かしていた生命維持装置が止められたという知らせを受けた後に，彼はナイフで両手首を切ったのだった。約6週間後の面接では，彼は妻を救命することは望んでいなかったのだと苦々しく述べた。彼が別室で息絶えている妻を発見した時に救急車を呼んだことが大きな間違いであった。彼女は多年にわたり病んでおり，アルコールに依存し，深刻なうつを繰り返していた。彼らはこの世を一緒に去ろうと互いに約束したが，彼女が彼を置いて行った。

　最初からS氏は拒絶的で，何の援助もいらない，思い出せる限りずっと生と死について考えてきたのだと何度も強調した。彼にとって死んでいくことは何か美しいことだった。生は単なるエピソードに過ぎず，存在の重要でない部分であった。彼と妻には強い調和のとれた絆があったと彼は言うのだが，その口調には非難めいた含みがあった。面接者は，侵入者であるかのような歓迎されていない感じがした。以前の電話では，S氏はいたって歓迎と関心のある調子

230 第Ⅲ部 実践，予防，ポストベンションにおける応用

で，ある程度の時間おそらく「話す必要がある」とほのめかす様子があったのとは，全く異なっていた。彼が自分の人生について語ったことは面接者には驚きとなった。彼は難民の子どもであり，3歳半の時に東プロセインのピラウ[訳註2]の難民船であやうく死にかけた。彼は低空からの爆撃や路端の死体や空腹を覚えていた。戦争から遠く離れたザウアーラント（西ドイツ）の村で彼は母親と二人の年長の同胞とやっと新しい家を見つけたのだった。彼らはプロテスタントだったため，よそ者のままだった。父親は行方不明になっていたが，1947年に戻った。彼は父親と真の関係を築くことができなかった。しかし，彼はここで話を中止した。彼の伝記は思い出すにはあまりに長く，自分についてすでに話しすぎたかのようだった。彼は面接を突然終えた。いつでも連絡をとれるから，ちょっと待ってほしいといった。面接者は放り出されたように感じ，いらだちと困惑と心配のないまぜのような気持ちになって取り残された。

「失意」

表層的には陽性で，無意識的には攻撃的な転移が提示されることは，しばしば不在となる父親との間で，理想化され同一性を提供するような愛情のある関係を探しだせないことへの防衛として作用する。この未解決の理想化は，専門家との関係においては無意識的な攻撃性（失意の怒りのような）を言語化しないこととなる。それは面接者には逆転移として感じられ，自殺志向性の行動化やエナクトメントとして顕在化する。

この理念型のプロトタイプは63歳の既婚の年金生活者D夫人である。D夫人との面接は精神科病院の閉鎖病棟で行われた。数日前に彼女はモルヒネを含む鎮痛剤を大量に摂取して自殺を企てた。彼女は「自分が自殺したかったなんて自分でもびっくりだった」と言った。今回は彼女の最初の自殺企図ではなく，13年前に橋から飛び降りて半身麻痺になり，車椅子生活を送っていたのだった。

面接はとても親し気な雰囲気で始まった。D夫人は，誰かが彼女とその物語に興味を持つ事が嬉しそうに見えた。彼女の髪は丁寧に整えられており，背中をまっすぐ伸ばして座り，まるでベッドで王位に就いているようだった。部屋は整然として，すべてが彼女がすぐに使える場所に置かれていた。彼女には幻肢痛があり，それはひどく堪え難いものだった。そして，いつも誰かの援助に

訳註2) 1945年にソ連軍の東プロセイン侵攻により45万人の難民がピラウからフェリーでドイツへ脱出した。

頼っていることを恥じて,「みんなのお荷物」と言った。「第一腰椎の粉砕骨折」で,最悪のことだと言うと,彼女は泣き始めた。面接者は彼女にハンカチを渡すと,突然激しい内的な反論を感じた。「彼女はこんな大騒ぎをするべきではない,もっとずっと良くないことはあるのに」と彼は考えた。この感情の強さは彼に衝撃を与え,彼を押し黙らせた。

D夫人は話し続けた。彼女は夫から43年間多大なる支援を受けてきており,彼は「最も素晴らしい宝物」だと言った。彼女はそれ以来ほんとうはいつも自殺を考えていた。しかし実際には彼女は「少しも不満を訴え」得なかった。というのは,夫は彼女の唇からすべての願望を読み取っていたようなものだったからだという。だがしばしば,誰かの情けを受けるという感じることは彼女にはひどくおぞましく堪え難かった。ところが彼女はその怒りを全く見せなかった。彼女が言うには,「いつも機嫌よく,人なつこかった」。それは彼女の生い立ちと関係あるだろうかという面接者の質問に彼女は進んで,4歳の時に父親が戦死したのだと言った。それ以来,彼女はいつも父親がいないことを寂しく思い,気分が優れず,他の人より劣っているように感じていた。彼女は父親が死んでいることは知っていたが,帰還を待っていた。

ブレスラウ[訳註3]で彼女は両親の一人っ子として生まれ,母親とともに難民としてウェストファリア[訳註4]にたどり着いた。母親が教師の家の家政婦として働いている間,彼女はしじゅうひとりだった。D夫人は自分が語っている時にはとても情緒的で,面接者がそのドラマに参加していることが彼女には大事なようだった。彼女は「あなたは子どものときに,夜の8時までひとりぼっちだったりしたかしら?」と尋ねた。面接の最後にD夫人は,自分がそんなに恵まれないと感じるなんて間違っている,夫はすべてを帳消しにするほど彼女によくしてくれているのに,と言ってまた泣き始めた。面接者は,何度も繰り返された話を聞かされたといういらだちとともに退去した。

交流を理解すること

こうした交流を理解することに精神分析はどのように貢献しうるだろうか。ここにプロトタイプを描写して示した理念型は,3つの対人関係の力動的パタ

訳註3) さまざまな国の一部だったが,第二次世界大戦後,ポーランド領。
訳註4) C氏の育ったザウアーラントも同州にある。

ーンを示している。

第一の理念型においては，面接者は，自分が圧倒され非難されていると感じる。彼にはまた，考えたり話したりする余地がない。この交流は，追放され，脅され，排除される体験への防衛として作用している。第二の理念型においては，対象から，ここでは面接者から，顕らかに目を背けており，自立や有効な援助や支持への願望を回避するように作用する。第三の理念型は，接触は表面的には陽性で親しみがあり，開放的に見えるが，実際は面接者の中にいらいらする，反論したいような拒絶したいような感情を生み出す。

これらの３つの理念型は，自殺志向性のある人との初回接触が含んでいる異なったいくつかの性質として理解できるだろう。彼らはその自殺志向性のために，精神療法の可能性に関してとても両価的であろう。これらは，心的退避（Steiner 2002）の３つの形を反映している。一つ目は妄想性不安から，二つ目は破壊的な依存から，三つ目は重要な親的対象の喪失体験が再現実化することからの退避である。機能する心的レベルによって，これらの退避のシナリオは，接触や安らかさや理解を著しく回避させ，無意識的不安や外傷体験の統合を妨げる。

Steiner（2002）によって記された防衛の力動である心的退避は，妄想性不安があまりに脅威的になったときに，内的あるいは外的現実からのひきこもりを提供する（Weiß 2002）。これらの力動は一般には長期の精神分析におけるエナクトメントとして描写されるが，初回の接触や会話，精神分析的な初回面接ともいえないような関わりの流れにおいてはあまり言及されない。しかしながら，これらの力動はどこにおいても同定できるものであり，理論的には，自殺志向性のある人が援助となる精神療法的な関係を避けがちになる重要な瞬間に存在しているのである。

理論的な背景は，英語の文献にJacobs（2000）によってエナクトメントとして書かれた現象を基礎とする。同じ意味でドイツ語の文献にはKlüwer（2001）によって「行動の対話（Handlungsdialog）」として記されている。エナクトメントにおいては無意識の素材が患者からセラピストに渡され，セラピストはただちに心的な変化を体験するのだが，これはすべて偶然のように，つまり無意識的におこるのである。そして，Klüwer（2001）やFeldman（2002）が「引き込み（engagement）」とよんだものに至るのだが，それは蒼古的な対象関係の部分的なエナクトメントであり，患者はそこでセラピストに深く達し，

接触するので，セラピストは身を任さざるを得ない。そうなってこそ，理解や解釈が始まりうる。これは，象徴を行う第三者性を励起させる言語によっておこるもので，患者のものの見え方が変わることにつながる（Carpy 1989）。一方，こうした引き込みは，自殺志向性の治療においては，対象への依存を回避したり破壊的な攻撃を与えたりすることで特徴づけられるのが典型として一般には知られている。しかし，それらはまた，自殺志向性のある年配者との専門的な援助関係の始まりをより難しくする中核的な心的な要素なのである。

結　論

　年配者の自殺志向性はただ年齢に関連した「現実的な葛藤」（Heuft *et al.* 2000）で説明できるという考えに反して，われわれの結果は，長期間にわたる機能不全な対象関係と子どもの頃または若い頃の外傷体験，そして人々がこれらの体験をどうやってしのいだかということが老年期の自殺志向性の原因となることを示した。そしてそれらは彼らとの接触を設定するとき，より端的にいえば彼らの接触の回避におけるエナクトメントに直接つながる。第一のプロトタイプの被検者は相手を圧倒するが，それは彼女が全人生において，悪意に満ちていると体験される外界や，致命的な無視を抱えた外界に対してこの方法で自分を守ってきたからだ。彼女はとても遠くて関わりの浅いタイプの援助を期待したり受け取ったりすることしかできない。第二の被験者は，人生を通じて死の戦場からひきこもっている。妻との一時的に支えられた関係の中でつがいとして生きているように見えるが，代償として，自立して生き延びることができないと感じてしまう。第三のプロトタイプの被験者は，親しげで表向き打ち解けているような「栄光ある孤立[訳註5]」に退避しており，そこでは見られていないことと憤慨していることをめぐる真実のストーリーが，逆転移においてのみ読み取れる。

　われわれは，患者たちの一部もそうであるように，苦い真実を知らなくてはならない。治療における初回面接で，このような「引き込み」を認識することやそれを使って治療的な態度や解釈を伝えることが必ずしもできるわけではないのだ。その場合の解釈というのは，その人の無意識的な体験の中核を同定してかかわり，また，投影の中でその人を決定づけたり新たな退避を招いたりす

訳註5）1885-1902の大英帝国の外交慣行で，恒久的な同盟関係を避けた。

234 第Ⅲ部 実践，予防，ポストベンションにおける応用

るのを避けることを目的としたものをさす。これらの交流のパターンへの気配りは，それを認識し，実際の臨床状況において取り扱うことへのひとつのステップである。

註

1 この理念型のプロトタイプの被験者は，彼女自身を「人間レモン」とよんだ。彼女はいつも外的な圧力のもとにあって，そのため「酸っぱい」，つまり傷ついて怒っている。この理念型は，他所（Lindner et al. 2006）では「人間レモン」と呼ばれている。軽蔑的な意味をふくむ可能性をさけるため，その名称は変更された。

2 「転移の差し出し」は，患者から治療者の中へといつも無意識的な「かすかな圧力」があることを意味する。Stuhr（1992）はそれについて，4段階を記した。

(1) 患者は堪え難い体験を外界の対象に投影する。

(2) 患者はこの対象との共感的な結びつきを保とうとする。

(3) この結びつきにおいて患者は無意識的に対象をコントロールしようとする。

(4) 投影された体験は外界の対象において生に体験される。

「転移の猛攻撃」は自殺志向性の転移の差し出しの最も攻撃的な形である（Maltsberger and Buie 1973）。

文 献

Canetto, S.S. (1992) 'She died for love and he for glory', *Omega 26*: 1–17.

Canetto, S.S. (1994) 'Gender issues in the treatment of suicidal behavior', *Death Studies* 18: 513–527.

Carpy, D.V. (1989) 'Tolerating countertransference. A mutative process', *International Journal of Psycho-Analysis* 70: 287–294.

Erlemeier, N. (2002) 'Stand und Perspektiven ambulanter Krisenhilfe bei Suizidgefährdung im Alter—Ergebnisse einer Befragung', *Suizidprophylaxe* 28: 158–164.

Feldman, M. (2002) 'Zum Umgang mit Projektionen: Formen der Verwicklung', in W. Weiß and C. Frank (eds) *Pathologische Persönlichkeitsorganisationen als Abwehr psychischer Veränderung* (pp. 19–46), Tübingen: Ed. Diskord.

Gerhardt, U. (1990) 'Patient careers in end-stage renal failure', *Social Science and Medicine* 30: 1211–1224.

Gerhardt, U. (1994) 'The use of weberian ideal-type methodology in qualitative data interpretation: an outline for ideal-type analysis', *Bulletin de Méthodologie Sociologique* 45: 74–126.

Henseler, M. (1974) *Narzisstische Krisen: Zur Psychodynamik des Selbstmords,* Opladen: Westdeutscher Verlag.

Henseler, H. and Reimer, C. (eds) (1981) *Selbstmordgefährdung—Zur Psychodynmik und Psychotherapie,* Stuttgart-Bad Cannstadt: Frommann-Holzboog.

Heuft, G., Kurse, A. and Radebold, H. (2000) *Lehrbuch der Geronto-Psychosomatik und*

Alterspsychotherapie, München and Basel: Ernst Reinhardt Verlag.

Jacobs, T.J. (2000) 'Unbewusste Kommunikation und verdeckte Enactments in analysischen Setting', in Ulrich Streeck (ed.) *Errinern, Agieren und Inszenieren: Enactments und szenische Darstellungen im therapeutuschen Prozess* (pp. 97–127), Göttingen: Vanderhoeck & Ruprecht.

Klüwer, R. (2001) 'Szene, Handlungsdialog (Enactment) und Verstehen', in W. Bohleber and S. Drews (eds) *Die Gegenwart der Psychaoanalyse—die Psychoanalyse der Gegenwart* (pp. 347–357), Stuttgart: Klett-Cotta.

Lindner, R. (2003) 'Gegenübertragungsdiagnostik in der Psychotherapie suizidaler Männer', *Psychotherapeut* 48: 230–239.

Lindner, R. (2006) 'Suicidality in men in psychodynamic psychotherapy', *Psychoanalytic Psychotherapy* 20: 197–217.

Lindner, R., Fiedler, G., Altenhöfer, A., Götze, P, and Happach, C. (2006) 'Psychodynamic ideal types of elderly suicidal persons based on countertransference', *Journal of Social Work Practice* 20: 347–365.

Litman, R.E. (1969) 'Psychotherapists' orientation towards suicide', in H.L.P. Resnik (ed.) *Suicidal Behaviour,* Boston: Little, Brown & Co.

Maltsberger, J.T. and Buie, D.H. (1973) 'Countertransference hate in the treatment of suicidal patients', *Archives of General Psychiatry* 30: 625–633.

Martindale, R. (1989) 'Becoming dependent again: the fears of some elderly persons and their younger therapists', *Psychoanalytic Psychotherapy* 4: 67–75.

Steiner, J. (2002) 'Fortschritte in einer Analyse, Verlegenheit und Empörung', in H. Weiß and C. Frank (eds) *Pathologische Persönlichkeitsorganisationen als Abwehr psychischer Veränderung* (pp. 67–88), Tübingen: Ed. Diskord.

Stuhr, U. (1992) 'Überlegungen zum Verhältnis, Übertragung/Gegenübertragung und projektive Identifikation. Ihre Bedeutung für die therapeutische Beziehung in der Psychoanalyse', Inaugural lecture, University of Hamburg, Medical Faculty.

Stuhr, U. and Wachholz, S. (2001) 'In search for a psychoanalytic research strategy: the concept of ideal types', in J. Frommer and D.L. Rennie (eds) *Qualitative Psychotherapy Research— Methods and Methodology* (pp. 153–169), Lengerich: Pabst Science Publishers.

Teising, M. (2001) 'Suicidality in the elderly', lecture at the 1st International Congress, 'Suicidality and psychoanalysis', Hamburg.

Weber, M. (1904) 'Die "Objektivität" sozialwissenschaftlicher und sozialpolitischer Erkenntnis', in *Gesammelte Aufsätze zur Wissenschaftslehre* (pp. 146–214), Tübingen: Mohr, 1988. （富永祐治・立野保男訳, 折原浩補訳：社会科学と社会政策にかかわる認識の「客観性」. 岩波書店, 1998.）

Weiß, H. (2002) 'Diskussion des Vortrags von John Steiner', in H. Weiß and C. Frank (eds) *Pathologische Persönlichkeitsorganisationen als Abwehr psychischer Veränderung* (pp. 89–96), Tübingen: Ed. Diskord.

第16章 皮膚の強靭化と皮膚の多孔性：不作為による自傷の問題についての取り組み

Maggie Turp

　本章の私の主題は，「不作為による自傷（self-harm by omission）」という現象およびその心的皮膚の機能の障害との関係である。「不作為による自傷」という用語は，セルフケアの重大な逸脱から生じる避けられるはずの健康の損傷や被害をさしており，自己に向けた暴力的な行為によるものとは異なる。この用語には複雑さがないわけではない。というのも，**完全な**セルフケアは正常なわけではなく望ましくもないからだ。充実した人生を送るということには，危険を冒す準備ができていることや，しかるべき場合には情緒的なセルフケアを身体的なセルフケアよりも優先させることが含まれている。この点に関して，標準的な範囲におさまるぐらいの行動を病理的であると言いたいわけではない。とはいえ，私は自分の臨床において，現実的なバランスを見つけて維持する努力を伴う通常の妥協を逸脱するようなセルフケアの誤りに遭遇してきた。私が「不作為による自傷」という用語を採用するのは，こうした症例とその健康および機能への深刻な影響と関連している。

　一例として，以前私が週1回を基本とした治療を行った「ケイト」という患者を挙げよう。ケイトは，頚肩腕症候群（RSI）の結果，自分の人生が「ひっくり返ってしまった」と言って私のところに来た。彼女が痛みを伴っていて憂慮される症状を無視し，踏みにじり，その結果固定した障害となったことがすぐに明らかになった。彼女は働けず，買い物や調理のような日常的な活動も遂行するのがとても困難だった。というのも，袋一杯の食品や水差一杯の水のような「重たい」ものを持ち上げられなかったからである。ケイトは助言者のひとりから，子どもを抱いて運んだり乳母車を押して坂を上がれないから子どもをつくらないようにと言われたという。極度の身体的な弱さに加えて，彼女は常時腕や肩や頚や背中に痛みを感じていた。ケイトは何年もキーボード操作の仕事をしていたのだったが，痛みは金曜の夜に最悪になり，月曜の朝がくるま

でには改善することをいつも知っていたと語り，今のような状況がもたらされることへの彼女自身の関与が窺われた。彼女が自分の「無頓着を続けること」，症状を踏みにじること，自分の痛みを深刻にとらえないことを私に知ってほしいように思える，と私は言った。これに対し彼女は，単に「大騒ぎし」たくなかっただけだと答えた。

　これらのような出会いを振り返った結果，私の自傷という現象の捉え方は変化した。こうした変化によってこんどは，自傷行為にかかわっている潜在的な力動をどうやって概念化するか，そして私たちが自傷する人々とどのように関係を持つかという問いが視野にはいってきた。

多面的な現象としての自傷

　自傷というのは，処方薬の過量服用のように身体の内部に向けられるにせよ，自らを切るまたは火傷させるような身体の外部に向けられるにせよ，自身に向けられた暴力の形をとるといえる。これらの行為は広く自傷の例として認識されている。読者諸氏にとっては間違いなくそれらの行為そのものも，それらと関連して発展した概念的な枠組みもおなじみであろう。

　自傷というものは不作為による自傷の形をもとりうるものだが，このことはあまり認識されてきていない。不作為による自傷は，身体の内部に影響して健康を害するようにも，ケイトの例のように身体の外部に影響して障害をもたらすようにも生じる。健康を害する結果となるような不作為による自傷のひとつの例は，性的な危険を冒すことである。そうした行為はもちろんエイズやヘルペスのように，深刻で永続する結果をもたらしうる。議論のあるところだろうが，さらなる例は長時間の過剰労働であり，これはしばしば健康を害し，時には生命にかかわる。（西欧の中で英国は最も長時間労働の国だが，今世紀初頭に働き過ぎによる死を意味する「過労死（karoshi）」という言葉の出現をもたらした日本の推移に私たちは注目した方が良いだろう。）怪我や障害という結果をもたらす不作為による自傷の例は，頻繁な予期せぬ負傷に至るセルフケアの不足，深刻な身体症状を無視すること，危険な状況に自らを置くこと，襲われたり身体を張った喧嘩をすることを通して負傷を負うことが含まれる。可能性は一つに限られるわけではなく，不作為による自傷——たとえば深刻な症状を無視すること——の結果は，健康を害するか負傷を負うか，あるいは両方か

238 第Ⅲ部 実践，予防，ポストベンションにおける応用

もしれない。

　作為による自傷（self-harm by commission）および不作為による自傷という観点から考えるにあたっても，私は「文化的に受容されている自傷行為（cashas）」――culturally accepted self-harming acts/activities――という用語を導入することが有用であることに気づいた。臨床的な意味のある現象と日常の領域に属する現象との弁別の助けになるからである（Turp 2003）。「cashas」という用語は，ある程度の健康の不全や負傷に至るが，この言葉で示されるように広く文化的に受容されているような行動や不作為にあてはまる。例としては，爪嚙み，小食，過度の飲酒，極端な短時間睡眠，喫煙，運動や十分危険のある屋外活動にのめり込むことなどである。cashas はありふれており，健康と病理の間の境界域に存在する。しかしながら，ひとつの casha が過剰に，または特異的な状況で使われているなら――たとえば，過去に癌の治療を受けているのにたくさん煙草を吸うとしたら――その行為の重要性の意味が変わって，cashas という境界域から出て臨床的に自傷とかかわるところに移行していると私たちには感じられるだろう。

　要保護児童の健康状態に関して着手された研究（Stein *et al*. 2001）では，能動的な自傷，不作為による自傷および cashas への依存の間には有意な共変動（co-variation）がみられ，この3項目すべてのレベルは，調査参加者の平均を大きく上回っていた。調査者らはこのように記している。

- 自傷と自殺企図を含む深刻で広汎な精神的健康の障害
- 高レベルの喫煙と物質乱用
- 高レベルの危険行為
- 医学的治療の中断
- 矯正されない視力低下，体重の問題，中耳炎，喘息と湿疹を含む慢性的で放置された健康状態

　これらの問題すべては，この若年者たちの多くが保護を離れていく15歳から18歳の間で特に著しかった。

　要保護の児童という母集団においては多様な困難が過剰に表れるため，能動的な自傷と自殺志向性，不作為による自傷と cashas への依存過多という括り方には意義がない，という主張もありうる。しかしながら面接室においては共

変動が頻繁に見られ，それによって関連の妥当性が強化されるのである。

　たとえば，あるとき私は「リンダ」という患者の治療にあたったが，彼女は特に入浴中，自分で皮膚をつつくので傷はかさぶたになり，彼女はそれをまたつついて剝がすのだった。彼女は私に，衣類の下にはかさぶたのかたまりと，小さな血のにじむ傷の数々があるのよと言った。私はやがて，リンダがどう見てもずるずると治らない風邪と咽頭痛も患っていることに気づいた。彼女は面接を休まず受けるのだが，本当にはよくならなかった。リンダが自分の健康に明らかに関心を欠いていることについて私はコメントした。また，彼女が気分よくなることを期待していないのが当たり前だと私も思っているという彼女の想定についても言及した。自分の健康問題にうまく取り組めていないことにリンダの注意を向けさせるとき，私の意図は，彼女の不作為による自傷との共謀への誘いを固辞することであった。やがて，リンダはまともに食べるようになり，ビタミン類を摂り，概ね健康を管理するようになった。彼女の鼻と喉の問題は緩和した。だんだんと，リンダが面接にもってくる素材は，健康への関心や適切なケアを当然のものと感じることを特徴とする内的対象の発達を示した。

　もうひとりの患者「ロレイン」は，長いこと自傷（カッティング）や自殺企図をしていた。ひょんなことから彼女は，あるボランティア組織と働いている臨床家との週1回の精神力動的カウンセリングにたどり着いた。その治療のスーパービジョンを私が行ったのだった。自らへの攻撃という形の明らかな自傷に加えて，ロレインはセルフケアの領域においてまた別の重大な問題を抱えていたということを私たちは知った。彼女は自分を休ませることができない様子を描写した。ボーイフレンドと飲みに行っても，せわしなくパブのテーブルから灰皿を集めて洗った。家では強迫的に整理と掃除をした。彼女は妹とふたりの甥に対する過剰な責任感を引き受け，自分のワンルームのフラットに長期間彼らを滞在させて「助けてあげ」たのだった。

　ロレインの初期の防衛が偽の自立のひとつとして姿を現した背景には，彼女の子ども時代があり，それは混沌と暴力，そして地方自治体のケアを受けていた時期に特徴づけられていた。彼女の見せかけの自己充足はたくさんの方法で表現されたが，他者のニーズや困難に没頭することや，面接に毎度ストロー付きで紙パック入りの甘い飲料を持参し，断続的に吸うのもそうだった。私は他所で（Turp 2004）セルフケア能力は決してひとりでに発生するものではない，と述べた。母性的ケアを十分な頻度で適切に受け取る体験の内在化に依るので

240　第Ⅲ部　実践，予防，ポストベンションにおける応用

ある。こうした体験を欠くためにロレインは，Bick（1986）の言葉を使うなら「液状化」して漏れだしていく恐ろしい体験を防衛するために，皮膚の強靭化で応じた。この防衛は乳幼児の彼女の生き残りにはあまりに不可欠であったが，今や治療の作業の妨害にもなったし，また治療が焦点を当てる必要がある場所を確実に指し示していた。

　依存と信頼という点での困難は，心的な皮膚の問題が臨床状況の主要な部分であるような症例の特徴である。ロレインとのワークにおいて，治療的進展はこれらの問題について認識し，繰り返し取り組むことを必要とした。このアプローチに反応して，ロレインの積極的な自傷エピソードは頻度も程度も減じ，ひっきりなしの活動も同様に減った。平行して，彼女のセルフケア能力は徐々に改善した。カウンセリングの2年の期間の終わり頃には，彼女はカウンセラーに，7年越しのボーイフレンドのマイケルとは休日を一緒にとったことがなかったが，今その計画を立てることができると彼女は喜んで言った。

　作為による自傷（self-harm by commission）と不作為による自傷の共変動とクラスタリングは，異なった形の自傷行動にかかわる根底の力動はおそらく広く共通性があることを示しているが，それでもなお，作為による自傷と不作為による自傷の間の相違は顕著である。たとえば，自傷（カッティング）によって与えられる快感や安堵は，自傷の原因や自傷行為の意味に関する非常に重要な側面である。しかしながら，不作為による自傷の場合にはこの要素は見当たらないか，あってもたいへん気づきにくいものである。差し迫って必要な医学的援助を求めそこなってしまう人を例にとるなら，無為そのものやそれに続発する損害から生じる快感や安堵という観点から考えることは可能だろうか。自らを切る人々が描写するような差し迫りと流血による安堵といった明らかな「報酬」要素はない。だが，自分を放置して接触に背を向けることによって達成される，心的な痛みの回避が見出されるかもしれない。Meltzer（1975）は，自閉的な子どもが強力な情緒に圧倒された瞬間に，引きずられるように心的組織が受身的にばらばらになってしまうありかたを記した。臨床経験は示唆するが，Mitrani（2001）が「ふつうの人々とふつうでない防御」についての研究で示したように，こうした理解は，自閉的でない人々に対しても妥当性がある。

心的皮膚という問題

作為による自傷（self-harm by commission）と不作為による自傷をうまく包含する概念的な枠組みは，Bick（1968, 1986）によりポストクライン派の文脈で紹介された心的皮膚（psychic skin）の機能である。それに関する多大で多彩な論述についての詳細は本章の範疇を越えるが，フランス，イタリア，合衆国，そして英国から発せられ，以来それは続いている。そういったことに関連した主張の中心を流れているテーマは，内的世界と外的世界の間の関係を媒介することにおける「心的皮膚」の役割である。

健康な場合，身体的な皮膚は外界との両方向性のメッセージのやりとりを許容し，同時に個人の内側と外側の境界を維持する。身体的には，これらの「メッセージ」はいろいろな触覚や冷たさや暖かさのようなかたちで現れる。「心的皮膚」の場合は，心理的な感受性や浸透性の度合いに関わる。適度な浸透性と弾性（regilience）があれば，人は圧倒されずに他者の情緒を受容することができるし，同時に個人的な心的空間の感覚を失わずに自分の情緒を効果的に伝えられる。人間のまとまりを保ち，凝集性を守り，しかも体験の内的世界と外的世界の相互浸透性を許容するのは文字通り，そして比喩的にも皮膚なのである。

Bick（1968）は，皮膚が乳児をとりまとめる結束の力が十分にあると体験されていない初期のありさまを記述している。乳児は適切な密閉性や実体性の感覚を得るために，母性的ケア——衣類にくるまれ，抱っこされ，乳房で哺乳されることなど——に頼っている。母性的な皮膚のコンテインが適切なら，それは内在化され，母親がいない間にも乳児は一個のまとまりとして抱えられている感覚を保ち続ける能力を徐々に発達させる。どの乳児も母性的な皮膚のコンテインの途切れることのない供給は享受しないし，また乳児は心理的な脱統合（disintegration）の脅威に対する防衛力を生来的に備えている。Bick（1968）は，5歳の「ジル」という患児を描写して皮膚という問題に関する強烈な不安を例示した。彼女の靴や服はいつもきっちり締められていなければならなかった。そして「強靭化（toughening）」という原初の防衛がみられたが，それは揺れ動くカーテンとか壁に当った光の斑のような人ではない対象に焦点を絞り込むことや集中することも含んでいる。また，背中を弓なりに曲げるとか，息を止めるといったことを始終する「筋肉性（muscularity）」もその類である。

242 第Ⅲ部 実践,予防,ポストベンションにおける応用

　このような防衛はある程度までは正常であり必要だが,Bick は母性的ケアの繰り返される失敗が乳児にそうした防衛への過剰な依存を強いることを見出した。この種の持続する状況は,「セカンドスキン」とよばれる心的皮膚の機能のより凝縮したゆがみの形成につながる。「強靭化」の防衛が優勢な場合,脱統合に脅かされることから乳幼児を守る「カバの皮膚」が発達するのだが,それは同時に乳幼児が関係を持つ能力を損なうことにもなる。こうした状況については,臨床場面での現れを「ロレイン」の例で簡略に描写したが,強硬で対決的な姿勢,絶え間ない活動,自分で自分の世話を焼くこと,関係を回避すること,しがみつきや過度の依存に現れる「付着性」の関係といったさまざまなあり方として表現される。

　後の論文（1986）で Bick は,それまでに Meltzer（1974）が発展させた主題である付着性同一化の臨床例を挙げた。Bick は「メアリー」とのワークを描写した。彼女は湿疹に苛まれ,自分が「ばらばらこぼれている（spilling out）」と分析家に語った。Bick はメアリーが対象にしがみつくことと,彼女の言い回しをオウム返しにすることに気づき,次の考察に続く。

　　　生き延びるための絶望的なしがみつきは,彼女の生命が液状物質のようにこぼれ去ってしまいそうになる,引き裂かれるような分離の体験に直面して始まった。したがって,私の言い回しに同一化し,まねることは彼女が私の表面にくっつくことによるもので,私はこれを投影同一化というよりも付着性同一化だと考えるようになった。

(1986)

　Stephen Briggs（1998）は,この領域における Bick の仕事を拡張し,「強靭化」ではなく「多孔性（porous）」の心的皮膚の可能性を探索した。乳幼児に食べさせる困難についての議論で,彼は乏しい皮膚のコンテインを体験したふたりの乳幼児を描写した。「ヘスター」は,皮膚を強靭化することに頼っており,「スプーンと格闘し」,口に食物を入れられることを拒み,根くらべに巻き込まれる。一方,「マイケル」は「多孔性」の態をとる。彼は「漏れる」子どもで,食べ物を口に容易に入れさせるのだが,それを口の両側から滴り落ちるままにしたり,摂りこむとすぐに吐いてしまうことになる。彼はうまく体重を増やすことができず,認知の発達も影響を受けている。彼は「だらしなく口を

広げて舌を前に出し，独特のほとんど『頭の悪い』容貌になっている」（Briggs 1998）。

　Briggs は次のように問題を検討している。

　　母親との関係における問題に対する乳幼児の異なった反応という考えとは別に，どちらのタイプの乳幼児により大きな弾性の能力があるか，という問いがある。受け付けない子どもと，多孔性の子どもでは，どちらがより，困難で不利な環境にもかかわらず他者との関係と関係性を維持する能力を活性化させるような内的資源を発達させ維持できるだろうか。どちらのケースも早期対象への主要な依存的関係の障害があり，ひきこもりか強い筋肉性の防衛形成がみられる。それは他者とのかかわりを維持するような防衛的な代替として発達し，内在化のプロセスの問題を決定づけているのである。

（1998）

皮膚の多孔性と不作為による自傷

　「多孔性」の概念は，ここで述べる不作為による自傷と作為による自傷，つまり自己に向けられた暴力を伴う自傷との関係の本質についての理論を展開するのに特に有用である。

　作為による自傷を行う患者たちはしばしば，Bick の記した「強靭化したセカンドスキン」の防衛を典型的に表すような関係の持ち方を示す。彼らに近づくことは困難で，接触の試みは受け付けられないように見えるだろう。彼らは窮し求めている素振りもなく，無言の拒絶か荒々しく対決的な姿勢の喋り方という言葉の筋肉性によって接触を拒むのである。

　それと同様の関連が不作為による自傷と皮膚の多孔性の間にあるかもしれない。「多孔性の皮膚」の患者は，大人しく協調的で冒険的ではない印象を与える。展開する語りは，適切な主導感覚（sense of agency）に欠けていて，自身の世話をする能力が不全な人物を物語る。健康上の問題の無視や事故傾性や他者からの虐待から自分を守ることの著しい失敗がありうる。患者はふつう接し易く，何かを取り入れることには寛容に見える。しかし，取り入れたものはこぼれてしまい，内的対象の発達がおこるためにはまったく与らないことが，

244 第Ⅲ部　実践，予防，ポストベンションにおける応用

続くセッションの素材によって示される。

　こうした主題を描き出すために，私は症例ケイトに戻ってみようと思う。彼女は，最初は「完璧な患者」で，私の伝えることをどれも進んで受け入れるように見えた。ケイトの RSI は，その領域の何人もの専門家に紹介されるようになっていた。彼女の症状はひどく，治療に効果がないためさらに過激な試験的な介入が勧められたが，彼女は文句をいうこともなく従っていた。同時に彼女は，「モルモット」として使われている，こうした治療が助けになるとは信じられない，自分には理学療法が価値ある唯一の身体の治療だと私に語った。Briggs の記した乳幼児「マイケル」のように，ケイトはスプーンで口に入れられたあらゆる食物を——私が提供する精神療法という食物を含め——受け入れていると私は感じた。彼女は内部には何も保たないからこそ，受容は見境のないものなのだった。彼女が何を受け入れているのかは実は問題ではなかった。彼女自身のまわりに境界線を引くことで識別力を鍛える可能性は遠く見えた。

　私は同時に，ケイトが無意識的に私の仕草や抑揚をまねる関わり方に見られる付着性にも気づくようになった。私の逆転移反応は，介入してケイトを医師たちから守らなくてはという強い思いに早くから特徴づけられていた。時々自分が医師たちを彼女の「コンサルタント」というよりは「加害者」として見ていることに気づくこともあった。「全体状況の転移（total transference）」（Joseph 1989）の顕著な例として，私のスーパーバイザーにはケイトがいじめられていると私が感じていることが明らかになってきた。以前の論文（Turp 2003）で私は，このことが，ケイトが子ども時代に繰り返し受けた残酷ないじめを明るみに出すことへの間接的な導きになったことを述べた。ケイトは深刻な行動の障害をもった双子の弟たちによるこれらの出来事に「大騒ぎ」したことはなかった。ケイトの話では，母親はこの双子を含む 6 人の子どもたちの要求にいっぱいいっぱいになっていたということだった。頼る人もなく自らを守る術もなく，ケイトは入ってくるものは何でも受け入れるが中には何も定着させないようにして，引きこもって諦めることで生き延びたように思われた。

　ケイトが最初私に話したことには抜けや穴がたくさんあった。彼女の「物語の皮膚（narrative skin）」つまり，彼女が自分の体験や物語の中に囲い込まれているという感覚は長期間のトラウマによって損傷されてしまっていて，外傷体験の中核である無力感と良い対象に遺棄されたという感覚（Garland 1998）に特徴づけられている，と私は推測した。成人になった彼女は，自分に起こる

事態には何でも受身的に従い続けた。そういうわけで彼女は，キーボード作業に長時間従事することを迫られ，ひどくなる痛みや障害にもかかわらずやり続けた。同様に，彼女はひどく腹を立てているのに手への試験的治療を従順に受けた。分析の作業の中で，ケイトが解釈に従順であり，うわべはそれを取り入れて意味を見出すがすぐさまこぼしてしまうことが明らかになったので，私は解釈的介入を最小限にしてゆっくり進めることが重要だとわかった。

　私のスーパーバイザーの早期の外傷の性質についての貴重な洞察とともに，治療設定によるコンテインがあって，ケイトが恐怖と絶望の感情を伴った自身の物語の部分部分を語ることが可能になった。彼女はクリスマスの日の光景を想起したのだが，母親が手をかけて作った料理のことで双子の弟たちは喧嘩になり，七面鳥の骨やじゃがいもをテーブルごしに投げ合った。そしておもちゃは包みを解かれるやいなや，横取りされ壊された。彼女は戸棚の中やテーブルの下に隠れて，しばしば下の弟が双子によってぶたれたりいじめられたりするのを見ていたエピソードを描写した。ケイトの子ども時代の体験を継ぎ合わせることは，治療の作業の主たる部分を成した。これを私は別の論文で「物語の皮膚の修繕（narrative skin repair）」（Turp 2003）と表現した。私たちの間で詳細が想起され，熟考され，語られ語り直された。結果として，ケイトは凝集しバウンダリーのある自己という感覚を体験し始めた。これが成し遂げられると，彼女は「文句を言」えるようになった。彼女は専門家たちに何が RSI 症状の援助になって何がならないのかを伝え，これ以上の試験的治療に参加することを断った。彼女が子どもをもつかどうかを決めるのは彼らではなく自分の役割だと主張した。

　「受け付けない」人と「多孔性」の人の能力や弾力性の比較に関する Briggsの問いに戻ると，ケイトの発達がいくつかの側面に関して妨げられていたことに注目することは興味深い。ロンドンの中心地の職場における給料はよいが決まりきったそれまでの仕事のポジションよりもはるかに知的に高い能力が彼女にあることが，治療の経過で明らかになってきた。そういうわけで，彼女が私との治療の期間が終わる頃に英語の教師になるという展望のもとに勉強に戻ったことは，ふさわしく思われた。彼女は数分以上続けてものを書くことができなかったので，通常の方法では試験を受けることができず，障害にみあった特別の許可について説得力のある主張をする必要があった。彼女がそのようにできたことは，私たちがともに取り組んだ精神分析的な作業の効果をさらに証し

たといえよう。

　彼女の不作為による自傷の身体的な結果という点から言うと，ケイトの障害は深刻でおそらく永久的な性質であり，完治の希望はなかった。転居によってケイトの私との精神療法の期間は終わることになったが，彼女が被った深刻な喪失の数々の喪の作業は完了にはほど遠かった。私たちが行った作業という点で見れば，ケイトの子ども時代の体験についての語りは，セルフケアの適切な能力が発達することの失敗におけるトラウマの役割を強く示唆した。その能力とは，彼女が受け入れてしまった身体的な酷使から身を守ることに貢献するようなものである。Freud（1920）はトラウマという言葉の文字通りの意味を「傷」「突き刺した穴」と述べている。身体的な皮膚の場合，機能が良好であれば，強さ，柔軟性，回復力，ある程度の浸透性が備わっている。ニューロサイエンスの分野からの知見を理解することはこのテーマにとって興味深くまた重要である。というのは，適切な心理機能には情動調節が肝要であることが実証されているからだ（Schore 1994 参照）。ここで関連する発見を探索する余裕はないが，われわれは，身体的な皮膚が**特に優れた**調節の器官であることに注目し，心的な皮膚がそれと並行して情動調節の「器官」であると推測してよいだろう。

　すべてが順調であるとき，皮膚には弾性がある。簡単には穴があかないし，もしそうなっても損傷は治る。治るのに要する時間は傷のひどさや手当や個人の回復力によって異なる。同様のことが心的皮膚についてもいえる。心的皮膚は，自己と他者の間の一体感と分離が折衝する地点である。身体的な皮膚はしばしば，自傷行為において損傷される場である。同様に，「多孔性」や「強靭化」のような心的皮膚の機能のゆがみは，しばしば自傷の人々に顕著である。ある人々にはそのどちらかが強調されているが，また別の人々では同一人物でも違う時期に多孔性と強靭化が同じように現れることもある。

理論的な問題

　Bick はその著作のなかで妄想分裂ポジションの達成に先立つ早期の発達段階を同定している。「コンテイニングの機能が取り入れられるまでは，自己の中に空間は生じない。取り入れすなわち内的な空間に対象を構築することは，したがって，阻まれている」（Bick 1968）。

Bick は乳幼児の中に，妄想分裂ポジションに特有の様式に先行する，より原始的な特有の関係と防衛の様式を同定したことを確信していた。Andrew Briggs は次のように述べる。

> Klein は，妄想分裂ポジションと抑うつポジションにおいて乳幼児が内的対象を自我の中核に持つという事実にわれわれの注目を引き寄せた。取り入れの能力の発達の重篤な障害に注目を促して，Bick はそれに先立つ段階にわれわれを導いた。
>
> (2002)

Judith Mitrani（2001）は，同様の結論に達したその他の著者たちとしてWinnicott，Ogden，Meltzer および Tustin を挙げている。彼らは皆それぞれ，非統合を特徴とし，コンテイナー対象への自体感覚的（autosensual）な態度を伴う初期の乳幼児の状態に言及している。皆，繰り返される皮膚と皮膚との体験において，乳幼児は自分自身の使用可能な皮膚の境界という感覚を発達させ，それによって内側と外側を区別することができると述べている。

妄想分裂ポジションや抑うつポジションには属さないような，関わりと防衛およびそれに特徴的な感知できる逆転移体験の布置という発想は今日的な文献において発展し続けている。Ladame と Perret-Catipovic（1998）と Waddell（2006）は，思春期の青年の自己愛という形をとる「強靭化」が発達の働きによって作動するというあり方について述べた。Stephan Briggs（2006）は，自殺志向性があってもコンテインが提供されるとそれを利用できるような思春期の若者たちについて記述し，思春期の患者の万能感が発達に資する作用として現れるときの独特の不快さが少ない逆転移反応を同定している。

「自閉‐接触ポジション（autistic-contiguous position）」という用語を作ったOgden（1989）以外は，著者たちはその集合を「ポジション」とは正式には認めていない。そのため，この理論的発展の影響の及ぶ範囲が限られているといえよう。概して成人部門のトレーニングではあまり言及されないし，成人の文献にはごくまれに参照されるぐらいである。この状況を考慮して，私は**「不安定な（precarious）皮膚のポジション」**とはっきりとさせることが有用ではないかと思う。つまり，Bick の革新的な仕事とのつながりや生命の最初の数週間から数カ月の間の心的皮膚の問題が中核にあること，そして特有な関

わりと防衛および逆転移体験が子どもや思春期と同様，私たちの成人との臨床と関係していることが明瞭になるだろう。Andrew Briggs はさらなる討論と理論的な発展の必要に言及している。「この早期の段階の，妄想分裂および抑うつポジションとの関係は明らかに重要な問いであり，その答えは Bick の論文には用意されていない」（2002）。

「不安定な皮膚」の時期はすべての臨床的な出会いにおいて多かれ少なかれ特徴的なものとなるが，特に自傷の人々との作業においてよくみられると思うようになった。したがって，作為によるか不作為によるかを問わず，自傷の人々に関して現れる主たる問題がもともとは，不安定な皮膚と妄想分裂とどちらの優勢を物語るのかを問うことは意味深いだろう。ある特定のセッションにおいて，主たる関心は依存への不耐性，付着性と液状化する恐れなのだろうか？　あるいはわれわれは，患者自身の破壊性の投影から生じた羨望や貪欲やばらばらになることの恐怖の方により気づきやすいだろうか？　Heimann（1950）や Britton（2003）その他が記したように，逆転移体験は，患者の思考，言葉や行動を形作る心の土台にある状態に関するわれわれの最も信頼できる指標である。患者が自傷するような状況では，逆転移の体験を考察することが，不安定な皮膚，妄想分裂，あるいは抑うつに関連するもののいずれかが優勢であることの理解をもたらすのにいつでも有用であろう。

文　献

Bick, E. (1968) 'The experience of the skin in early object relations', *International Journal of Psychoanalysis* 49: 484–486.（早期対象関係における皮膚の体験．松木邦裕監訳：メラニー・クライン トゥデイ②．岩崎学術出版社，1993.）

Bick, E. (1986/2002) 'Further considerations on the function of the skin in early object relations', in A. Briggs (ed.) *Surviving Space: Papers on Infant Observation,* London: Karnac, 2002.

Briggs, A. (ed.) (2002) *Surviving Space: Papers on Infant Observation,* London: Karnac.

Briggs, S. (1998) 'The contribution of infant observation to an understanding of feeding difficulties in infancy', *Infant Observation* 1, 3: 44–59.

Briggs, S., Maltsberger, J., Goldblatt, M., Lindner, R. and Fiedler, G. (2006) 'Assessing and engaging suicidal teenagers in psychoanalytic psychotherapy', *Archives for Suicide Research* 10, 4: 323–338.

Britton, R. (2003) *Sex, Death and the Superego,* London: Karnac.（豊原利樹訳：性，死，超自我——精神分析における経験．誠信書房，2012.）

Freud, S. (1920) 'Beyond the pleasure principle', in J. Strachey (ed.) *The Standard Edition of the*

Works of Sigmmd Freud, XVIII (pp. 1–64), London: Hogarth.（快原則の彼岸．須藤訓任訳：フロイト全集 17．岩波書店，2006.）

Garland, C. (ed.) (1998) *Understanding Trauma: A Psychoanalytic Approach,* London: Duckworth/Tavistack Clinic Series.（松木邦裕監訳：トラウマを理解する——対象関係論に基づく臨床アプローチ．岩崎学術出版社，2011.）

Heimann, P. (1950) 'On countertransference', *International Journal of Psychoanalysis* 31: 81–85.（逆転移について．松木邦裕監訳：対象関係論の基礎：クライニアン・クラシックス．新曜社，2003.）

Joseph, B. (1989) 'Transference: the total situation', *International Journal of Psychoanalysis* 66: 447–454.（転移——全体状況．松木邦裕監訳：メラニー・クライン トゥディ③．岩崎学術出版社，2000.）

Ladame, E. and Perret-Catipovic, M. (ed.) (1998) *Adolescence and Psychoanalysis: The Story and the History,* London: Karnac.

Meltzer, D. (1974) 'Adhesive identification', in A. Hahn (ed.) *Sincerity and Other Works: The Collected Papers of Donald Meltzer,* London: Karnac, 1994.

Meltzer, D., Bremner, I., Hoxter, S., Weddell, D. and Wittenberg, I. (1975) *Explorations in Autism,* Strathtay: Clunie Press.

Mitrani, J.L. (2001) *Ordinary People and Extra-ordinary Protections: A Post-Kleinian Approach to the Treatment of Primitive Mental States,* Hove: Brunner-Routledge.

Ogden, T. (1989) *The Primitive Edge of Experience,* London: Karnac.

Schore, A. (1994) *Affect Regulation and the Origin of the Self: The Neurobiobgy of Emotional Development,* New York: Lawrence Erlbaum Associates.

Stein, M,, Sufian, J. and Hazlehurst, M, (2001) *Supporting Care Leavers: A Training and Resource Pack for Yourlg People Leaving Care,* First Key, Oxford Chambers, Oxford Place, Leeds LS1 3AX.

Turp, M.D. (2003) *Hidden Self-Harm: Narratives from Psychotherapy,* London: Jessica Kingsley.

Turp, M.D. (2004) 'The capacity for self-care', *International Journal of Infant Observation* 7, 1: 108–125.

Waddell, M. (2006) 'Narcissism—an adolescent disorder?', *Journal of Child Psychotherapy* 31, 1: 21–34.

第17章　心理的安全性：自殺の危険の予防に欠けている概念

Martin Seager

　危険（risk）という概念は，その対極にある安全（safety）という概念と分け難く織り混ぜられている。両者はふたつでひとつの思考のシステムを作っている。しかし，メンタルヘルスサービスにおいて危険に注目するとき，われわれの思考は，伝統的に非常に具象的であり，そしてほぼ身体的な危険ばかりに焦点を当ててきた。危険な感情や考えや行動を生むような関係性や社会的文脈に対しては，ほとんど意識的な注目が向けられてこなかったし，安全や安心の確保（security）という空気を生む関係性や社会的な要素にもさほど関心は払われてこなかった。

　われわれのメンタルヘルスサービスにおいては，自殺や自傷の予防というタスクに取り組むために精神分析的な思考を用いる試みは，伝統的にあくまで臨床的な水準に焦点付けられてきた。これはおおむね，より広い範囲の臨床家たちに精神分析的なスキルを広め，臨床的なリスク評価の方法を改善し，個人，カップル，家族や集団への治療的介入を改善する，ということを意味してきた。こうしたレベルでの価値はあったが，一方，より広いレベルで精神分析的な思考と知の蓄積を十分に活用していないことを意味してもいるといってよいだろう。本章で私は，関心の範囲をメンタルヘルスサービスが提供されている場の文化や精神（ethos）全体に広げたい。メンタルヘルスサービスを企画するにあたって，精神分析およびその他の心理学的な概念が使われて，「心理的な安全」と私が呼ぶものの文化が推進されることがきわめて重要であることをこれから論じたい。こうしたサービスを提供するための文化は，危険のアセスメントに関してはるかに広い概念を伴っている。つまり，個人のパーソナリティの安定性に関する「医療問題化（medicalised）」[訳註1]された検討にとどまらず，その個人に有用な実際の愛着や関係——サービスが提供するものもしないもの

訳註1）状態を病気や医療問題とみなすこと。

も含んで——を探索するようなことである。そうすれば，メンタルヘルスの用語における危険と安全は，「外的世界」と「内的世界」が互いに協調したり衝突したりつながりあったりするような対象関係の文脈から現れるように見えることだろう。それはどちらかの「世界」単独よりもずっと重要なのである。

　少なくとも英国では，公共的なメンタルヘルスサービスにおいてかつてないほど「危険」という考えに没頭している時代に生きているといっても語弊はないだろう。「メンタルヘルスサービスの現代化：安全で信頼できて支持的であること」（DoH 1998）というタイトルのガイダンス文書に典型的に現れているように，「危険」と「安全」という考えは長らくメンタルヘルスの政府政策の核心にあった。これは部分的には，過去20年以上にわたる主要政党のどちらもが病院や入院のケアからコミュニティを基本とするサービスに強調点の変更を続けたことによる。しかしながら，心理的な意味において「安全」あるいは「安心の確保」のあるメンタルヘルスサービスとは，本当は何だろうか。私がこの問題を考えれば考えるほど明らかになってきたのは，危険と安全についての心理的な観点が伝統的に看過ごされてきたということである。われわれ（英国 NHS における総括的な「われわれ」）が総合的かつ公式にメンタルヘルスサービスにおける「安心の確保」について語るときには，すぐに犯罪科学的な極に焦点を当てるように思われる。われわれのメンタルヘルスサービスにおける「安心の確保」という言葉は，静けさや心配のない安定性といった概念への自然な連想ではなく，犯罪性や危険という連想に乗っ取られてしまっているように見える。そもそも，その言葉自体の語源はラテン語のまさに「気苦労や心配のない」を意味する「securus」なのだ。しかしながらまったく対照的に，われわれのメンタルヘルスサービスの文化における思考は，安心の確保に専念するときには，クライン派の感覚では本質的に「妄想的」で「具象的」な傾向にある。

　この妄想的で具象的な方向を向いた心の状態において，われわれは**破壊的な行動や結果**の脅かしに迫害され，「危険」のいかなる顕われも回避あるいは逃避することに，防衛的なあり方で馴染んでいる。危険が陰に潜む実態のある怪物であるかのように。何らかの「重大な予想外の事件（serious untoward incident）」（興味深いことに，これの略称の SUI は自殺 suicide の最初の 3 文字である）がおこったとき，われわれは，真の探索心と口では**言う**としてもそうではなく，非難や批判や迫害的な罪悪感（やはり「妄想的」ポジションか

ら）の精神で「探索」する。反対にわれわれは，**良好な**メンタルヘルスがどのように見えるものか，あまり集中して見たり明瞭に把握していないし，**安全な**サービスがどのように見えるのかについても同様である。われわれは，脆弱な人々（自殺の瀬戸際から戻った人々を含むだろう）の中に生まれてくるのを援助できるかもしれない建設的な発展を評価するような組織的な会議を設けていない。同様に，生命を肯定する展開が育まれるようなプロセスや状況に関するガイドラインを作っていない。

　総括的なガイドラインはきまって「チームワーク」や「パートナーシップ」の重要性を述べるが，実際は臨床的にこれが何を意味するのかということについて，精神分析的要素はもとより心理学的な要素の含まれた定義もいまだ存在しない。あるひとりのサービスの利用者を包括的に取り扱うような，異なる専門業種グループや機関の間での真の意見の交換をもっていないといったことが，なおあまりに普通にまかり通っている。転移のプロセスが考慮される以前でさえ，時として現実の専門家気質（ethos）から生じるような分裂や葛藤に至ることになる。われわれのメンタルヘルスサービスは，今日までおおむね生物学的‐社会的‐政治的な精神（ethos）によって動かされ続けてきているのだが，それは「基本設定（default position）」であり，暗黙で，語られることのない，そして多くは無意識的なあり方なのである。そこには心理学的な原則や概念や価値感（精神分析的なものも含む）がその不在によって際立つような「哲学の空白」が本質的にある。専門家の心がサービスの利用者の苦悩の緩和に共感的には結びつかず，リスク重視の管理方針と成果第一の運営方式に由来する全般的な「サーベイランス」をする志向性に結びつけられる（Cooper and Lousada 2005 参照）ような場合は，不安で防衛的で「妄想的」でさえある専門的な実践が育つのである。このような文化や空気はしばしば避けがたく，理解と変化を希望してわれわれを訪れるサービスの利用者の心の妄想的な状態を反響し，共謀し，それを増幅する。

　精神分析は「愛の治療（love cure）」や元祖「お話し療法（talking cure）」として，愛着，コンテインメント，自己と他者との関係の生を育む性質について多くをわれわれに教えることができる。また同様に，これらの性質が歪められる場合，または，人間の精神や心に役立てられないだけの場合でも，致死的，危険，恐怖と絶望という結果になることも教える。精神分析はまた，メンタルヘルスの良し悪しの要因を理解する包括的な手引きとなる枠組みを提供する。

相談室という限定された小さな環境における個人，カップル，集団や家族の治療については精神分析的な論文は肥沃である。しかしそれに比して，公衆衛生的なメンタルヘルスの分野の日々あれやこれやの臨床的サービスが提供されている全般的なマクロ文化に関してはどちらかといえば沈黙がちであるのは奇妙なことではなかろうか（Isabel Menzies Lyth（1988），Tom Main（1946ほか）およびS.H. Foulkers（1964ほか）といった注目すべき例外はいくらかある）。結果として，精神分析的な思考からは，総括的なメンタルヘルスサービスにおける良好な実践について公共政策に十分な情報提供がされておらず，精神分析的概念は公衆衛生的なメンタルヘルスサービスの臨床的気風（ethos）に，十分に浸透していない。NHSの精神分析的な専門家を含めてわれわれみなが仕事をすることが期待されているにもかかわらず。

自殺予防──精神分析的思考の寄与

自殺とは，人が完璧に「悪い対象（内的または外的な）」のなすがままになっていると感じるか，十分に「良い対象（外的または内的な）」への愛着を奪われたと感じる場合の究極の行動である，と精神分析的な思考はわれわれに教える。対象関係論的な枠組みは，人の心のバランスがいかに生から死に傾くかを理解する助けになる。自殺は悪い対象と同一化される堪え難い自己を殺すことであり，また，堪え難い苦痛からの逃避でもあると論じられている。同時に究極のコミュニケーションであり，コミュニケーションの終焉でもあり，究極の攻撃であり究極の防衛でもあるのだ。

何が私たちに心が生きている状態を保たせるのだろう？　愛情は人の精神にとって基本的な食物である。愛情に飢え，かなりの困難・痛み・剥奪・外傷・虐待または苦しみにおかれた時，逃れるという現実的な希望がなければ，人間としてのわれわれすべてに自殺する可能性はある。発達の年月を通して心に抱かれ，記憶され，愛され，世話される体験が，私たちの生命に基底を流れる安全や意味の脈絡を与える。この「ほどよい体験」がやがて内在化されてパーソナリティの基礎となりうる。心の健康の起源は安全な愛着である。健康で安全でコンテインされ社会化された，乳児から成熟した大人に至るまで発達するパーソナリティまたは自己という概念に対して，精神分析的思考の各学派は，さまざまな用語を充てている。たとえば，フロイト学派の「自我の強さ」

254 第Ⅲ部　実践，予防，ポストベンションにおける応用

や，Ester Bick（1968 参照）の研究から得られた「心的皮膚」や，より最近
では Anthony Bateman と Peter Fonagy（2004 参照）により提示された「メ
ンタライゼーション」が含まれる。外部から世話をされて情緒的にミラーリン
グされることは，私たちすべてが安全で現実的な自己の内的感覚を育むことを
可能にする。その感覚とは，外的ストレスに直面するときの回復力となり，ま
た他者との関係においては，不信感を持ったり，防衛的，破壊的であるよりも，
創造的でいられるようなものなのである。

　このような方法で，精神分析的理論は，「メンタルヘルス」によって私たち
が実際には何を意味しているのか定めるうえで極めて明確な基盤を提供する。
また，体験の連続帯の両端にある人間の喜びと悲惨の本質をうまくつかむよう
な概念や言葉を提供する。その両端においては，愛情の成り行きは十分うまく
いったかひどくまずい具合になっているかである。その理論は，人間の精神は
めざましく回復性がある一方で，半端ではない痛みや外傷や悲嘆に耐えること
しかできないことを私たちに教える。そして圧倒的な苦痛の感情は外的内的
な「ほどよい対象」が有用でなければ持ち堪えられないことを私たちに教える。
また，ひとりひとりのパーソナリティの情緒的な能力や意欲的な能力は，養育
者が供給する十分な注意や愛情や構造に依存する文脈の中で長期間にわたって
発達したり停滞したりするということを私たちに教える。その理論は，健康な
パーソナリティは安全な愛着という文脈の中で形成されるであろうことを私た
ちに教える。そして同様に，安全な愛着が引き裂かれ，崩壊させられ，逸脱さ
せられたり，もしくは枯渇させられ，損傷を与えられたりするような状況では，
健康なパーソナリティが形成されることはできないということになるのだ。

　こうしたことは，力強い教えであり，私たちが個々の臨床の一端を行ってい
る状況では毎度実感する。しかしこれらの教えは，英国における NHS 領域内
のカッセル病院やヘンダーソン病院のような精神療法モデルに添って構想され
ている専門家の施設という稀なケースを除いては，私たちみなが仕事をしてい
る業務の精神の中には広く移し替えられて伝えられてはいないのである。私た
ちの一般的なメンタルヘルスの文化は，愛着やコンテインメントに関しての無
意識的な穴や裂け目に満ちている。脆弱な人々とさまざまなメンタルヘルス職
員たちの間にできあがる不確かなつながりは，紹介および入院の手続きや判断
基準が**配慮なく**適応されること，退院促進政策，職員のローテーション，予約
システム，治療受け入れが固定または規定されていること，お役所的なシステ

ム，サービスの削減と再編成によって，私たちの業務において日々破綻している。これらは，発達的なつながりの断絶や，（転移のメカニズムを通して）破壊的なプロセスを再びエナクトメントすることを誘発するようなコンテインメントの破れを代表するが，同時に，心理的に「危険な」「安全でない」そして時として「害になる」環境を**現実**に作り上げてしまう。

退院，自殺と精神分析的な考察

　たとえばKingら（2001）のような統計的な実証は，自殺の危険が最大となる機会のひとつは精神科病院から退院した直後の時期であることを明確にしている。伝統的な生物学的医学における**病気**としての心の苦しみの観点からすると，病院からの退院は，患者**における**改善の徴候に基づく。**症状**が減少すれば，患者が**快方**に向かっているからコミュニティへ戻ることは**安全**に許容されうることを示すと考えられる。逆の結果が明らかになり，自殺がおこったとき，この考えは衝撃と驚きの感覚に至る。そのような概念の枠組みの中では，それぞれの自殺を**たまたま**，とか原則の**例外**として見る傾向があるために，この経験から学べる真の可能性はない。しかしながら心理学的な，そして特に精神分析的な観点からはなおのこと，これらのふたつの出来事に強力な関連性があることが明らかである。病院というのは単に病気が治療される場所ではない。新しい経験が繰り返され，強化され，古い経験に挑戦するような場なのである。このような文脈では，目に見える明らかな症状の改善は，芽生えつつある希望をもった愛着や病院設定により提供されるコンテインメントの結果かもしれない。退院はしたがって，芽生えつつある信頼への裏切りや，育ち始めた不確かな愛着の早すぎる断絶として体験されうるのである。

　反対に，希望のある愛着や患者に手を差し伸べようとする熱心な試みを病院で何ら体験できなかった困難な入院患者は，さらなる屈辱への防衛として，有害または無頓着な環境からの逃避を加速する手段として「改善」のふりをする可能性があるだろう。この場合思慮のない退院は，患者の最悪の恐れや予期が現実の中で裏付けられることに相当する。治療的対応の過ちの一部は個人的な不信感によるものだったかもしれないという望みのすべてを消してしまうかもしれない。自殺の危険はこのような場合，「よい対象」と結びつくことのさらなる失敗や，無頓着なケアの供給を行う対象の手による拒絶の体験によって確実に増えるだろう。その対象が**自らを治療的であるとみなしてはばからない場**

256　第Ⅲ部　実践，予防，ポストベンションにおける応用

合には，特にそうである。この状況は，確かに転移によるエナクトメントによって過去の体験のパターンの再活性化をするかもしれない。しかし私の論点は，このような状況はそれだけでも現在のケアを与える環境の**現実的に**有害で，**現実的に無頓着な**性質に関与しているかもしれないということである。このコンテインメントの欠乏の源流には，病床数や病床稼働の圧迫，スタッフの交替，スタッフのモラル，治療モデル，スタッフの訓練，スタッフの防衛機制，**思慮のない**（むしろ**魂のこもらない**）管理システムや同様に**思慮のない**総括的ケア政策がある。スタッフ個々の個人的な質は重要ではあるが，それよりむしろ，サービス**全体の精神**（ethos）や，個別の患者の**総体的な**体験にこれが与える影響のほうが多大であることは十分明瞭であると私は考える。

自殺，危険の評価と精神分析的に考えることの価値

　NHS のカルチャーにおいては次第に危険に執心することがゆきわたり，私たちの NHS メンタルヘルスサービスは**個別の患者の危険の評価**に関する専門家や一般向けのガイドラインやプロトコール──たとえば Linke（1997）を参照──で溢れかえるようになっている。これらのプロトコールすべてには，当然ながら自殺が他害自傷と並んで「危険のリスト」の頂点に位置している。しかしながら，この文書は危険に関する臨床的な判断を助けたり形作ったりするために企画されているものの，このすべてには精神分析的な思考，あるいは心理学的な思考の影響の証がほとんどない。特に自殺の危険は，患者の「対象」や心理社会的環境との繋がりや関係の反映というよりも，あたかも患者に内在する資質や傾向であるかのように取り扱われている。このような一般的な「ツールキット」は，過去の自殺企図，最近の自殺の意志，診断的な要素，疫学的な要素やさまざまな「ストレス」要素を考慮するが，それに比べて**全体，そして今ここでのサービス**によって与えられる愛着や関係やコンテインの質に関しては目が届いていない。しかしもし，私たちすべての心理的安全を守るものについての価値ある指導的な原理を精神分析的な理論や実践から引き出すとするなら，それは以下のように究極的にきわめて率直で「**外的に対象関係的な**」ものなのである。

　1　少なくともひとりの人によって共感的なあり方で心に保持され，考えてもらえること。その人物は，少なくとも基本的なレベルの信頼を備え

（つまり愛着），そして，適度に規則的な接触があり，必要が高まった場合には迅速な支援の機会を持つような存在である。

2 所属し，独立し，意味や目的を共有している，という感覚が与えられるようなありかたで社会的に他の人間とつながっていると感じること。

　私たちすべてにとって，もし生活の質がこれらの基本的な心理社会的な標準からいって，低すぎるところまで落ちるなら，自殺の危険ははっきりと上昇するだろう。人々は，「ほどよい」発達の背景を持っていても，完璧にうまくやれていて身体的にも良好であっても，今の意味ある心理的社会的なつながりを失えばしばしば自殺するという事実によって，それは明らかであろう。その衝撃的な例が，最近のラジオの火災保険キャンペーンで流された。私たちは，火災で怪我からは免れたが，妻や子どもたちと家を失い，仕事に行けそうにないという男性を想像することになる。広告のスローガンは，「火災があなたの生命を奪うのにあなたを殺す必要はない」である。これは，人の身体や心の歴史に安全が確保されたとしても，現在の「心理的な安全」が破壊されるという強烈な例である。

　外傷的な出来事の後に困難を大きくしていく人々は，表面化していなかったとしてもそれまでのメンタルヘルスの水準が良好ではなかった人々である，ということはよく知られている。しかし，心理的な安全が内外の一方または両方から破られている場合は，身体的な安全も危険にさらされていると私は主張する。よって，例外的な外的環境においては，それまでの「メンタルヘルス」の内的な水準が常に「ほどよい」ものであった人においても，身体そのものへの自殺志向性または破壊的な行動が起こるのは理解するに難くはない。

　安全をこのように定義するなら，自殺の危険を評価するにあたって，私たち自身の役割や総合的なケアのシステムの中でのその他の関係の演じる役割を排除することが，まるで見当違いであり，それどころか危険この上ないことは明瞭である。この枠組みのもとでは，**全体として提供されるコンテインメントの総和と**，どの時点でも**個人に利用可能な愛着の質**を足し合わせて危険の算定がなされなくてはならない。私の経験では，一時的であっても，外的な愛着の総和が削減されたり乏しくなる時が，自殺の危険が最大になる時である。特に自己の安全な感覚が内的にほとんどか全くない人においてはそうである。もちろん，「ほどよい内的対象」は人生のなかで育てられるべきであるだけでな

く，**維持され**なくてはならない。大人の関係や愛着から十分な持続的な認証や照らし返しが得られないと，それまでは「メンタルに健康」な人でも極端な退行やブレイクダウンに陥り，自殺さえ生じることがある。そのような人は，悲嘆，孤立，絶望，罪悪感や恐怖に圧倒され（迫害的に）苦しめられる。喪失を緩和する他の「有用な対象」が存在する場合に限り，喪失は耐えることができる。喪失された対象がちょうどそのような緩和のために必要なものであったなら，ブレイクダウンや自殺がいっそう生じやすい心的な空白状態が存在することになる。

Winnicott（1965）が「ひとりの乳幼児というようなものはない」と記したことはよく知られている。彼の言葉が正しかったとすれば，われわれのメンタルヘルスシステムは（現代的な精神分析理論から適切に影響を与えられているなら）同様に，「ひとりの自殺志向性のある患者というようなものはない」と言えるだろう。われわれは，乳幼児を母性的または世話を提供する環境との相互的な関係の文脈においてのみ理解できるのと同じく，自殺志向性のある個人に手の届くような相互的な世話をする愛着の総量と質という文脈においてのみ自殺の危険の十分な意味を真に理解することができる。まさに精神分析的で心理学的な危険の評価は，単に個人の「パーソナリティの障害や脆弱，またはメンタルヘルス」を取り出して測ったり，社会や環境のストレスを取り出して測って見るべきものではない。ある個人の内的な「対象世界」と手の届く実際の外的対象（サービスによって代表されるものも含む）との間の相互関係が決定的なのである。危険の評価に当たって，われわれが「対象‐関係的」とか「リフレクティブな」とよべるようなアプローチが欠けている場合の単純な臨床的な過ちには二つのタイプがある。ひとつは，とても構造化されて手の届く愛着をもった非常に内的に脆弱な人の危険を過剰に評価すること，そしてもうひとつは，コンテインするような外的な構造が不十分で内的な脆弱さはより少ない人の危険を過少評価することである。しばしば皮肉なことに，文字通りの安全を供給する入院病棟における愛着のネットワーク（他の患者も含む）によってできる構造化されたコンテインメントがきっかけとなって，症状の緩和がもたらされるが，それは早すぎる退院とコンテインメントの基盤の破綻に通じ，自殺へとつながるかもしれない。

コンテインメントはまた，患者やサービスの利用者に役立つ注意深いサポートというだけではない。コンテインされている看護者にケアされるのとそうで

ない看護者にされるのではサービスの利用者にとっては，世界が違うようなものだ。これは，年余にわたる臨床研究と母親，乳児，核家族と拡大家族の観察に基づいた精神分析的な論文からのかなり確立された結論である。患者個人がケアを提供するシステムへの「ほどよい」愛着を必要としているのと同様に，臨床家も熟練のスーパーバイザーや支持的な管理者や，意義のある政策への質のよい愛着によって供給されるコンテインメントを必要としている。「ほどよい」親や世話をする者であるためには，専門家であってもそうでなくても，われわれは，みな祖父母的な存在による支持を必要としている。この考えを理論的結論にもっていくなら，**公的な**メンタルヘルスサービスにおける安全と思いやりのある治療的な関係の発達のための究極的なコンテインメントは，**国家**そのものなのである。これは，悪い意味での**過剰な支配**や**過保護**，過干渉な祖母のような「**ばあや**」的な政府である必要はなく，「コンテイナーをコンテインする」ような「**祖父母**」とよべるようなものであり，臨床作業のための良性で創造的な雰囲気をつくり，敬意をもった距離を保ち，しかし，必要な時には根本的なケアを提供する関係を支持することができるようなものなのだ。NHSで常時働くわれわれがあまりといえばあまりによく知っているように，こうしたコンテインの広範囲におよぶ資源はしばしば欠けている。良質なスーパービジョンやマネジメントとのつながり，そしてものを考えるための単なる空間とのつながりさえ，しばしば広域の組織的な変化や圧力によって壊される。

　公的なメンタルヘルスサービスにおいてわれわれは，「ひどく精神的に病んだ人」と表現される人々に日常的に対応する。その人々は，上述の危険と安全という枠組みでいうなら，両方の領域の最下層に評価されるであろう。これがただちにわれわれに知らせるのは，**すべての愛着の総量と質**をモニターして良い方向に動かすことの重要性である。よい精神療法的な関係性でさえ，それが熟練して思いやりのあるものであったとしても，それ以外の有用な「ほどよい」対象がなかったり，その他のより「毒のある」影響があったりしたら，自殺から離れるのに必ずしも十分ではないかもしれない。しかしながらわれわれは精神療法的な介入を相談してくる人の「危険」を評価する時，「医学的錯覚」と呼べるようなものにしばしば陥る。それは，われわれの介入が何か治療**然**として，その他の影響は価値があっても中心的ではない，というようなものである。これは完璧な母子関係という「二者錯覚」とも言えるかもしれない。上述の危険分析モデルは，この心の枠組みは一見そう見えるほど必ずしも「安全」

260 第Ⅲ部 実践，予防，ポストベンションにおける応用

ではないことを示している。「対象への愛着」（外的内的を含め）の総体的な付置の影響力の総和が決定的なのである。

　長らく伝統的に，個人精神療法は，患者が治療を支えるような内的外的な十分な資源をもっているときにのみ適切であると認知されてきた。しかしわれわれの公的なメンタルヘルスサービスは頻繁に，複雑で重篤，そして長期にわたるメンタルヘルスの問題が個人をあまりに内的にいためつけ，外的に支援されないままにするために，個人を対象にした対話による治療単独には反応しないような人々を取り扱うことを求められる。心理的資質や外的な支援の不足が，優れた有益な対話的治療の世界の部外者として無能力のしるしであるかのようにして，そのような人々を「精神療法に適さない」と分類する文化のようなものが今日に至るまで未だ存在する。この状況は，かつては精神分析的あるいは，その他の心理的な治療から除外されていた人々に照準を当てるようにつくられた専門家による「パーソナリティ障害」のプログラムやサービスの出現によって，いくぶん変わりつつある。しかしながら，これでさえいくつかの点において，専門的な「心理的な治療」文化と一般的なメンタルヘルスサービスの文化の間の分裂を強化する。前者は全体の中の一部というより後者の中のオアシスのように見られるかもしれない。こうして異なったやりかたで「排除」のパターンが逆説的に繰り返されることになる。

　われわれの公的メンタルヘルスサービスにおいて，重篤なメンタルヘルスの問題はすべてどれかの種類の「パーソナリティ障害」——その言い回しに何か実体的な意味があるとして——と認識することにはまだ道のりはかなり遠い。精神分析的アプローチは，したがって，「選ばれた少数者に適している」として具象的なあり方でなお排除されている。とはいえ，精神分析理論の科学と知恵は，パーソナリティに関する普遍性のある理論として万人に対して創造的な方法で適用されるべきであり，心理的資質や表出に乏しい人々に対してはなおさらである。結局のところ，こうした人々がまさに，その自己の発達の欠損や深刻な心的防衛，「行動化」，情緒的な教養に欠けていること，が精神分析的アプローチの証しである前言語的かつ乳幼児発達の概念による説明やコンテインを**最も**必要としている人々なのである。この議論からは，1対1の対話的な治療も，どのような対話的治療の形式（カップル，グループ，および家族を含む）も，実際は，われわれの公的メンタルヘルスサービスにおける精神分析理論の総合的な適用のひとつの部分を形作っているにすぎないということになる。

「心理的な安全」とサービス提供の改善の影響

　心理的な安全の本質は，総合的なサービスの精神（ethos）とサービス受給者の総合的な体験である。特に，精神分析的に裏打ちされた愛着・コンテインメント，対象関係についての見解に拠り所を持つ。いずれも重要であるものの，建物や施設におけるコンテインメントよりも，関係や社会的ネットワークにおけるコンテインメントが中心となる。

　「ペイシェント・ジャーニー（patient journey）」訳註2) と「ペイシェント・パスウェイ（patient pathway）」訳註3) について語ることはこのごろの流行である。全体としてのシステムについての患者の包括的で，連続的な体験をこの概念が認めるという点では，歓迎すべき発展である。しかしながら，英国においてNHSがこのきわめて重要な概念をめぐるサービスのデザインを打ち立てることに大いに発展できてきたかというとそれは明らかではない。あまりにたくさんのその他の要素が妨げとなる。そのうちのあるものは，他のものよりも変化しにくい。私は以下に，変化の可能性のあるいくつかの領域を列記することにする。これらはおおまかにひとつの試み，つまり具象的で疾患に基づいた捉え方の精神（ethos）からより力動的で対象関係的な捉え方の文化（ethos）への移行とまとめられる。

（a）紹介システム

　どうやって紹介システムが具象的ではなく，より心理的で精神分析的な志向をもつようにできるかについて，Seager（1994, 1999）は記述している。つまり，紹介の仲介者と受け入れサービスについて，自分たちがともに受け持っている患者／クライエント／サービスの利用者のために協働することを必要としている親的なカップル／システムとして平易に概念化した。同様に紹介システムは，「自我の力」と個人の選択あるいは自律性が，紹介というプロセスそのものによって失われずに発達するように，この建設的な三角の真ん中にサービスの利用者を位置づける必要がある。

訳註2) 患者が医療・健康サービスを受けるなかで遭遇する体験のプロセスを指し，可視化により患者の感情・思考・行動を理解しより良い医療を模索するためのツールとなる。

訳註3) 病気の治療プロセスについて，ケアの段階を詳細に説明し，患者の全行程を導く方式であり，包括的なケアに関して患者とそのケアチームによる意志決定をサポートする。

（b）紹介の基準

われわれの公的なメンタルヘルスサービスの一般的な風潮（ethos）や文化のなかで，紹介の基準はかなり診断的かつサービス側中心的（この人はわれわれのもつサービスの枠にはまるだろうか？）なままであり，個人のニーズの力動的あるいは発達的な側面を熟慮する（この人がこれまでよりもさらに発達するのを援助するためには，われわれが行うことをどうやって適応させようか？）ことは少ない。この意味で，すべてのメンタルヘルスサービスは，個人が治療を受ける「資格がある」ことを証明するのを期待するのではなくて，個人のそれぞれ異なったニーズに「手を差し出す」気風（ethos）を共有することを必要としている。

（c）退院の基準

今なお退院の基準は，サービスの利用者，クライエントまたは患者の次の発達的な道のりの段階につなげるよりも，「退院させる責任」という発想に基づくことがある。政治経済的圧力は，やっかいで難しく「骨の折れる」われわれの「預かり者」を「排除する」とか，**どこか，あるかどうかもわからないが**よそのサービスの供給の手に引き継ぐという，これまでも逆転移の中にありえた傾向を増強させる。精神分析的観点からみれば，退院は，**連続性**を導く（外的あるいは内的に）新たな何かに繋がるか移行するようなものを提示する発達的なステップである場合にだけ，真に効果的であることをわれわれは知っている。

（d）処方としてのセラピー

今日にいたるまでわれわれは，心理療法の「面接」を，薬の「処方」であるかのように話しているし，公的なメンタルヘルスサービスでは，しばしば特別な時間枠や時間制限のある量的なパッケージで供給する。これはしばしば，意義のある有用な作業がその中で行われる境界を提供する。しかし，われわれの思考は具象的となってしまい，他の選択肢が忘れられるようなことが起こりかねない。精神分析的な理論と実践は，われわれにセラピーは手続きというよりも関係であることを伝える。患者たちは，彼らとの関連においてわれわれが誰なのか，彼らがわれわれや彼ら自身，他者との関連において誰なのか，という感覚を成長させることで改善をみる。彼らは**いま**「心に抱えられ」ていることで「心に抱えられ」ていると**感じ**始める。彼らは時を経ながらわれわれととも

にあるという連続性を感じる必要があるが，変化の重要な要素としての**セッション**に固執してもそれが必ずしも援助されるものではない。治療的枠組が個人のニーズと適合し，そして精神分析的な理論が関係性の性質とそこに生じている臨床素材を理解するのに用いられるならば，創造的な治療の発展が多岐にわたって育まれる。固定された構造をもつ既成の臨床的な治療契約は，時として援助になるよりも不利益になりうる。必要な「治療の処方」という医学的な想定に基づいて行われる場合，もっと不利益が生じるだろう。

(e) 職員配置の安定性と持続性

　精神分析的思考が真にわれわれの公的なメンタルヘルスサービスの文化全般を貫くことになるのなら，職員の配置や異動が管理されている枠組み全体に影響を与えることを必要とするだろう。臨床に携わる人々は，どんな職種や経歴であれ，サービスの利用者の生活の発展が築けるような重要な愛着を供給する。管理や経営に携わる者を含め職員全体が職業的な家族，システム，文化もしくは精神を作り出すのだが，それは相まって，サービスの利用者の生活に影響を与える。発達をもたらすかもしれないし，反復や退行をもたらすかもしれない。この職業的な家族の健康は，単に空間だけでなく時間をも越えた専門家の間の接続に依っている。スタッフの変動（シフトのパターン，ローテーション，異動，補填の手配など）に対して愛着の力動や対象関係，そしてコンテインメントの視点からの調整が少ないほど，サービスの文化が利用者の生活を発展させるようになりにくい。職業的な家族としてのNHS精神衛生サービスの体験において，われわれのサービスの利用者の早期の破綻した愛着がしょっちゅう再演されたり反復されたりすることは恥ずべきことである。

(f) 研究と「エビデンスに基づくこと」

　研究の姿は日進月歩である。そこでたとえば新しく精神分析的に志向された研究計画が，われわれの目前にある新たな「エビデンスに基づいた」文化に適応しようとするとき，中核の精神分析的な原則を放棄することはない。しかしこれは単に政策担当者にとって有用なデータを増やす貢献をするだけである。精神分析的な理論家はそれぞれに，「エビデンスに基づく」ことそのものが，ランダム化比較試験の「金科玉条」に排他的具象的にしがみつくのではなく，心理学的に洗練されたものになるように，未来の研究文化に影響を与え，

変化させるようにもっと先見的であってよいのかもしれない。より一層質的な研究，微細な対人関係の過程や，それらが個人，カップル，家族や集団の発達や変化にどのようにかかわるかを把握する研究，そして科学的手法の現実検討への必要性に価値を置くのと同等に主観性を尊ぶような研究の余地はある。

結　論

　私の議論の主旨全体は，直接的な臨床設定よりはるかに広いレベルでの精神分析的な思考の価値について述べたものである。「心理的な安全」という言葉に喚起されて，私は危険というのは身体的な問題というよりも，おそらくより心理的な問題であると論証しようと試みた。そしてさらに，それは個人の心理的な問題であるだけでなく，組織的な対人間の心理的な問題なのである。

　精神分析的な思考は，われわれのメンタルヘルスサービスにおける危険を低減しうるのだが，それは単に特別な臨床治療を提供することによってだけではない。もっと重要なのは，われわれの患者が，全体としてのシステムによって心に抱かれコンテインされることを保証するような「心理的に安全」なサービスの文化の構想を知るに及ぶことによってなのである。われわれのメンタルヘルスサービスの利用者からの頻繁にある苦情はまさに，個人的な感情やニーズ，そして彼らの「物語」は失われ「システム」によって軽視され拒絶される，といったものである。重症のメンタルヘルスの問題を抱えた人々は，彼らの感情がすでに無視され傷つけられた養育ケア環境から来るとはいえ，その体験のパターンは英国のメンタルヘルスシステムの中で頻繁に繰り返され，強化されている。これはすべてが転移逆転移に関する問題なのではなく，メンタルヘルスシステムそのものの無思慮で有害とさえいえる特性に関することなのである。非治療的および時に反治療的でさえあるようなメンタルヘルスシステムの状況には，「医療問題化された（medicalised）」紹介システム，予約システム，退院システムおよび，サービスの利用者と全体としてのケアシステムの間の関係性が考慮されていないようなチーム文化が存在することは提示できたであろう。ケアを提供する体験は，そうなると，断片化，脱人格化，疎外および不連続性を帯びたものかもしれない。簡単に言えば，重症のメンタルヘルスの問題を抱えた人々は，一般的に不健康で不幸で不運な養育ケア環境から生じるのである。英国におけるメンタルケアシステムはあまりに頻繁に，過去の問題を反復し強

化するような，また別の不健康な養育ケア環境としていまだに体験されている
かもしれない。これを変化させる上で大切なのは，単に精神分析的もしくはそ
の他の心理療法を手の届きやすいものにすることではなく，心理的な資質を基
盤とする普遍的サービスモデルを形成し，発展させることである。この課題に
おいて，精神分析的な思考は果たすべき重要な役割をもっている。

　広い NHS という文化の中で，精神分析的な臨床家やコンサルタントたちが
意思決定や政策決定に影響を与えようとする試みがかつてのように持続的で
熱心であると私は確信できない。今日に至るまで，精神分析的なアプローチ
は，一般的なメンタルヘルスサービスの文化の中でさえ，お高くとまり，現実
世界にはあまり関与しないというイメージを持ち続けている。このイメージ
は真実からはかけ離れているのに，いまだ支配的なイメージであり，部分的
にはやむを得ないイメージでもあることは，遺憾である。精神分析的な思考
は，直接的な臨床の治療の領域に狭く限られて適応されるに留まっている。精
神分析的な仕事をメディアで広報する試みは，この狭いイメージに反論する
のと同じぐらいこれを強化してしまったかもしれない。精神分析理論の認識
と適用にギャップが在り続けることの結果として，「診療ガバナンス（clinical
governance）」訳註4) やもっと最近の「よりよい健康管理のための基準（standards
for better health care）」訳註5) などの，健康管理におけるサービスの質について
の中核的な国家政策指針は，精神分析的または心理学的なモデルをまったく参
照せずに作られてきている。サービス供給や開発の「前線」や「最先端」にい
る精神分析的な資質のある指導者たちには，政治家や政策決定者に直接働きか
け，シンプルな言葉で説得する義務がある。ここで述べた「心理的安全性」と
いう概念が，精神分析的な原理を翻訳して政策や一般的な臨床の改善につなげ
るというより広い任務に関し，われわれのメンタルヘルスサービスの文化全体
における助けになることを切に願う。

文　献

Bateman, A. and Fonagy, P. (2004) *Psychotherapy for Borderline Personality Disorder:
　Mentalization-based Treatment, Oxford: Oxford University Press.（狩野力八郎・白波瀬丈

訳註4) 医療の質を改善し，最適な医療のための環境をつくり，維持するためのシステム。NHS のキ
　　　ーワード。
訳註5) NHS の提示する細分化された基準。

266 第Ⅲ部 実践，予防，ポストベンションにおける応用

一郎監訳：メンタライゼーションと境界パーソナリティ障害—— MBT が拓く精神
分析的精神療法の新たな展開．岩崎学術出版社，2008.）

Bick, E. (1968) 'The experience of the skin in early object relations', in A. Briggs (ed.) *Surviving Space: Papers on Infant Observation,* London: Karnac, 2002. （早期対象関係における
皮膚の体験．松木邦裕監訳：メラニー・クライン トゥデイ②．岩崎学術出版社，
1993.）

Cooper, A. and Lousada, J. (2005) *Borderline Welfare: Feeling and Fear of Feeling in Modern Welfare* (pp. 62–67), London: Karnac.

DoH (1998) 'Modernising mental health services: safe, sound and supportive', HSC 1998/233. http://www.dh.gov.uk/en/Publicationsandstatistics/Lettersandcirculars/ Healthservicecirculars/DH_4004567

Foulkes, S.H. (1964) *Therapeutic Group Analysis,* London: Allen & Unwin.

King, E.A., Baldwin, D.S., Sinclair, J.M.A., Baker, N.G., Campbell, M.J, and Thompson, C. (2001) 'The Wessex recent in-patient suicide study 1', *British Journal of Psychiatry* 178: 531–536.

Linke, S. (1997) *Assessing and Managing Suicide Risk, CORE—Mini Guide,* London: British Psychological Society.

Main, T.F. (1946) 'The hospital as a therapeutic institution', *Bulletin of the Menninger Clinic* 10: 66–70.

Menzies Lyth, I. (1988) *Containing Anxiety in Institutions: Selected Essays,* London: Free Association Books.

Seager, M.J. (1994) 'On not leading horses to water: promoting true engagement in psychological therapies by psychologising the referral process', *Journal of Mental Health* 3: 213–220.

Seager, M.J. (1999) 'Three new practical applications of psychoanalytic theory', *Tom Main Memorial Prize Essay,* unpublished.

Winnicott, D.W. (1965) *The Maturational Processes and the Facilitafing Environment,* London: Hogarth Press/Institute of Psychoanalysis. （大矢泰士訳：完訳 成熟過程と促進的環境．
岩崎学術出版社，2022.）

第18章 ポストベンション：自殺や自殺志向性の行動が家族，専門職そして組織に与える強い影響

Stephen Briggs

「ポストベンション（postvention）」とは，Edwin Shneidman（1980）の造語で，自殺によって喪失を被った人々を援助するための焦点づけられた対策を意味する。Shneidman は，ポストベンションは予防（prevention）にもなりうると考えた。というのは，自殺の強い影響のひとつは，「サバイバー」[訳註1] に自殺志向性の行動をとらせる傾向を増やすことだからだ。彼はこう記した。

> 自殺する者は自分の心理的な骨格をサバイバーの情緒のクローゼットの中 [訳註2] に置いて行く。自殺者の宣告はサバイバーにたくさんの陰性感情その他への対処を言い渡し，サバイバーは，自分が自殺の加速か阻止の失敗に実際に加担した，あるいは加担したかもしれないという考えにとりつかれるようになるのだ。それは重い負担となりうるだろう。
>
> （Berman *et al.* 2006）

この重要性についての専門家の認識は，自殺のサバイバーのグループの急増の後を追って生まれた。合衆国では，250グループがアメリカ自殺学学会のウェブサイトに載せられている。ヨーロッパでは，200の同様なグループが国際自殺予防学会によってリストに載せられている（Berman *et al.* 2006）。ポストベンションは，重要な社会政策となっている。英国においては，「イングランドのための全国自殺予防戦略（NIMHE 2002）」が，自殺による剥奪を受けた人々のメンタルヘルスを促進することを重要な目標に含めた。自殺によって家族や友人や同僚と死別することの影響を調査した研究が蓄積されつつある。

訳註1）大切な誰かを自殺で喪った人のこと。
訳註2）skelton in the closet：世間や他人に隠しておきたい秘密。

268 第Ⅲ部 実践，予防，ポストベンションにおける応用

Shneidman は，自殺は少なくとも 6 人の他者に影響を与えると考えたが，これによればいかにたくさんの人々が巻き込まれることになるか見積れるだろう（Jobes *et al.* 2000）。自殺による死別の衝撃と回復の経過を見ると，その体験は外傷的で困難であるが，他の死別——特に突然の偶発的な死——に続く喪よりも必ずしも困難ではないことが示されている（Clarl and Goldney 2000）。自殺による死別にひき続き，しばしば不名誉，恥，咎めといった強く衝撃のある感覚が生じる（Barlow and Morrison 2002）。

　本章では，自殺と自殺志向性の行動が他者，家族，友人そして同僚に与える影響を理解するにあたり，精神分析的な考察が貢献することを探索しよう。臨床・研究データを用いて 3 つの特定の状況つまり，親のひとりを自殺で失うこと，若年者の自殺や自殺志向性の行動が親に与える影響，そして，メンタルヘルスの仕事のなかで自殺が専門家に与える影響を検討しよう。

オフィーリアの死

　自殺が他者（「サバイバー」）に与える影響のモデルを提供するために，シェイクスピア（1607/1997）の『ハムレット』のなかのオフィーリアの葬儀[訳註3]の描写を用いる。オフィーリアの葬儀の場面は，一方では自殺の社会的スティグマを乗り越える痛みの生々しい描写を提供し，レイアーティーズの「情け知らずの坊主」というののしりの言葉で極に達する。オフィーリアの自殺は，あらゆる自殺と同様，社会的および対人関係の文脈で生じている。社会的文脈では，レイアーティーズの反応はオフィーリアを理想化し，聖職者が理解しなかったことを非難していて，彼の怒りを社会の代表者に置き換える試みを表している（「きさまが地獄でのたうちまわっているとき，おれの妹は天上で天使になっていようぞ」）。

　戯曲の対人関係的な文脈つまりその残忍さと裏切りと復讐において，オフィーリアの自殺は単独の出来事ではなく，戯曲の情緒的な力動によって生じ，動かされている。ハムレットは，自分が彼女を拒絶したことを通して自身がオフ

訳註3）デンマーク王子ハムレットの復讐劇に宰相の息子レイアーティーズと娘オフィーリアが巻き込まれていく。ハムレットが思いを寄せるオフィーリアの溺死は自殺が疑われ，葬送に際しキリスト教会は，本来は弔うこともしないのだが簡素ながらせめてもの対処をしたと釈明するが，兄レイアーティーズは納得せず抗議する。

ィーリアの自殺に関与したという罪悪感を振り払おうとし，さっきまで自身に認めていた憎しみや殺意や怒り（「いざとなれば何をするかわからないぞ」[註1]）をレイアーティーズに投影しようとする。彼はレイアーティーズとの取っ組み合いの後，とんでもなく激情的な発言をするのだが，それは，競争的で大げさで，挑発的なものだった。

　　　オフィーリアを想う心の深さ，実の兄が何人集まろうと，引けはとらぬ
　　　……

　ここから考えられることは2点ある。第一に，関係的および情緒的な文脈で，「心理学的な骨組み」がサバイバーに投影される，とShneidmanが表現するように，そうした文脈は自殺の空想に他者が関連していることを意味する（Hale本書第1章，Campbell本書第2章）。このような自殺の空想は二者関係的であり，自殺の**前**にしばしば何年にもわたって作動していたかもしれない。オフィーリアの受身的な「生を見限ること」（Freud 1923），つまり溺れた水と融合することは，攻撃性を他者の目から隠す——より正確には，攻撃性を他者の中に投影していることになる。

　このために，自殺**企図**に接することもまた，空想された攻撃を受けることを意味し，同様の破壊的な影響を持ちうる。自殺既遂と「未遂」である自殺企図の間の違いは，後者が修復の可能性を許容しているという点である。

　例を挙げよう。アナベルは18歳の若い女性で，過量服薬をした。それは，娘を失った両親が感じるであろう深い後悔によって，彼らの娘への愛がいかに足りなかったかを示すという無意識的な意図によるものだった。父親は入院中の彼女を見舞い，愛していると言った。アナベルが後にセラピストに述べたところでは，父親が彼女にこう言ったのは初めてのことだった（Briggs *et al.* 2006）。

　第二に，喪に特有の難しさは，特にハムレットの挑発的な物言いの中で認められるが，それはまたレイアーティーズのほうにも見出すことができる。罪悪感を背負うことと責任を評価することの問題は，責められるまたは罰せられることへの怖れとして示される。この心性のなかで「サバイバー」は，非難または批判の指を実際に差し向けるような誰か，もしくは誰かの一部を探し，時には見つけ出す。自殺や自殺企図の直後の時期には，批評力のある自己観察や現

270 第Ⅲ部 実践，予防，ポストベンションにおける応用

実的な内省はしばしば使えず，代わりに非難や批判を投影したり指摘したりする過剰に批判的で異常な超自我機能（O'Shaughnessy 1999）が見られる。それは，自我‐破壊的であり，投影や分裂のプロセスを通して意味をはぎ取るのである。

　自殺はいつの時も，自殺の当事者とつながりのある他者に外傷的であり，また，自殺が試みに終わった場合は，自殺志向性のある人自身にも同じく外傷的である（Ladame 本書第 6 章）。外傷の影響は，象徴的に機能する能力の喪失や思考の具象性の増強を含んでいる。同一化は結果として，もっと危険でネガティブな事態を招く。喪失に直面してワークスルーするよりも自己愛的な修復を目指すことにより，喪は阻害される（Levy and Lemma 2004）。オフィーリアの受動的で「美しく」さえある死は，他者をすっかり混乱させ，罪悪感とともに外傷的な状態に置き去りにしている。

親の自殺が子どもに与える影響

　親の自殺による死は，子どもにとってはどうしようもなく外傷的である。小児期または早期の思春期に親が死ぬというだけで悲痛な喪失である。自殺による親の死は，親としてあり続けるために生きていたいと願うほど積極的には子供を気遣わないと言う意味が含まれるかもしれない。親の死を悼むことはとても難しい体験である。Freud（1917）が記すように，喪は，長い期間をかけて遂げられる苦痛な過程であり，そこでは，喪失の現実に直面することと失われた対象から愛着を撤収することが主題である。苦痛な現実に直面することへの抵抗は，対象への同一化，喪失の否認および現実感の喪失につながる。小児期の片方の親の喪失に対して，子どもは残った親やその他の近しい関わりによって愛情とコンティニングを含んだ関係という深い支持を得ることを必要とする。その子どもにとっての死の意味の長期に及ぶワークスルー，つまり，発達や近しい関わりの質と関連した体験から得られる理解の集積を通してのみ，小児期の親の死は理解が可能になる。死という概念は，無意識においてはいろいろな形や意味を成すが，それはしばしば制約とか生気のなさという空想を伴い，そこでは自己の一部分が自身の死んだような状態を観察している。Elliot Jacques（1965）は，患者の夢から得られたイメージにおける，この種の死の自己観察の特に生々しく気味の悪い例を挙げている。それは，患者が棺に横た

わって刻まれて小さい肉塊になるのだが，神経がすべての肉塊を貫通して脳に連結している，というものである。

　死別後の自責感や罪悪感は，小児期や思春期早期には子どもの万能感によって強められる。親の死の衝撃は，Steiner の喪の概念にぴったりとあてはまる。すなわち，荒廃や絶望あるいは罪悪感として体験される抑うつ的な痛みを耐える能力が対象喪失によって試されるのである。愛情や償いの願いは親を生かすのに十分ではなかったという気持から，こうした痛みが生じる（Steiner 1993）。抑うつ態勢が確立されるにあたって，対象に向けた敵意や加虐的な衝動や願望についての罪悪感，そしてそれに続く対象から分離しているという感覚が統合されるためには，対象による忍耐強い理解を必要とする。こうしたコンテインがないと，子どもは抑うつ的な痛みに対して防衛的になり，そこから退避して妄想分裂的な防衛に頼るわけだが，それは発達を損ない，親密さを持つ可能性を制約する。極端な場合ブレイクダウンに至る可能性さえあり，それに対する防衛として，繰り返される関係のパターンが用いられる。このように，ワークスルーされなければ，失われた対象のあり方に同一化することを通してトラウマは行動化される（Hale 本書第 1 章）。Garland（2004）は，死者への同一化は「堪え難い心的な痛みを避ける方法である。その痛みは，自身や内的対象への損傷が修復を越えていると怖れるときに被るような痛みである」と述べている。

　親の死というトラウマを処理する能力はさまざまである。第一に，親子の間にあった関係の質による。第二には，残った親または保護者が，子どもにとっての喪失の意味を把握し，その体験の意味を理解する余地を持って時間をかけて喪失をワークスルーする能力による。親の死が自殺によるものである場合，子どもに何を負わせたかという意味で，自殺の空想の衝撃を理解することがワークスルーには含まれることになるだろう。

　親が自殺で死ぬ時，その親と別の家族メンバーとの間に相当の葛藤が先立って存在している可能性がある。自殺は二者関係的な概念であり（Bell 本書第 4 章），つまりそこでは誰かが別の誰かを傷つけたり殺したりしている，という見解は，自殺志向性のある人の内的葛藤が家族内の投影と取り入れのプロセスを通して演じられ，他者をコンテインすることで影響を受けたり，あるいは他の家族メンバーの誤解と投影によって悪化しうる，ということを意味している。自殺によって親が死んでいる家族は「二重に剝奪されている（doubly

272 第Ⅲ部 実践，予防，ポストベンションにおける応用

deprived)」（Williams 1997）。第一の剥奪はその親の喪失で，第二の剥奪は，そのような難しい喪の作業を持ち堪えるはずの内的な資源の不在である。これは，Clark と Goldney（2000）が自殺の後の喪について，喪のプロセスそのものによってではなく自殺が脆弱性を明らかにするためにいっそう困難であると主張するのと近い。

症 例

　以下に記す症例は11歳の時に父親を自殺で亡くしており，10代の女性にとっての喪の複雑さを描いている。ここでサマンサと呼ぶ彼女は，自宅で縊首した父親の遺体を発見した。彼女が父との折り合いのよくない時期にそれはおこった。両親がいつも離婚の危機にあり彼女が父親に怒っていたことや，父親が批判的だと彼女が感じたことが自殺に影響したと彼女は後に私に語った。父親は娘が学校に通うようになると要求がましくなり，もっと小さいときの彼女のほうがよかったと言った。彼女は以前は父親にとても近しかったのだった。

　父の死後サマンサは家族や学校から「カウンセリングに行きなさい（彼女の言葉によると）」と促されていた。しかし驚くことでもないが，彼女はそれを断っていた。いちばんしたくなかったのは何がおこったかを話すことだったという。実際，16歳になってようやく彼女は私の勤めるクリニックに来ることに同意したが，最初は GP を通さない4回限定の任意の受診だった。このセッションを通して，彼女はさらなる治療を求め，治療が始まった。

　私が彼女に会うようになった時，彼女は GCSE^{訳註4)} の準備をしていた。彼女は学業に興味を持って取り組んでいたが，試験のことをとても心配していた。彼女は母親と妹と一緒に暮らし，聡明で魅力的で，たいへん精力的であった。彼女は自分が父親の死について話さないと母親が言い続けるからセラピーに来ることになったのだと語り，それは本当だったと認めた。家庭でも学校でも誰もが一件について知っており，学校ではしばしば彼女に配慮が与えられていたことを彼女は示した。そして誰もそのことを**彼女**に話すことができずに，彼女に「それ」について話すことを周りが期待する状況に疎外感を覚えたとほのめかした。

　週1回のセラピーのはじめの数週間に私がサマンサについて体験したのは以下のことである。第一に，彼女は情緒的に巻き込まれることについて非常に不

訳註4）義務教育修了の全国統一試験。

安がっていて，セラピーの提案に対して同意したにもかかわらず，来るのを望んでいないとかやめたいことを頻繁に話した。第二には，私が彼女に伝えることを取り入れるのを一切拒否するありさまが特に顕著であった。彼女が私の言ったことに対してスイッチを切ったようになり，私自身が独り言を言っているように感じるか，あるいは彼女が私の言ったことを取りあげて繰り返し，ひとりでディベートをしているかのように，いわばむしゃむしゃと嚙んで，あげくに私の言ったことがまったく役に立たなくて受け入れられないという結論になるかどちらかだった。この種の交流から，彼女は私には言えないでいるが，摂食障害があるのではなかろうかと私は思い始めた。彼女には Williams が「立ち入り禁止症候群（no entry syndrome）」とよんだものがあるように思えた。それは，侵入される感覚と「『破壊と入り込み』の恐怖」（Williams 1997）を防ぐことを目的とした防衛システムである。父親の自殺は，何かぞっとする恐ろしいものが彼女の中に無理やり押し入って破壊し，拒絶と罪悪感と侮辱と制御不能状態に置き去りにした，という意味を持ったのではないかと考えた。ここから私は，彼女に食べることについて尋ねた。最初彼女は応答しなかったが，私は彼女に伝え返していくことが彼女を圧倒しないようにしながら，彼女の言うことを取り入れようとし，また取り入れているところを示した。

　治療の最初の休暇の後，サマンサに変化がおこった。彼女は分離が困難なものだと気付き，私が彼女を拒絶するのではないかと怖れた。対象の不在によって彼女の敵意はぶり返し，彼女が私を扱いたいように彼女自身が扱われることを怖れるようになりだした。彼女が来るか来ないかを決めるのは彼女であり，私の苦しみがどのようなものか判断するのは彼女であった。彼女が自分の治療に戻って来られてそこに私がいることに安心した一側面として，彼女は，食行動に困難があることを自ら語った。はじめは，彼女が12歳か13歳の頃，肉がおぞましいと感じ，ベジタリアンになると「決め」て合理化し，食事を制限していた。そして彼女がティーンエイジャーになった頃には，ちゃんとした食事は何であれ気分を悪くさせ，不快を取り除くために嘔吐することを必要としていたのだった。

　サマンサは，私が彼女を受け持ち続け彼女のことを考え続けていることにある程度までは安心したものの，自身が依存していると感じることへの屈辱と怖れは怖気立つような恐ろしい苦しみと体験されていたと考えられる。これは，私へのコントロールを行使しようとするという変化をもたらした。いまやサマ

274 第Ⅲ部 実践，予防，ポストベンションにおける応用

ンサは「すべて」を私に語ることにこだわり，彼女がセッションを命令的かつ制御的に用いることで，私は自分が人質になっているように体験していると気づいた。彼女は自分の権力を手にしたように見え，私に受身的に耐えるしかないという過酷な体験を強いているように見えた。実際，目の前のサマンサは拒食が悪化して体重が減っているようで，外来の精神療法を続けられないことがすぐに明らかになった。体重減少とともに彼女は言葉を言葉として扱えなくなり，もはや彼女に語りかける方法がなくなった。彼女は私を閉め出すことはできず，言葉は意のままに打ち込まれるミサイルのように感じられ，もはや身を護るすべはなかった。これは最も痛ましい体験だった。彼女はどうしようもなく痩せてやつれ，苦悶していた。入院の手配をした時に，私は彼女を最も恐ろしい方法で失いそうだという気持に直面させられた。

サマンサは入院治療中も私と接触を保ち，回復したらセラピーに戻りたいと主張した。彼女は父親の自殺のあと何年も，そのことを語るのを避けていたが，今や普通の話題となった。彼女はやがて回復し，治療に戻り，学業や試験にも戻った。

このサマンサについての短く部分的な考察は，父親の自殺——そして成長して分離しだしている娘を処罰するという父親の自殺に存在したかもしれない空想——が彼女を侵襲した倒錯的で有害な様相を描いている。そのために外傷を受け，彼女は自分への衝撃を否認し閉め出そうとしたのだった。背後には，圧倒的な侵襲される感覚と信頼および他者に依存できることの重大な喪失があり，それはコントロールされたままでいることへの願望とニードに置き換えられていた。格段に悪性の拒食は逆説的に，彼女がどれだけコントロールをはずれられるかを示し，かつ，どれだけ強力に自身のコントロールを他者に投影するかを示した。これは彼女の中の恐ろしく残酷で破壊的な側面，つまり容赦なく無慈悲に死や死んだような状態を追求する異常な超自我（O'Shaughnessy 1999）により内側から駆動されていたのだった。彼女とのワークのこの時期には，私の無力感たるや完膚なきまでとなり，少しでも有効なことをまるで何もしたり言ったりできないように感じていた。そして完全な無力のなかで，彼女が受身的に被らなければならなかったものをいまや私に能動的に押し付けていることを体験せねばならなかった。Garland（2004）はこれを「投影性の命令（projective imperative）」とよんでいる。父親の自殺におけるサマンサの全くの無力や屈辱感により，彼女は自分がいつまでも小さいままだと感じるように

なった。彼女が唯一力や成長をどうにか得られるのは，父親との同一化という
エナクトメントを通してであった。つまりそれは彼女が「これらの恐ろしく
屈辱的な感情を力づくで外傷的な出来事を行った者に押し戻さねばならない」
（Garland 2004）ことを意味した。

子どもの自殺行動が親に与える影響

　文献には子どもの自殺が親に与える影響の例がたくさん挙げられている。
（Berman *et al.* 2006; Jobes *et al.* 2000; Clark and Goldney 2000）。精神分析的
な観点からは，Meltzer と Harris が子どもの死に対する親の脆弱性がどの程
度のものか簡潔に表現している。「カップルの甚だしい脆弱性は個々の持つア
イデンティティにある。子どもの死はひとつの堪え難いストレスと思われるか
らだ（Wordsworth の『私たちは7人』）」(1986)[訳註5]。Gibb（1998）は，10代
の娘を自殺で失った母親とのセラピーについて記すなかで，母親は極度の罪悪
感によって自身が援助を受けたり希望を見出したりできないよう妨げられてい
たと述べている。彼女が少しでものぞみを感じるといつでも，喪失の途方もな
さと償いの困難さが彼女を打ちのめし，娘の死という現実が否認され，娘に対
する過失の気持ちをめぐる罪悪感はセラピストに投影された。子どもの自殺に
よる両親への衝撃の広がりは Stekel（1910/1967）によって明確にされている。
彼は，子どもの自殺はその親から最も貴重な財産を奪うという意味を持ってい
ると述べた。

　私はここで，子どもの自殺行動が親に与える影響についてふたつの質的研
究を参照して述べることにする。Thrift と Coyle（2005）は，自殺で子どもを
失った母親の小規模なサンプルにインタビューを行った。質的研究のデザイ
ン[註2]を用いながら，彼らは自殺への母親の反応をアイデンティティへの脅威
という観点で理解した。この親たちはしばしば，失敗とか烙印を押されたとい
う感覚を報告した。彼らは回復を試みるなかで，自殺によって誰かを奪われた
人々のグループが助けになると気付き，自殺について自分たちが原因に一役
買っているとほのめかさないような話を繰り広げる傾向があった。Rutherford
（2005）は，4人の母親の小さいサンプルで，自伝的ナラティブインタビュー

訳註5）同胞七人のうち二人がすでに死去しているのにきょうだいは七人いると言い張る少女を詠っ
　　た詩。

276　第Ⅲ部　実践，予防，ポストベンションにおける応用

法（biographical narrative interview method）（Holly and Jefferson 2000 参照）を用いて面接を行った。この研究は，子どもの自殺が既遂ではなく企図だった母親に焦点を当てた。研究の方法や集団は異なるにもかかわらず，ふたつの研究にはかなり重なる知見がみられた。Rutherford の研究は，母親の人生の詳しい自伝的記述が得られているところが特に興味深いのだが，そこには彼女らの10代の頃の自殺行動の体験が記され，インタビューによる強い情緒的影響が捉えられている。

　利用可能な治療的な援助の支えがあっても，この母親たちはその自殺企図について語ることが容易ではなかった。ある母親は，自分は自殺企図そのものについては誰にも話したことがないと言った。それは「とても怖い」ことで，「そこには戻りたくない」というのだ。Rutherford はインタビューの影響について記している。

　　　キャロル（母親）の娘の自殺企図についての描写は，それまでのインタビューがすべてそうであったように，私に強い情緒的な影響を与えた。私は，彼女の一挙一動，一言一句に注意を払う必要を自覚し，その体験が（母親にとって）どれほど圧倒的で強烈であったかを私が認識し理解することは極めて重大だと感じていた。私は，自分がどれほど疲労困憊しているか気づいた。

（Rutherford 2005）

　これは，これらのインタビューに共通の性質だった。親たちの恥，屈辱および怖れは強烈にインタビュアーに影響を与えた。別の母親の語りは次のようである。

　　　ヘレン（母親）が娘の自殺行動について語った時，私は著しい疲労感を感じ，彼女の話の内容によって押しつぶされ抜け出せないような感じがした。私は彼女を守りたいような気持ちや母性的ともいえるようなものを感じた。彼女の脆弱性を案じていた。

（Rutherford 2005）

　インタビュアーはこれらの親たちが経験した極めて死に近い体験を押し込む

「投影性の命令」（Garland 2004）に従っているように見える。ヘレンの報告はインタビュアーに母性的な反応を誘発し，インタビュー記録からするとこれは，ヘレン自らの思春期の頃にあった自殺志向性の行動についての報告に関連しているように見える。インタビューは自殺企図をした二人の子どもが心の中で混然となっていることを示している。実に，これらインタビューの特徴として，4人中3人の親が自らの自殺志向性の既往を有しており，親たちはそのことを子どもには知らせないようにしていたが，子どもたちはそれでもその自殺志向性と同一化をしたのだった。このことは，ポストベンションは予防になりうるという Shneidman の見解を思いおこさせる。自殺の衝撃に苛まれている人々とのワークは，引き続く精神的な不具合や，「サバイバー」の自殺の危険の高さという自殺の影響（Jordan and McMenemy 2004）を減らすことを助ける。この親たちは脆弱性のサイクルを描き，そこでは彼女らの体験が専門家に非難されることへの怖れと影響しあって，彼女らはそこから逃げだしたくなっていた。Rutherford は，これら10代の子どもたちの自殺志向性は，「不安定な愛着や，母親の自殺志向性の既往や，父親の不在などをはじめ不利な要素の連なり」（2005）を含む文脈で生じることを見出した。

　これらのインタビューは，自殺企図の1年以上後に行われたが，親たちは，感情の激しさからわかるように心的な外傷の状態が続き，出来事以後の時間がゆがめられ，コンテインへのニードが持続していることを今なお示した。ストーリーを語ることを通して出来事を再体験する感覚に加えて，体験の恐怖と不消化は強烈に伝わってきた。自殺企図の意味に直面できたかどうかに関しては，母親によって異なった。ある母親は，治療的な援助によって，「現実に戻る長い道のり」を辿ったと語った。他の二人は，それについて語ることには耐えられず，治療的援助に留まることや，（10代の）子どもたちに話すことはできないことがわかった。恐怖や絶望は怒りや憤りから分裂排除されていた。怒りや憤りは専門家や別れた配偶者に向けられ，彼らは批判的で拒絶的で理解がないと体験された。それはある程度は現実に基づいた判断でもあるという証拠もいくらかあったのだが，親たちが罪悪感に直面し，自身の人生にある困難とそれらの子どもたちへの影響に直面することから庇われるのに与してもいたのだ。4人の母親はすべて，子どもが自殺行動をとったときに驚き，衝撃を受けたと言った。

　したがって，母親たちは，非難の指を差そうと待ち構えるとびきり批判的な

278　第Ⅲ部　実践，予防，ポストベンションにおける応用

人物がいるような防衛的な語りを作り上げた。母親の一人であるキャロルは，自殺企図の後に別れた夫に電話したが，彼は不機嫌で，彼女と娘を非難し，娘にコンタクトしようともしなかったと語った。もう一人の母親は，娘が処置を受けている最中だったが，娘の自殺企図を聞いて自身が過量服薬をした。また別の母親は，自分が思春期の頃過量服薬した時，父親が「愚かな小娘」とよんだことを思い出した。こういう他罰的反応や自己非難的処罰的な反応は，O'Shaughnessy がある患者について記した異常で自我破壊的な超自我のあらわれである。

　　　それは，死の本能の純粋培養である。おぞましい企みや残酷で処罰的な繰り返されるサイクルが仕込まれて，（その患者が）対象関係や個人の成長や人生や生の本能から切り離されることが狙いであることをわれわれは目の当たりにする。

(1999)

専門家や組織への自殺の影響

　臨床家が患者を自殺で失うことは衝撃的な体験だといえる。とはいえメンタルヘルスの専門家にとっては自殺志向性の行動はありふれたものである（Jobes et al. 2000）。特に患者の内界や情緒的な苦闘に深く交わるなら，患者の自殺は専門家としての失敗を意味し，深刻な個人的影響を及ぼすことになる。最近臨床家たちは，治療の中での自殺志向性の行動の影響や意味について内省的な論述ができるようになっている（Campbell 本書第2章）。合衆国の研究では，患者の自殺は，専門家の自信喪失や非難や仲間の信頼を失う怖れにつながることが示されている。自殺の後に臨床家は自殺志向性のある患者を避けるか，そうでなければ自殺予防の知識や技術を増やそうと求めることになるかもしれない（Jobes et al. 2000）。

　自殺志向性のある患者との作業には，高いレベルの不安が避け難く伴う。この不安は部分的には，確実に将来の自殺志向性の行動を予測することが困難なことに根ざしている。臨床家たちはしばしば患者の自殺志向性に驚かされるだろう。ある患者たちは自殺志向性の苦闘に臨床家を積極的に巻きこみ，セッションの終わりやいつもの休暇には特にセラピストに不安を感じさせた状態にす

る。一方では，セラピストには明らかな不安を生みださずに情緒的な反応不足を起こさせる患者たちもいる。この過少な表現のパターンは，患者の持つ相手を遠ざける不安定な愛着スタイルと一致すると理解されている（Wright *et al.* 2005）。

患者の自殺（および自殺志向性の行動）による個人個人へのパーソナルなそして専門家としての水準での影響は，専門家的，社会文化的，そして組織的な文脈の中で生じる。合衆国の最近の包括的研究によれば（Berman *et al.* 2006），臨床家にとって死別の悲しみの過程への関心は，個人保険制度下で働く臨床家に対する訴訟への怖れと横並びになっている。英国では，主たる健康への援助はNHSに包括され，裁判の不安のかわりに，組織的な監査および，精査と目標という政治的なアジェンダが焦点である。ここには複合的な影響がある。自殺がメンタルヘルスにおける大きな問題だという認識が生まれ，英国国家自殺予防戦略（the National Suicide Prevention Strategy in England）（NIMHE 2002）を通してこれが達成されるような戦略が優先された。リスクアセスメントの要請の高まりは，目標達成への衝迫と平行して存在する。ここには，目標設定という文化が万能的な組織へと変質していく危険がある（Bell 本書第4章）。

患者の自殺あるいは深刻な自殺企図は通常，臨床家の中に，並行関係にありつつ動機の異なる二筋の思考の緊張を招く。私が会っていた思春期の患者は治療初期だったが，面接に来るとまるで事も無げに，前回の面接の後で過量服薬して入院し，退院したと私に告げた。これは深刻な自殺企図で，彼女が嘔吐して，母親がそれを聞きつけて対応したので救命されたのだった。彼女はまるで非現実的に思えるような語り口調でこの件を報告し，私はこの事実を保持するのに内心必死だった。私には，実際は混ざり合った二組の反応がおこっていた。第一に，私は何かを見逃したり理解し損なっていないかどうか慎重に評価した。これは，本来抑うつ的な反応で，患者への慮りや，何が間違った方向に向いたのか，また私がそれにどう関与しているのか，ということを理解したいという願望によって動機づけられていた。第二の反応は，それと異なり非難や曝露への怖れにより動機づけられ，かなり迫害的な性質をもち，自身に向けた相当の不安に満ちた一連の問いの形をとった。その問いとは，以下のようなものだ。自分の臨床記録は更新してあるだろうか？　正しい様式で正しい時間に記入しただろうか？　私は彼女の家庭医（GP）に手紙を書くべきだっただろうか？

280 第Ⅲ部　実践，予防，ポストベンションにおける応用

自殺や深刻な自殺企図へのこれらの二つの異なった反応の様態は，2種類の異った超自我の機能を表している。前者は熟考を通して有益な指針を探そうとしており，後者は批判的懲罰的なものからの非難を怖れている。熟考と非難や怖れとの間の境界は，不安の水準が高い万能的な組織の文化においてはあいまいになる。こうした状況において，ワークすることの痛みや不安から職員を庇うことを目的とする不安への組織の防衛が発展する（Menzies Lyth 1988）。これらはしばしば儀式化された実践の形をとることになり，それは書類への記入やチェックリストを完了することなど，リスクマネジメントのインフラによって生み出される作業である。不安はこのように，ワークそのものの痛みから儀式化されたタスクすなわち危険をモニターすることの上に置き換えられる。このような組織的な実践はリスク回避的なものになりがちであり，自殺予防という目標は自殺排除という目標となる。

　自殺に曝露する苦痛は，専門家の個人的な傷つきやすさを深くかき立て，外傷的になる可能性を持つ。不安や痛みに対する組織の防衛の要点について，Mendzies Lyth（1988）は，以下のように記している。組織内の個別のメンバーを曝露の鮮烈な痛みから守ろうとするうちに，彼らは無意識的な情緒体験を認め，考え，処理することを相当難しくしてしまい，そのために逆説的に，そこで働く人々を異なった形の職業的な危険に曝してしまう。つまり，絶望して精神の変調をきたした自殺志向性のある人々からの投影を知らず知らずに受けることになってしまうのだ。自殺志向性のある人々は，しばしば主流の機関で適切に扱われない（NICE 2004）ことは今や広く知られているが，分裂排除された破壊的な超自我のエナクトメントを引き起こし，自殺企図をした人々への冷酷で報復的な反応が対応に従事する人々を「情け知らずの坊主」に変えることはあまり認識されていない。この種の力動が組織の中で劇化される様相は，ある症例によって描けるかもしれない。

　Bowley（1996）は，自殺志向性のある14歳の若者サラをめぐって入院病棟で展開した複雑な力動について論じている。サラは，分離や移行的な状況に際して過量服薬を繰り返した。クリスマスが近づいたとき，病棟は休暇中には閉じるのだが，サラは入院病棟を離れることを拒んだ。養母が迎えに来たとき，スタッフは彼女がいなくなっていることに気づいた。次に彼女とコンタクトがとれたのは，過量服薬したと電話してきたときだった。入院病棟のスタッフたちは，これはサラのための作業や世話を破壊することだと感じて激怒した。病

棟からの強いられた分離がサラに与える衝撃についてスタッフは考えることができなかった。この事態を難しくしていたのは，その病棟でまだ働いていた専門職は看護師たちのみであり，彼女たちは同僚たちが彼女たちを見捨てたと感じて激怒しているという点だった。その病棟は閉まっていたので，サラは休みの間は，小児科病棟に入院した。ここの病棟のスタッフは，サラを見捨てたことについてもとの病棟のスタッフに激怒した。

　これら両方のスタッフの集団は憤慨し，相互に非難の矛先を向けあい，入院病棟のスタッフはサラを非難した。これらの反応は，ひとつの水準では，ある集団が別の集団から「責任を押しつけられている」というスタッフの力動の表れである。しかし，スタッフはサラの内界の様相の投影を受けてもいたのである。それらはこの少女の早期の多様な外傷から生まれた「投影性の命令」によって，スタッフに押し込まれたのだった。スタッフはこれらの投影の力を感じるほかなく，復讐に誘惑された。これには，本章の最初のほうのサマンサの症例で記したプロセスと近いものがある。自殺志向性によって傷ついた人々に対する援助が動き出すのは，個人的および組織的な文脈が与えられることを通してである。その文脈とは，逆転移の中でこれらの体験を収納するスペースを与え，考えることに耐えられるものである必要がある。

結　語

　本章では私は，自殺や自殺行動が家族や専門家に与える影響について論じた。Hale（本書第1章）に習い，私は自殺既遂と自殺企図の間に明瞭な区別を設けていない。自殺既遂がその個人に対して修復を許さないという点で両者は異なっているが，自殺という行動の情緒的力動に他者が役割を担わせられるという点では重要な類似がある。症例提示において，私は過剰に批判的で常軌を逸した超自我が非難と批判を投影したり指摘したりして果たす役割について理解することの重要性を示した。家族や組織において自殺によって影響される人々は，おそるべき情緒的な圧力のもとにおかれ残酷で批判的あるいは汚名を着せられるような関係や役割を演じることになる。ここで記したように，外傷的な体験をワークスルーし，「サバイバー」の人々がその後心を病んだり，自殺のリスクが増えたりすることを防ぐために，ポストベンションは思慮深い精神療法的な援助を必要とするのである。

282 第Ⅲ部　実践，予防，ポストベンションにおける応用

註

1　戯曲のこの箇所は Fiedler and Lindner（1999）によって用いられたもので，ここに私の注意を最初に喚起したことに感謝する。
2　Interpretative Phenomenological Analysis 解釈的現象学的分析。

文　献

Barlow, C. and Morrison, H. (2002) 'Survivors of suicide: emerging counseling strategies', *Journal of Psychosocial Nursing and Mental Health Services* 40: 28–39.

Berman, A., Jobes, D, and Silverman, M. (2006) *Adolescent Suicide: Assessment and Intervention,* 2nd edn, Washington, DC: American Psychological Association.

Bowley, J. (1996) 'Survival at the front: a study of the work of the nursing staff in an adolescent psychiatric unit', MA dissertation, Tavistock Clinic/University of East London.

Briggs, S., Maltsberger, J., Goldblatt, M., Lindner, R, and Fiedler, G. (2006) 'Assessing and engaging suicidal teenagers in psychoanalytic psychotherapy', *Archives for Suicide Research* 10, 4: 1–15.

Clark, S. and Goldney, R. (2000) 'The impact of suicide on relatives and friends', in K. Hawton and I. van Heeringen (eds) *The International Handbook of Suicide and Attempted Suicide,* New York: John Wiley and Sons.

Fiedler, G. and Lindner, R. (eds) (1999) *So hab ich doch was in mir, das Gefahr bringt: Perspektiven suizidalen Erlebnis.* [Yet have I in me something dangerous: perspectives on suicidal experience], Gottingen: Vandenhoek & Ruprecht.

Freud, S. (1917) 'Mourning and melancholia', in J. Strachey (ed.) *The Standard Edition of the Works of Sigmund Freud, XIV* (pp. 237–258), London: Hogarth.（喪とメランコリー．伊藤正博訳：フロイト全集 14．岩波書店，2010．）

Freud, S. (1923) 'The Ego and the Id', in J. Strachey (ed.) *The Standard Edition of the Works of Sigmund Freud, XIX* (pp. 1–66), London: Hogarth.（自我とエス．道籏泰三訳：フロイト全集 18．岩波書店，2007．）

Garland, C. (2004) 'Traumatic events and their impact on symbolic functioning', in S. Levy and A. Lemma (eds) *The Perversion of Loss: Psychoanalytic Perspectives on Trauma,* London: Whurr.

Gibb, E. (1998) 'Dreaming after a traumatic bereavement: mourning or its avoidance?', in C. Garland (ed.) *Understanding Trauma: A Psychoanalytic Approach,* London: Duckworth/ Tavistock Clinic Series.（外傷的な死別後に見た夢：喪の哀悼かその回避か．松木邦裕監訳：トラウマを理解する――対象関係論に基づく臨床アプローチ．岩崎学術出版社，2011．）

Hollway, W. and Jefferson, T. (2000) *Doing Qualitative Research Differently,* London: Sage.

Jacques, E. (1965) 'Death and the mid life crisis', *International Journal of Psychoanalysis* 46: 502–514.

Jobes, D., Luoma, J., Husted, L. and Mann, M. (2000) 'In the wake of suicide: survivorship and postvention', in R. Maris (ed.) *Textbook of Suicidology and Suicide Prevention,* New York: Guilford Press.

Jordan, J. and McMenemy, J. (2004) 'Interventions for suicide survivors: a review of the literature', *Suicide and Life Threatening Behviour* 34, 4: 337–349.

Levy, S, and Lemma, A. (2004) *The Perversion of loss: Psychoanalytic Perspectives on Trauma,* London: Whurr.

Meltzer, D. and Harris, M. (1986) 'Family patterns and cultural educability', in D. Meltzer *Studies in Extended Metapsychology: Clinical Applications of Bion's Ideas,* Strathtay, Perthshire: Clunie Press.

Menzies Lyth, I. (1988) 'The functioning of social systems as a defence against anxiety', in I. Menzies Lyth *Containing Anxiety in Institutions: Selected Essays,* London: Free Association Books.

National Institute for Mental Wealth in England (2002) National. Suicide Prevention Strategy for England. http://www.nimhe.gov.uk

NICE (2004) 'Self-harm: the short-term physical and psychological management and secondary prevention of self-harm in primary and secondary care. http://guidance.nice.org.uk/CG16

O'Shaughnessy, E. (1999) 'Relating to the superego', *International Journal of Psychoanalysis* 80: 861–870.

Rutherford, T. (2005) 'An exploration by interview of the feelings of mothers of adolescent children who have attempted suicide', MA dissertation, Tavistock Clinic/University of East London.

Shakespeare, W. (1607/1997) *Hamlet,* ed. H. Jenkins, *The Arden Shakespeare,* Walton-on-Thames: Thomas Nelson and Sons Ltd. （福田恒存訳：ハムレット．新潮文庫，1966．）

Shneidman, E. (1980) 'Suicide', in E. Shneidrnan (ed.) *Death: Current Perspectives,* Palo Alto, CA: Mayfield Publishing.

Shneidman, E. (2001) *Comprehending Suicide: Landmarks in 20th Century Suicidology,* Washington, DC: American Psychological Association.

Steiner, J. (1993) *Psychic Retreats,* London: Routledge. （衣笠隆幸監訳：こころの退避．岩崎学術出版社，1997．）

Stekel, W. (1910/1967) 'Symposium on suicide', in P. Friedman (ed.) (1967) *On Suicide* (pp. 33–141), New York: International Universities Press.

Thrift, O, and Coyle, A. (2005) 'An interpretative phenomenological analysis of maternal identity following child suicide', *Counselling Psychology Review* 20, 2: 18–23.

Williams, G. (1997) *Internal Landscapes and Foreign Bodies: Eating Disorders and Other Pathologies,* London: Duckworth/Tavistock Clinic Series.

Wright, J., Briggs, S. and Behringer, J. (2005) 'Attachment and the body in suicidal adolescents', *Journal of Clinical and Consulting Child Psychology* 10, 4: 477–491.

訳者あとがき

　本書は，「Relating to Self-harm and Suicide: Psychoanalytic Perspectives on Practice, Theory, and Prevention」（2008）の全訳である。

　訳出に至った経緯を若干記そう。私が自殺に臨床的な接点を持つようになったのは総合病院勤務においてである。約17年間救命救急センターのコンサルテーション・リエゾンを受け持ち，そこでのニーズはほぼ自殺企図患者のマネジメントだった。そうした活動を行うにあたり，参照して現実的に有用なものは当時少なかったのだが，高橋祥友氏が次々と現代的な自殺学の紹介をされたことが光明となった。その中には，本書の著者の一人であるMaltsberger, J. をはじめとした精神分析家の自殺に関する考察が含まれていた。この総合病院時代は，一方では私が精神分析的な訓練を受けていた時期とも重なっている。つまり，私にとって自殺の臨床は，自殺学と精神分析学が交差する場だったのである。当時発表や講演をいくらか行ったが，毎日のように自殺企図後の患者に会う総合病院の現場を離れてからは，一旦自殺について語ることから距離を取った。現場感覚が薄れながら語ることはどこか潔くない気がしたからだ。

　自殺対策は総力戦である。多領域からのアプローチが重ねられ，年間の統計的な自殺者は3万人を切るようになった。しかし，さまざまな社会の動きによって——最近でいえば，COVID-19感染蔓延による経済的な逼迫や，対人交流の激変の影響も受けて——その数は容易に増えることを私たちは知っている。

　私は現在日常的には精神科・心療内科診療所で一般外来と精神分析的精神療法を行い，また精神療法に関する教育も行っている。その中で患者の希死念慮の訴えに遭遇し，対応にはしばしば苦慮する。また，患者の家族歴や現病歴の中に，近しい人の自殺が存在していることが思いのほか多い。そして，患者／クライエントの自殺に遭遇する臨床家と出会うこともある。結局これらも現場なのであった。

　自殺対策に実効力のあるさまざまな理論の中で，精神分析的な知はユニークな存在であり，独自の，かつ汎用性のある観点を示していると言える。高橋祥友氏の「日本の精神分析系の人々は自殺についてあまり語らない」（personal communication）という言葉はずっと胸に残っていた。そして，2013年の日本精神科救急学会での講演を機に再び自殺について考えることを始めた。その頃に出会っ

たのが本書である。

本書は多様な角度から自殺や自傷に精神分析理論の光を当てているが，まず「序章」は，本書全体を包括的に，かつ論点によって論文集を編み直す形で新たな視点を与えており，ガイドとして申し分のないものといえる。

次に，私が注目した本書の特徴を以下に述べる。

1）自殺は関係の関わる出来事である

精神分析における自殺に関する議論は，Stekel が1910年ウィーン精神分析協会における自殺に関するシンポジウムで他者への殺意と自身への殺意が表裏一体であると論じたことが端緒とされ，Freud, S. はこの時に自殺の理解には喪とメランコリーの解明が必要であると述べた。のちに彼は「喪とメランコリー」において，愛した対象が失われる時にその対象を自らに取り入れ，無意識に押し込められたその対象への攻撃性を自身に振るうのがメランコリー（うつ病）における自殺の本質であると論じた（1917）わけだが，本書にはこの古典的論文が通奏低音のように流れている。つまり精神分析的な自殺論において，自殺のプロセスに関しては，ふたりの登場人物が関わる主に内的な情緒的問題が視野に入っているといえる。

2）自殺志向性（suicidality）について

自殺志向性という言葉は私たちにはまだあまり馴染みがないが，本書には suicidal, suicidality という単語が随所に使われている。日本語で自殺の問題を考えるとき，「希死念慮」「自殺企図」「自殺未遂・既遂」「自殺傾向」といった言葉が用いられてきた。しかしこれらは時間軸で言えば横断的な表現であって，これだけでは自殺の本質を考えるのに十分ではない側面がある。というのは，自殺という現象はプロセスの結果であって，そのプロセス自体を考察することが重要だと言えるからだ。また，何らかの原因の結果としての自殺という因果論だけでは自殺について十分に捉えることができない。

自殺志向性とは，自殺という発想が浮かぶ前提として存在する状態，その心のプロセス，空想，そして行動を含み込んで捉えることを可能にする有用な概念的な言葉であり，この言葉を使うことによって自殺について考える次元が広がるといっても良いだろう。

3）自殺は身体への攻撃，身体の抹消を必ず含む

自殺の現実的なプロセスに身体への攻撃が含まれているのは言うまでもないが，その空想において，自己や対象の悪いものが投影された身体を殺すことが理想化されるという観点は，現代の精神分析的な自殺論に共有され，本書ではさまざまな考

察が行われている。またそれは，身体そのものが精神生活においてどのような存在であるのか，という議論にも通じる。ここでいう身体は「body」で表されており，現実感の濃い「肉体」という訳語があてはまると思われるが，全体の調子を鑑みて，「身体」や「からだ」の訳語をあてた。

　一般的に精神療法において，「body」はあまり脚光を浴びないものではなかろうか。語られるときにはより観念的な「soma, somatic」「physical」という表現が使われているように思う。私たちは心だけでは生きておらず，心の生成にはからだが必須であることは精神分析でも論じられているものの，からだは常々傍に置かれているようだ。私は救命救急センターでしばしば，自殺未遂患者たちの疎外されたからだが主張し，取り戻され心を動かしていく様子を見ることがあった。自殺について考えるときには，からだにも思いをいたす必要があると思われる。

4）死の本能

　自殺とは，そのメカニズムからいえば自分が自身を殺すことに他ならず，Freudはその向きで論じ，後に，生の本能と死の本能という仮説を提示したが，死の本能については十分に理論化せずに没した。続いて Klein, M. は，人には生の本能（愛情や対象を求める心）とともに，死の本能（破壊性や攻撃性）が備わっていることを中心に理論を展開し，過酷な超自我をその表れとした。その後，彼女の後継者たちによって自己の対象を求めようとする部分を攻撃する破壊的自己愛組織（Rosenfeld, H.）など自殺に関連の深い概念が生まれてきた。また，Menninger, K.A. は慢性的な自己破壊を含む自殺は死の本能と生の本能の不均衡によって生じると，自殺に関して明示した。

　つまり自殺に関しては，自己破壊が自己のどの部分からもたらされるのかという考察がなされてきた。本書では，豊富な臨床素材の描写によって，死の本能がどのような現れ方をするのか理解を深めることができるだろう。陰性治療反応など，自殺の臨床において軽視できないテーマについても再検討することができる。

5）自殺への対応・予防

　自殺対応は総力戦であると述べた。精神分析領域からは具体的な参戦がどのようにできるのだろうか。

　精神分析は知ること理解することを基本とし，根幹としている。よって，即戦力への疑問が投げかけられることがある。しかしここで思うのは，理解の準拠枠を持つことは，対応の構え方の足場となり，さらに臨床場面での理解や具体的な対応や予測に繋がるということだ。そのことは私自身が総合病院や開業クリニックの臨床で実感してきたことであり，他の専門領域の知とともに，精神分析の知が自殺の臨

床に生かされることを願う。

　一つ強調したいのは，死の本能は本質的には人間にとって消えるものではなく，生の本能との均衡によって健全さが保たれるという観点である。死の本能の熾烈さは，生まれ持った資質にもよるが，それを緩和する生の本能は，養育関係の中で育てられる。したがって，自殺を志向する者に対して希死念慮をなくすことが肝心というよりは，どのように死を志すのかを紐解き，そこに圧倒されている対象希求的な部分を見つけ出し，保護し，できれば育んでいくことが治療的な対応に一致すると言える。本書を通してそのような主旨が一貫して感じられた。

6）本書のユニークな構成

　精神分析の著書には学派的な統一感のあるものが多いが，序章にもあるように，本書はいくつもの地域・言語・学派の著者たちによる。また，臨床場面も精神分析オフィスから医療機関・大学・特殊施設など多彩である。かつ，精神療法の素材による考察ばかりではなく，質的・量的研究の成果もある。自殺に関する理解のさまざまだけでなく，こうした論述を読む新鮮さに私は惹かれた。また，それぞれの著者はとても率直だと感じる。自殺の臨床には困難がつきまとい，また，組織との関連にもひとかたならない苦労がある。綺麗ごとではない自殺の臨床に取り組む，口はばったいが仲間意識のようなものさえ感じた。

　なお，所々に訳注をつけたが，精神分析的な解説というよりも，著者たちの文化に沿って読み進めやすくするためのようなものである。

　こういったことを考えながらようやく出版に漕ぎ着けることができた。まず，訳出を思い立ったときに背中を押していただいた奥寺崇先生に感謝したい。また，長きに渡った準備中の，岩崎学術出版社長谷川純氏の静かで力強いご支援無くしては完走できなかっただろう。

　自殺について再び取り組む契機となった2013年の講演の機会をくださった笠井清登先生にはここでお礼をお伝えしたい。

　そして，私の原点である公立昭和病院救命救急センターのスタッフの方々との体験は，時を経て今も忘れがたく共にある。

2025年1月

　　　　　　　　　　　　　　　　　　　　　　　　　　　高野　　晶

人名索引

Abelin, E.　39
Alvarez, A.　61, 62
Anderson, R.　4, 6, 73
Apter, A.　18, 19
Asch, S.　36, 48, 117
Aulagnier, P.　90, 95

Bateman, A.　254
Bell, D.　4, 5, 6, 9, 54, 109, 156, 213, 271,
　279
Berger, M.　156
Berman, A.　3, 267, 275, 279
Bibring, E.　46
Bick, E.　142, 240~243, 246, 247, 248, 254
Bion, W.　78~80, 133
Blatt, S.　203
Bolger, E.　100, 108
Bourdouxhe, M.　133
Bowlby, J.　103, 137
Bowley, J.　280
Briggs, A.　247, 248
Briggs, S.　1, 3, 9, 10, 242~245, 247, 267,
　269
Britton, R.　79, 248
Buie, D.　4, 24, 30, 31, 47, 234

Cahn, R.　93, 94
Campbell, D.　4, 5, 7, 15, 30, 32, 55, 151,
　156, 269, 278
Canetto, S.　155, 156, 225
Chiesa, M.　214
Clark, D.　203, 207, 272, 275
Coren, A.　210~212
Coyle, A.　275

De Lillo, D.　161
Durkheim, E.　155, 156

Etzersdorfer, E.　6, 8, 182, 225

Feldman, M.　192, 193, 232
Field, T.　107
Fonagy, P.　140, 141, 163, 205, 254
Foulkers, S.　253
Freud, S.　3~5, 17, 18, 38, 45, 47, 54~56,
　77, 90, 98, 103, 115, 157, 165, 192, 193,
　203, 211, 212, 220, 246, 269, 270

Garland, C.　244, 271, 274, 275, 277
Gerisch, B.　6, 8, 155, 156, 158, 163
Gibb, E.　275
Glasser, M.　4, 20, 31, 165
Glover, E.　45, 51
Goldberg, A.　119
Goldblatt, M.　3, 6~8, 15, 115
Goldney, R.　268, 272, 275
Grande, T.　191
Gutwinski-Jeggle, J.　161

Hale, R.　1, 4~6, 15, 151, 269, 271, 281
Harris, M.　275
Haynal, V.　204
Heimann, P.　248
Heller, M.　204
Hendin, H.　42, 117, 119
Hendrick, I.　116
Henseler, H.　182, 192, 225
Heyno, A.　9, 210, 213
Hinshelwood, R. S.　214
Housman, A. E.　16
Hutchence, M.　75

Jacobs, T.　232
Jacques, E.　270
Joffe, W.　98

Kind, J.　157, 182, 192, 193
King, E.　255
King, P.　35, 36
Klein, M.　47, 56〜58, 60, 78, 165, 247
Klüwer, R.　232

Ladame, F.　5, 10, 87, 90, 247, 270
Lask, B.　145
Laufer, M.　37, 43, 48, 60, 85, 109, 151, 156, 191, 216
Leenaars, A.　203
Lindner, R.　9, 224, 226, 234, 282
Linke, S.　256
Litman, R.　149, 150, 225
Loewald, H. W.　39
London, J.　64, 65, 181
Luoma, J. B.　15

Magagna, J.　5, 6, 8, 10, 132
Main, T.　66, 253
Maltsberger, J. T.　3〜5, 15, 23, 30, 31, 45, 47, 99, 108, 109, 117, 206, 207, 234
Matakas, F.　5, 10, 197, 198, 202, 203
Meltzer, D.　79, 214, 240, 242, 247, 275
Mendzies Lyth, I.　253, 280
Menninger, K.　116, 205
Mikulincer, M.　102
Minne, C.　8, 169
Mitrani, J.　240, 247

Novick, J.　117

Ogden, T.　247
Orbach, I.　5, 6, 97, 98, 102, 105, 107, 108, 110
O'Shaughnessy, E.　270, 274, 278

Penouil, F.　91
Perelberg, R.　4, 156, 191
Perret-Catipovic, M.　247
Plath, S.　62
Pommereau, X.　91

Rey, H.　134, 137, 148, 151
Richman, J.　117

Ringel, E.　20
Rochlin, G.　116
Rohrbach, E.　5, 10, 197, 198, 202, 203
Rosenbaum, M.　117
Rosenblatt, B.　46
Rosenfeld, H.　64, 140
Rousseau-Dujardin, J.　157
Rutherford, T.　275〜277

Sabbath, J.　116, 119
Sandler, J.　36, 46, 63, 98
Seager, M.　9, 250, 261
Segal, H.　64, 65, 92, 163
Sexton, A.　151
Shneidman, E.　5, 97〜99, 102, 108, 146, 267, 269, 277
Skuse, D.　141
Sohn, L.　172, 176, 181
Spillius, E. B.　214
Spitz, R.　106, 206
Steiner, J.　232, 271
Stekel, W.　16, 55, 211, 275
Straker, M.　36
Styron, W.　100, 101, 108

Teising, M.　224, 225
Thrift, O.　275
Turp, M.　9, 236, 238, 239, 244, 245
Tustin, F.　247

Van der Verde, C.　106

Waddell, M.　247
Weber, M.　226
Weissman, M.　117
Welldon, E.　181
Williams, D.　147, 152
Williams, G.　272, 273
Winnicott, D.　247, 258
Wolf, K.　206

Zwetajewa, M.　165

事項索引

あ行

愛着　38, 137, 138, 141, 142, 144, 148, 151, 162, 171, 178, 203, 206, 219, 250, 252〜261, 263, 270, 277, 279

悪夢　78, 90, 91, 177

アセスメント　3, 62, 82, 87, 117, 149, 151, 250, 279

アルコール　19, 21, 74, 83, 89, 157, 162, 173, 200, 201, 216, 229

アルファ機能　79

アンヘドニア　97, 121

生き残る自己　23, 31, 40

生き延びる　5, 17, 27, 39, 40, 51, 61, 64, 165, 172, 190, 215, 233, 242, 244

縊首　55, 75, 272

異常な超自我　9, 270, 274
　→ 超自我

陰性治療反応　67, 173, 180

イントロジェクト　47, 51

うつ状態　5, 41, 138, 142, 145, 146, 198, 199, 201〜207, 218〜220

うつ病　5, 6, 10, 18, 19, 24, 48, 54, 58, 62, 74, 75, 98〜101, 107, 120, 121, 124, 125, 127, 129, 138, 142, 144〜146, 197〜207, 211, 215

エディプス　32, 38, 77, 81, 82, 163

エナクトメント　11, 17, 32, 36, 41, 42, 66, 68, 69, 88, 90, 93, 95, 119, 124, 125, 129, 163, 169, 175, 230, 232, 233, 255, 256, 275, 280

NHS　68, 251, 253, 254, 256, 259, 261, 263, 265, 279

か行

外在化　69, 149, 157

外傷　5, 10, 17, 19, 45, 51, 58, 87, 89〜95, 99, 109, 118, 120, 129, 146, 148, 159, 160, 164, 171〜173, 180, 205, 232, 233, 244, 245, 253, 254, 257, 268, 270, 274, 275, 277, 280, 281
　——的な不安　45

解体　47, 80, 137, 165, 192

回復力（resilience）　68, 246, 254

解離　19, 48, 49, 54, 55, 65, 97, 105〜107, 109, 147, 164, 216

加虐的　56, 57, 271
　→ サディスティック

学生カウンセリングサービス　213〜215, 222

学生相談　9, 210, 220

カッティング　126, 147, 239, 240
　→ 切る

家庭医（GP）　15, 279

過量服薬　33, 34, 39, 41, 55, 58, 75, 76, 89, 126, 133, 138, 148, 175, 176, 217〜219, 269, 278〜280

完遂　34, 59

奇怪な（bizarre）　80, 83

気分障害　19, 197, 200

虐待　19, 62, 67, 75, 80, 89, 107, 123, 134, 138, 141, 243, 253

救済者　42, 160

境界（boundary）　8, 9, 39, 50, 83, 85, 87, 118, 121, 139, 171, 200, 238, 241, 244, 247, 262, 280
　——横断（boundary crossings）　119
　——侵犯（boundary violations）　119, 125

境界例　50
　→ ボーダーライン

共生状態　38

共謀　36, 68, 88, 149, 239, 252

切る　61, 67, 78, 100, 121, 123, 139, 237, 240

近親姦　23, 91, 173

具象的　8, 50, 76, 78, 81, 85, 92, 103, 161, 164, 165, 170, 189, 220, 250, 251, 260～263

空虚　50, 100, 102, 132, 146, 147, 159, 218, 220, 223

屈辱　19, 99, 255, 273～276

現実化　63, 78, 105, 157, 225, 232

現実感の喪失　48, 270

現実検討　5, 48, 51, 69, 90, 264

現実性　7, 30, 32, 41, 151

原初的不安　45

攻撃　5, 6, 8, 20, 21, 25, 37, 40, 41, 43, 45～51, 56, 57, 59～61, 66～70, 82, 97, 100, 105～108, 119, 120, 122, 123, 125, 130, 132～134, 136, 137, 139～143, 149, 157, 160, 164, 172, 173, 175, 187～193, 220, 233, 234, 239, 253, 269

攻撃者との同一化　41

攻撃性　3, 47, 51, 78, 99, 115～118, 125, 129, 130, 139, 141, 148, 150, 163, 205, 206, 212, 223, 225, 230, 269

攻撃的　19, 75, 116, 118, 140, 176, 205, 206, 211, 218, 222, 228, 230, 234

公衆衛生　74, 94, 253

行動化　7, 17, 18, 42, 68, 140, 149, 150, 163, 164, 171, 180, 216～222, 225, 230, 260, 271

合理化　58, 117, 273

心の痛み　57, 66, 68, 97～100, 102, 103, 105, 108, 109, 149

コンサルテーション　54, 66, 170, 176, 181

コンテイニング　88, 246, 270

コンテイン　6, 9, 10, 79, 80, 87, 88, 92～95, 140, 141, 146, 171, 181, 188, 192, 217, 220, 221, 241, 242, 245, 247, 252～261, 263, 264, 271, 277

コントロール　20, 26, 50, 61, 63, 68, 75, 88, 101, 102, 121, 135, 140, 142, 158, 190, 234, 273, 274

さ行

罪悪感　23, 40, 57, 58, 61, 66～69, 76, 82, 97, 99, 103, 116, 122, 123, 176, 204, 205, 212, 225, 251, 258, 269～271, 273, 275, 277

再結合　4, 43, 93

再生　4, 27, 43, 161, 173

作業同盟　118, 124

サディスティック　23, 40, 41, 47, 120, 122

サディズム　80

サバイバー　1, 16, 17, 267～269, 277, 281

三角関係　39

ジェンダー　6, 8, 155～157, 163, 165

自我境界　190

自我‐超自我システム　47

自己／身体の統合　80

自己破壊的　22, 33, 48, 56, 57, 61, 63, 78, 83, 97, 109, 125, 130, 134, 137, 158, 163, 212, 219～221

自己表象　46～48, 51, 99

自殺の脅かし　65, 135, 137, 140, 148

自殺の脚本　36

支持的な方法　119

思春期　6, 43, 58, 60, 73, 74, 76～81, 83, 85, 87, 88, 90～95, 99, 107, 116, 117, 124, 138, 143, 156, 158, 173, 191, 211, 217, 225, 247, 248, 270, 271, 277～279

自傷　2, 8, 9, 11, 17, 73, 76, 78, 83, 106, 132～134, 137, 138, 141, 142, 146, 148, 150, 151, 176, 178, 181, 186, 236～241, 243, 246, 248, 250, 256

シナリオ　17, 18, 41, 232

嗜癖　148, 158, 160～162

司法精神医学　169

銃　74, 75, 89, 150

主体化　93～95

象徴形成　92

象徴的　17, 18, 76, 92, 147, 177, 210, 270

情緒的剥奪　62

衝動的　19, 74, 149, 180

勝利感　62, 66, 189

神経性無食欲症　138, 139, 142

信号としての不安　45

身体（からだ）　5, 6, 8, 10, 17～19, 21～23, 25, 26, 30, 31, 37, 39, 40, 43, 47～51, 57, 59～61, 67, 76～78, 80～82, 84, 87, 88, 94, 97, 100, 101, 103, 106, 107, 109, 122, 127, 133, 137, 139, 145, 146, 149, 155, 160, 161, 163～165, 171, 175, 179, 181, 182, 191, 205, 225, 236, 237, 241, 244, 246, 250, 257,

264
　　──への攻撃　　20, 47, 48, 59, 76
　　──を殺す　　6, 17, 23, 30, 31
身体イメージ　　47, 78
身体感覚　　105
身体境界　　20
身体自己　　47, 48, 50
身体障壁　　22
心的外傷　　10, 87, 90, 94, 95
　　→ 外傷
心的装置　　87
心的退避　　232
心的皮膚　　236, 241, 242, 246, 247, 254
心理的な安全　　9, 250, 257, 261, 264
スーパービジョン　　11, 170, 189, 190, 239,
　　259
スキゾイドパーソナリティ　　19
スプリッティング　　77, 79, 80, 94
性愛化　　23, 160, 161
政策　　1, 2, 6, 9, 68, 70, 94, 251, 253, 254,
　　256, 259, 263, 265, 267
精神錯乱（confusion）　　20～22
精神性的発達　　81, 163
精神痛　　98, 99
精神病的　　4, 5, 8, 48, 49, 70, 78, 85, 90, 92,
　　138, 172, 177, 182, 222
　　──不安　　172
精神分析的精神療法　　6, 88, 94, 120, 175
性的欲動　　81
生への願望　　17
セカンドスキン　　242, 243
セクシュアリティ　　38, 80, 81, 159
絶滅の恐れ　　80
セルフケア　　9, 106, 147, 236, 237, 239, 240,
　　246
前意識　　41, 90, 92
前自殺状態（pre-suicidal state）　　7, 20, 30,
　　32, 35～37, 39～43, 149
羨望　　38, 60, 82, 135, 160, 248
双極性障害　　19, 124

た行

退院　　9, 26, 66, 68, 88, 93, 95, 151, 171, 178,
　　188, 201, 254, 255, 258, 262, 264, 279
退行　　6, 10, 19, 35, 37, 39, 43, 45～47, 51,

58, 79, 117, 127, 160, 171, 180, 192, 197,
　　199, 200, 203, 204, 206, 207, 258, 263
体内化　　56, 220
脱錯覚　　42, 77
断片化　　21, 45, 51, 80, 82, 264
知覚鈍麻　　97
父親転移　　7, 30, 42, 43
中和　　47, 130
超自我　　4, 5, 21, 43, 45, 47, 48, 51, 55, 56,
　　61, 63, 64, 70, 71, 116, 278, 280, 281
調節（accommodations）　　75, 119, 124,
　　126, 129, 149, 180, 182, 203, 204, 246
懲罰　　56, 61, 139, 144, 149, 177, 228, 280
直面化　　67, 127
通院　　42
敵意　　6, 8, 9, 47, 48, 64, 66, 82, 99, 100, 108,
　　115～119, 125, 129, 130, 143, 148, 176,
　　211, 220, 271, 273
適応（adaptation）　　46, 80, 169, 170, 198,
　　254, 262, 263, 265
同一性　　20, 38, 39, 43, 77, 80, 91, 93, 95,
　　100, 163, 206, 225, 230
投影同一化　　17, 57, 66, 79, 174, 190, 242
統合　　5, 19, 46, 47, 48, 51, 52, 57, 58, 79,
　　80, 83, 98, 99, 109, 129, 156, 192, 199, 206,
　　232, 241, 242, 247, 271
統合失調症　　19, 49, 74, 75, 83, 197, 200,
　　201
統合性　　51, 129
倒錯的　　8, 61, 64, 66, 67, 76, 145, 152, 157,
　　188, 274
賭博　　33, 34, 41
取り入れ　　15, 56, 79, 127, 157, 164, 190,
　　192, 203, 243, 245～247, 271, 273

な行

ニーズ　　4, 6, 7, 98, 99, 105, 108, 129, 130,
　　141, 165, 197, 203, 207, 239, 262～264
憎しみ　　3, 6, 31, 50, 55, 56, 59, 60, 64, 65,
　　79, 80, 84, 106, 116, 118, 120, 138, 151,
　　159, 163, 179, 269
入院　　2, 10, 15, 42, 49, 63, 65, 66, 83, 87, 91
　　～95, 107, 133, 139, 140, 142, 146, 151,
　　170, 174, 178, 184, 188, 198～201, 203,
　　204, 207, 214, 251, 254, 255, 258, 269, 274,

279〜281

ニュー・オブジェクト（new object）　119

は行

パーソナリティ障害　19, 54, 121, 169, 200, 260

パーソナリティの精神病部分　78〜80

排泄　80, 214

破壊的　5, 6, 17, 20, 28, 45, 51, 61, 62, 68, 77, 80, 103, 108, 116, 122, 125, 130, 137, 140〜144, 146〜148, 151, 189, 191, 193, 228, 232, 233, 251, 254, 255, 257, 269, 270, 274, 278, 280

──自己愛　64

迫害的　6, 43, 47, 57, 66, 82, 83, 141, 146, 190, 251, 258, 279

剥奪　160, 204, 253, 267, 271, 272

恥　19, 81, 82, 88, 99, 100, 171, 176, 222, 231, 263, 268, 276

場所　15, 32, 38, 41, 70, 132, 135〜137, 169, 170, 223, 230, 240, 255

発達早期　57, 106

万能感　59, 66, 213, 247, 271

万能的　9, 10, 23, 31, 41, 42, 51, 66, 68, 69, 139〜142, 147, 148, 213, 215, 216, 221, 222, 279, 280

──コントロール　142

反復強迫　18, 41

非精神病部分　79, 80

否認　30, 47, 50, 66, 78, 82, 84, 88, 93〜95, 145, 151, 174, 175, 211〜213, 223, 270, 274, 275

皮膚　61, 67, 85, 158, 236, 239〜243, 246〜248

病棟　15, 63, 64, 66, 67, 87, 88, 91〜95, 142, 143, 159, 169, 170, 174, 179, 184, 198, 200, 201, 203, 230, 258, 280, 281

不安障害　19

復讐　4, 23, 40, 41, 43, 81, 117, 176, 215, 268, 281

不在　7, 32, 39, 57, 59, 139, 151, 160, 161, 164, 176, 178, 228, 230, 252, 272, 273, 277

付着性同一化　242

物質の乱用　19

部分対象関係　191

不滅　59

ブレイクダウン　8, 89, 90, 92, 172, 182, 188〜190, 193, 258, 271

プレエディパルな父親　32, 38, 39, 42

分析家　7, 26, 27, 35〜37, 40, 41, 43, 45, 63, 134, 185, 191〜193, 211, 242

分離個体化　38, 163, 164

分裂排除　40, 49, 51, 66, 83, 140, 216, 219〜222, 225, 277, 280

ベータ要素　79

報復　16, 37, 40, 80, 157, 179, 280

暴力　8, 20〜22, 55, 71, 75, 78〜80, 82, 83, 85, 89, 115, 117, 133, 139, 140, 147, 169, 172, 173, 175, 176, 180, 190, 191, 205, 236, 237, 239, 243

ボーダーライン　78

──パーソナリティ　19

母子ユニット　38

ポストベンション　9, 195, 267, 277, 281

母性的ケア　107, 239, 241, 242

ほどよい父親たち　38

ホルモン　76

ま行

マゾキスティック　23, 37, 40, 41, 43, 158, 170, 178, 189

マネジメント　62, 67〜69, 91, 259, 280

ミーティング　68, 69, 169

見捨てられ　20, 25, 31, 56, 102, 116, 119, 138, 141, 149, 156

無力感　51, 244, 274

無意識的空想　18, 38, 40, 117, 187

無意識的同一化　40

酩酊　21, 75, 162

メランコリー　3, 4, 5, 47, 55, 56, 58, 61, 77, 115, 163, 203, 220

メンタライジング　141

メンタライズ　141, 146

メンタライゼーション　140〜142, 151, 254

メンタルヘルスサービス　250〜253, 256, 259, 260, 262〜265

メンタルヘルス政策　70

喪　3, 4, 41, 47, 54〜58, 77, 88, 93, 97〜104, 109, 115〜117, 129, 137, 146, 147, 156〜

160, 163, 164, 170, 174, 181, 190, 203, 220, 223, 225, 232, 246, 258, 267〜272, 274, 275, 278

妄想　5, 35, 47, 49, 59, 62, 82, 94, 158, 177, 178, 201, 216, 248, 251, 252, 271

妄想性不安　232

妄想的確信　30, 40, 41

妄想分裂ポジション　57, 78, 79, 165, 246, 247

物語の皮膚　244, 245

模倣の自殺企図　75

や行

薬物乱用　78

役割応答　36

融合　23, 31, 32, 37〜39, 41, 43, 60, 160, 162, 164, 165, 269

夢　31, 46, 149〜151, 162, 270

良い対象　56, 57, 59, 60, 64, 68, 181, 244, 253

養育的対象　80

抑うつ気分　54, 121, 199, 201, 203, 204

抑うつ状態　19

抑うつポジション　57, 58, 78, 79, 165, 180, 247, 248

欲求　58, 59, 66, 84, 162

欲求不満　19, 57, 80, 137

ら・わ行

離人　48, 49, 137, 146〜148, 211, 221, 223

理想化された母親　31, 40, 41, 60, 179

老年期　9, 224, 233

枠組　6, 8, 9, 36, 87, 118, 182, 237, 241, 252, 253, 255, 257, 259, 263

悪い対象　57

訳者略歴

高野　晶（たかの　あき）

1956年　東京に生まれる

1981年　京都府立医科大学卒業

東京大学心療内科を経て，

1988年〜2005年公立昭和病院心身医療科勤務，救命救急センターのコンサルテーション・リエ
　　　　ゾンに携わる

東京国際大学人間社会学部，心の杜・新宿クリニック勤務を経て，

2021年より，北参道こころの診療所勤務

日本精神分析学会認定精神分析的精神療法医・スーパーバイザー

日本精神分析協会精神分析的精神療法家

著書：ナルシシズムの精神分析（共著，岩崎学術出版社）

　　　治療者のための女性のうつ病ガイドブック（共著，金剛出版）

　　　精神分析から見た成人の自閉スペクトラム（共著，誠信書房）

　　　週1回サイコセラピー序説：精神分析からの贈り物（編著，創元社）

　　　週1回精神分析的サイコセラピー：実践から考える（編著，遠見書房）

自殺と自傷
—精神分析的視点からの治療・予防・ポストベンション—
ISBN978-4-7533-1254-2

訳者
髙野　晶

2025年2月8日　第1刷発行

印刷　(株)新協／製本　(株)若林製本

発行所　(株)岩崎学術出版社　〒101-0062 東京都千代田区神田駿河台 3-6-1
発行者　杉田　啓三
電話 03(5577)6817　FAX 03(5577)6837
©2025　岩崎学術出版社
乱丁・落丁本はおとりかえいたします　検印省略

メンタライゼーション実践ガイド
A・ベイトマン／P・フォナギー著　池田暁史監訳
境界性パーソナリティ障害へのアプローチ

精神力動的精神医学 第5版──その臨床実践
G・O・ギャバード著　奥寺崇／権成鉉／白波瀬丈一郎／池田暁史監訳
座右の書として読み継がれてきた力動精神医学の記念碑的著作の最新版

精神力動的精神療法──基本テキスト【DVD付き】
G・O・ギャバード著　狩野力八郎監訳　池田暁史訳
米国精神分析の第一人者による実践的テキスト

ナルシシズムとその不満──ナルシシズム診断のジレンマと治療方略
G・O・ギャバード／H・クリスプ著　池田暁史訳
21世紀の臨床的・文化社会的課題を見渡す

青年期のデプレッションへの短期精神分析療法
S・クレギーン他著　木部則雄監訳
CBTとの比較実証研究と実践マニュアル

自閉症スペクトラムの臨床──大人と子どもへの精神分析的アプローチ
K・バロウズ編　平井正三・世良洋監訳
自閉症の経験世界を深く理解し，関わろうとするすべての臨床家に

メラニー・クライン ベーシックス
R・D・ヒンシェルウッド／T・フォーチュナ著　平井正三監訳
その発展を現代の視点から捉え直し考えの核を的確かつ簡潔に伝える

精神病状態──精神分析的アプローチ
H・ローゼンフェルド著　松木邦裕／小波藏かおる監訳
クライン派第二世代三傑の一人による卓越した著書の待望の邦訳

フロイトを読む──年代順に紐解くフロイト著作
J・M・キノドス著　福本修監訳
フロイトと出会い対話するための絶好の案内書